BEITRÄGE
ZUR NEUEREN
LITERATURGESCHICHTE
Band 313

KONRAD SCHAUM

Sinn und Gestalt von Goethes *Egmont*

Universitätsverlag
WINTER
Heidelberg

Bibliografische Information der Deutschen Nationalbibliothek
Die Deutsche Nationalbibliothek verzeichnet diese Publikation
in der Deutschen Nationalbibliografie;
detaillierte bibliografische Daten sind im Internet
über *http://dnb.d-nb.de* abrufbar.

ISBN 978-3-8253-6130-3

Dieses Werk einschließlich aller seiner Teile ist urheberrechtlich geschützt.
Jede Verwertung außerhalb der engen Grenzen des Urheberrechtsgesetzes
ist ohne Zustimmung des Verlages unzulässig und strafbar. Das gilt ins-
besondere für Vervielfältigungen, Übersetzungen, Mikroverfilmungen und
die Einspeicherung und Verarbeitung in elektronischen Systemen.

© 2012 Universitätsverlag Winter GmbH Heidelberg
Imprimé en Allemagne · Printed in Germany
Druck: Memminger MedienCentrum, 87700 Memmingen

Gedruckt auf umweltfreundlichem, chlorfrei gebleichtem
und alterungsbeständigem Papier

Den Verlag erreichen Sie im Internet unter:
www.winter-verlag.de

Inhaltsverzeichnis

1. Einführung

1.1 Poesie und Geschichte 6
1.2 Prometheus als Leitfigur 20
1.3 Das Dämonische 35

2. Goethes *Egmont*

2.1 Am Wendepunkt der Staatengeschichte 44
2.2 Die Bedeutung der Liebe 54
2.3 Egmont und die Niederländer 58
2.4 Egmont und Oranien 69
2.5 Zwischen Pflicht und Neigung 81
2.6 Politik und Schicksal 88
2.7 Macht und Recht 92
2.8 Egmonts humanistische Sendung 100
2.9 Im Bann der Gewalt 116
2.10 Egmonts Opfer der Liebe 124

3. Literaturverzeichnis

3.1 Allgemein 155
3.2 Literatur zu *Egmont* 160

1 Einführung

1.1 Poesie und Geschichte

Wenn der Dichter zu historischen Stoffen greift, so sucht er seinen poetischen Ideen Konsistenz und einen erhöhten Wahrheitsgehalt zu vermitteln. Denn, wie es Grillparzer betonte: „Das Alte unter immer neuen Umständen ist der ewige Gang der Welt. Wer die Geschichte richtig anwenden will, muß aus den alten Bestandteilen die neue Zusammenfügung nicht übersehen."[1] Vorausgesetzt wird hier, daß im Grunde nicht viel Neues unter der Sonne geschieht, wenn es sich um Geschehnisse handelt, die aus der ursprünglichen Natur des Menschen hervorgehen, die in ihren wesentlichen Prinzipien keinem Wandel unterworfen sind. Was sich verändert, sind die zeitlich bedingten Umstände und unendlich wechselnden Lebensbedingungen, von deren Relativität sich der Dichter skeptisch distanziert, insofern sie aus der „Verkettung von Leidenschaften und Irrtümern", nicht aber aus einer überzeitlichen „Wahrheit" hervorgehen.[2]

Der Dichter sucht weder als Historiker das Vergangene zu rekonstruieren, wie es wirklich gewesen sein könnte, noch das wirklich Geschehene nach seinen eigenen Vorstellungen, Wünschen und Überzeugungen umzugestalten. Es geht ihm vielmehr um die Darstellung elementarer Daseinsprinzipien. Zu diesen Grundsätzen gehört der Versuch des Dichters, das Wesen einer zeitlichen Begebenheit zu erkennen und als das Wahre der geschichtlichen Gestaltung darzustellen. Der Poet ergänzt und vervollständigt damit das Bemühen des Geschichtsschreibers, die „Seele der Zeiterscheinungen" zur Basis des Erlebens zu machen und nicht nur Tatsachen zu sammeln und Vorgänge zu berichten, sondern, wie es Nietzsche hervorhebt, einem „Bedürfnis zur kritischen, das heißt richtenden und verurteilenden Historie"[3] zu entsprechen und diese objektive Wirklichkeit im Hinblick auf die gegebenen Existenzbedingungen der Gegenwart verständlich zu machen. Das eigentliche Ziel dieses Verstehens ist keine Rückbesinnung auf

---

[1] Franz Grillparzer: *Sämtliche Werke, Ausgewählte Briefe, Gespräche, Berichte.* hg. von P. Frank und K. Börnbacher. München 1960-1965, Bd. III, S. 2075.
[2] Ebd.
[3] Friedrich Nietzsche: *Werke in drei Bänden,* hg. von K. Schlechta. München, 1966, Bd. I, S. 213 f.

das, was einmal unter gewissen Umständen und Zeiten „wirklich" vorgefallen war oder sein könnte, sondern die Überzeugung, daß in jeder geschichtlichen Entwicklung eine universal verbindliche Gesetzmäßigkeit zum Ausdruck gelangt, die uns ermöglicht, wie es Herder formuliert, „das Schicksal des Menschen aus dem Buche der Schöpfung zu lesen."[4] Der Dichter historischer Stoffe ist weder gänzlich unabhängig seinen Ideen zu folgen, noch ist er an die wissenschaftlich überlieferten Tatsachen gebunden, an denen die geschichtsformende Kraft noch nicht vollständig und überzeugend ausgewiesen ist. Es geht um einen natürlichen und ursprünglich allem menschlichen Denken und Tun zugrunde liegenden Prozeß, dessen Erscheinungsformen sich zwar nach den Bedingungen der „neuen Zusammenfügung" gegebener „Bestandteile" als eine sich beständig entfaltende Entwicklung darstellt, im Grunde jedoch niemals die Grenzen menschlicher Möglichkeiten überschreitet.

Goethe hat bekanntlich sein „Mißvergnügen an der Geschichte" wiederholt zum Ausdruck gebracht, ohne die wahre Geschichtlichkeit des Menschen, wie sie besonders von Herder vertreten wurde, in Frage zu stellen. Wenn er im Gespräch mit Luden betont, daß der Dichter „seine Welt frei, nach seiner eigenen Idee" schaffen solle, während der Historiker „gebunden" sei, „denn er muß seine Welt so aufbauen, daß die sämtlichen Bruchstücke hineinpassen, welche die Geschichte auf uns gebracht hat,"[5] so bezieht er sich lediglich auf die wissenschaftlich-reflektierende Behandlung, nicht auf die inneren Voraussetzungen dichterischen Schaffens, deren „geprägte Formen" sich zwar „lebend entwickeln", aber ebenfalls bedeutenden Grenzen und kulturellen Bedingungen auferlegt sind.

Zwischen Goethes skeptischer Distanz und Nietzsches aktivem Umschaffen und kritischer Auseinandersetzung mit der Vergangenheit steht Hegels geschichtsphilosophisches System, das aus der Postulierung einer universalen Vernunft ableitet, welche „die Substanz wie die unendliche Macht, sich selbst der unendliche Stoff alles natürlichen und geistigen Lebens wie die unendliche Form, die Bestätigung ihres

---

[4] Johann Gottfried Herder: *Werke,* hg. von K.-G. Gerold. München 1953, Bd. II, S. 104
[5] Johann Wolfgang Goethe: *Gedenkausgabe der Werke, Briefe und Gespräche,* hg. von E. Beutler, Zürich 1950, Bd. 22, S. 407. In der Folge wird mit Band- und Seitenzahlen dieser Ausgabe im Text zitiert.

Inhalts ist."[6] Seine Vorstellung, daß „es in der Weltgeschichte vernünftig zugegangen sei," beruht nicht auf realen Betrachtungen, sondern auf einer spekulativen, idealistischen Theodizee, die im Grunde alles auf die unbegrenzte Macht und Wirksamkeit eines projizierten Weltgeistes hin stilisiert. Demnach gebührt es dem Dichter, Helden auf die Bühne zu bringen, deren unwiderstehliche Gewalt, Leidenschaft, Eigenwille und Selbstbehauptung sie als „Geschäftsführer des Weltgeistes"[7] legitimiert, die den „geheiligten Lauf der Dinge" vorantreiben und befähigt sind, „die notwendig nächste Stufe ihrer Welt zu wissen, diese sich zum Zwecke zu machen und ihre Energie in sie zu legen."[8] Und es fällt dann jener berühmten „List der Vernunft" die Funktion zu, auch das Negative und Zersetzende für sich wirken zu lassen und als Macht zu rechtfertigen, den Staat als „die göttliche Idee"[9] zu verherrlichen, um eine höhere „Versöhnung" von allgemeinen und subjektiven Impulsen herbeizuführen.

Wo die Geschichte des 19. Jahrhunderts eine einflußreiche Funktion in der Entfaltung menschlichen Selbstverständnisses gewonnen hatte und sich im Historismus als die eigentliche Basis aller Wirklichkeitserkenntnis zu erweisen schien, blieb es der idealistischen und realistischen Geisteshaltung besonders der dramatischen Dichter überlassen, den kausalen Zusammenhang von Altem und Neuem, von hergebrachten Lebensprinzipien und progressiven Zukunftsvisionen in dem fiktiven Moment einer poetischen Gegenwart lebendig zu veranschaulichen. Aber nicht das, was sich im Laufe der zeitlichen Entwicklung als neu, und nach Goethes ironischer Diktion als „ein groß Ergetzen" ergab, „Sich in den Geist der Zeiten zu versetzen, / Zu schauen, wie vor uns ein weiser Mann gedacht / Und wirs zuletzt so herrlich weit gebracht." Diese naive Vorstellung eines trockenen Rationalisten weist Faust mit der Bemerkung zurück: „Mein Freund die Zeiten der Vergangenheit / Sind uns ein Buch mit sieben Siegeln. / Was ihr den Geist der Zeiten heißt, / Das ist im Grund der Herren eigner Geist, in dem die Zeiten sich bespiegeln" (5,161).

Angesichts einer derart elementaren Skepsis den „Zeiten der Vergangenheit" gegenüber bleibt dem Dichter nur die ergänzende Funktion

---

[6] Georg Wilhelm Friedrich Hegel: *Werke. Theorie Werkausgabe,* hg. von E. Moldenhauer und K, M. Michel. Frankfurt 1969-1971, Bd. 12, S 20 f.
[7] Ebd., Bd. 12, S. 49.
[8] Ebd., S. 46.
[9] Ebd., S. 57.

der historischen Wirklichkeitserfahrung. Denn das eigentliche Ziel seiner Darstellung ist weder die Vergangenheit noch die Zukunft, sondern eine tiefere Erkenntnis der sich in beständiger Verwandlung befindlichen Gegenwart. „Der Dichter wählt historische Stoffe," meint Grillparzer, „weil er darin den Keim zu seinen eigenen Entwicklungen findet, vor allem aber um seinen Ereignissen und Personen eine Konsistenz, einen Schwerpunkt in der Realität zu geben, damit auch der Anteil aus dem Reich des Traumes in das der Wirklichkeit übergehe."[10] Der Impuls zu einer wahren und überzeugenden poetischen Gestaltung entspringt nicht aus dem Interesse am Vergangenen, sondern aus dem Erfassen grundsätzlicher menschlicher Auffassungs- und Handlungsprinzipien, die durch die Projizierung in ähnliche Vorgänge früherer Epochen an „Konsistenz" und Wirksamkeit gewinnen. Goethe war sich über die Grenze der geschichtlichen Bedeutung klar, wenn er zu Eckermann erwähnt: „Kein Dichter hat je die historischen Charaktere gekannt, die er darstellte, hätte er sie aber gekannt, so hätte er sie schwerlich so gebrauchen können. Der Dichter muß wissen, welche Wirkung er hervorbringen will, und danach auch die Natur seiner Charaktere einrichten" (24,230).

Im *Götz von Berlichingen* hatte Goethe, wie es im 19. Buch von *Dichtung und Wahrheit* heißt, „das Symbol einer bedeutenden Weltepoche nach meiner Art abgespiegelt," welches er in einem „tüchtigen Mann" repräsentiert fand, „der untergeht in dem Wahn: zu Zeiten der Anarchie sei der wohlwollende Kräftige von einiger Bedeutung." Die unzweideutige Betonung liegt hier auf der psychologischen Charaktergestaltung des Protagonisten. Dagegen „waren es festgegründete Zustände, die sich vor strenger, gut berechneter Despotie nicht halten können" (10,833), die Goethe im *Egmont* zum formgebenden Darstellungsprinzip wählte. Daß es sich jedoch dabei nicht um die Dramatisierung einer „Haupt- und Staatsaktion" handelt, erklärt er aus seiner früheren „auf Einsicht und Ausübung bürgerlicher Geschäfte" gewendeten Tätigkeit, die ihn veranlaßte, zuerst „die Hauptszenen" zu schreiben, in denen etwas „Geistreiches und Seelenvolles" (10,834) zum Ausdruck gebracht werden sollte. Er deutet damit auf die charakteristische Stilisierung dieses Trauerspiels, die von dem objektiven Vorgang, einer empirisch identifizierbaren Begebenheit ausgeht und nach Grillparzers Formulierung einem „Schwerpunkt in der Realität"

---

[10] *Grillparzers Werke*, a. a. O., Bd. IV, S. 118.

und als „Keim seiner eigenen Entwicklungen" dienen sollte. In Goethes Optik entfaltete sich dieses Geschehen nicht mehr vornehmlich im Schicksal des Helden, sondern in universeller und symbolischer Hinsicht in den bestimmenden Daseinsprinzipien einer nationalen Gemeinschaft.

Goethe bezweifelt nicht die Geschichte, sondern lediglich den Wahrheitsanspruch der Geschichtsschreibung, die ähnlich der Literaturgeschichtsschreibung die Phänomene nicht nach den Voraussetzungen ihrer natürlichen und eigengesetzlichen Bedingungen zu beurteilen geneigt ist, sondern nach ideologisch vorgefaßten und normativen Maßstäben. Denn jede Betrachtung der Welt enthält für den schöpferischen Geist zugleich die Synthese der Vergangenheit und Gegenwart, von dem aus mythischem Seinsgrund Erwachsenen und dem aus menschlichem Denken und Handeln Geschaffenen. Zu Kanzler Müller erwähnt Goethe: „Es gibt kein Vergangenes, das man zurücksehnen dürfte, es gibt nur ein ewig Neues, das sich aus erweiterten Elementen des Vergangenen gestaltet, und die echte Sehnsucht muß stets produktiv sein, ein Neues Besseres zu schaffen" (23,315). Dem entspricht, wie K. Ziegler nachweist, daß Goethe sich im Gegensatz zur Natur, die ihm „als Stätte einer göttlich gestalt- und gesetzhaften Vernunftordnung gegolten hatte, [...] die Geschichte zutiefst als Chaos, als Stätte einer vernunftwidrigen oder gar widergöttlichen Gesetz- und Ordnungslosigkeit"[11] verstand.

Wenn es sich also im Egmont-Stoff darum handelt, daß sich die „festgegründeten Zustände" vor „strenger, gut berechneter Despotie nicht halten können" (10,837), so erhebt sich die Frage, welche „Produktivität" eines verantwortlichen Einzelnen diesen Vorgang sinnvoll zu steuern oder wesentlich zu beeinflussen befähigt wäre. „Es ist nicht zu leugnen," heißt es in den *Maximen und Reflektionen,* „daß der Geist sich durch die Reformation zu befreien suchte; die Aufklärung über griechisches und römisches Altertum brachte den Wunsch nach einem freieren, anständigeren und geschmackvolleren Leben hervor. Sie wurde aber nicht wenig dadurch begünstigt, daß das Herz in einem gewissen einfachen Naturzustand zurückzukehren und die Einbildungskraft sich zu konzentrieren trachtete" (9,589). In den natürlichen geistigen und seelischen Kräften des Menschen sah Goethe die Basis einer geschichtsformenden Produktivität. „Immer geht es Goethe," meint K.

---

[11] Klaus Ziegler: "Zu Goethes Deutung der Geschichte." In: *Dt. Vjschr.* 30 (1956). S. 233.

Ziegler, „um einen Ausgleich zwischen menschlicher und objektiver Welt, von Individuum und All, von Ich und Schicksal, von innerlich freier Unbedingtheit des Wollens und der Notwendigkeit eines von außen her bedingt-beschränkendes Müssens – also um das Problem, wie sich in der Beziehung des Menschen zur Welt Autonomie und Heteronomie miteinander verknüpfen.[12]

Diese Tendenz war es vor allem, die den dramatischen Entwürfen und Ausführungen von Goethes Jugend ein synthetisches Verhältnis zwischen Gesellschaft und Individualität vermittelte. Sein dichterisches Talent richtet sich nicht allein auf die wahren Beweggründe und leidenschaftlichen Impulse der Charaktere, sondern gleicherweise auf die determinierenden Lebensbedingungen ihrer Umwelt. „Alles, was wir Erfinden, Entdecken im höheren Sinne nennen, ist die bedeutende Ausübung, Betätigung eines originalen Wahrheitsgefühls, das, im stillen längst ausgebildet, unversehens, mit Blitzesschnelle zu einer fruchtbaren Erkenntnis führt. Es ist eine Synthese von Geist und Welt, welche von der ewigen Harmonie des Daseins die seligste Versicherung gibt" (9.572).

Eine sinnvolle Einsicht vermittelt diese Erkenntnis nur dadurch, daß die Dichtung, wo sie sich auf die „Wahrheit der Idee" beruft, wie es K. Viëtor formuliert, welche dieses Allgemeine „wie in aller Wirklichkeit, auch am geschichtlichen Gegenstand sichtbar machen will. Und dieses Allgemeine ist die Idee des Menschen, das Unbedingte, das der Grund des Weltmysteriums ist. Das Einmalige und Besondere aber der geschichtlichen Begebenheiten liegt gar nicht in der Blickebene des Dichters. Sein Auge ist allein auf eben diese gerichtet, was hinter dem einmal auf bestimmte, unwiederholbare Weise Geschehenen liegt. Das Geschichtliche ist ihm Verwirklichung des Ideellen und also für seine Gestaltung nur Stoff, an dem er das Allgemeine, Ewige aufleuchten lassen will."[13]

Wenn aber in dieser Weise die wahre Aufgabe des Dichters darin liegt, das allem „ewigen Gestaltwandel zugrunde liegende [...] innere, unwandelbare *Wesen* und allgemeine Gesetz, die *Einheit* der Welt sichtbar zu machen," so ist dieses Unbedingte an sich niemals mit poetisch-künstlerischen Mitteln unmittelbar zu vergegenwärtigen. „Sondern dies ist eben die ewige Antinomie der Welt, daß das Unbe-

---

[12] Ebd. S. 236.
[13] Karl Viëtor: "Der Dichter und die Geschichte." In: *Geschichtsdrama*, hg. von E. Neubuhr. Darmstadt 1980, S. 365.

dingte nur im Zeitlichen, daß das Allgemeine nur im Besonderen Wirklichkeit wird. Man muß beides zusammennehmen, wenn man mehr als eine begriffliche Verallgemeinerung von der Welt fassen will. Denn beides zusammen erst ist Leben, Sein, Wirklichkeit. Wie ja die Erscheinung der Kunst selbst ohne diese Zweiheit nicht wäre."[14]

Daraus folgert, daß sich ein wahres, charakteristisches und eindrucksvolles Geschichtsdrama nur dort entwickeln kann, wo der Dichter zwar „die Natur des Menschen als unter allen wechselnden Verpuppungen und Verwandlungen ewig gleichartig, [...] seine Stellung in der Welt als eine selbe von jeher"[15] ansieht, aber gleichsam in polarer „Zwei-Einheit" auf die unbegrenzten geschichtlichen Möglichkeiten der Verwirklichung im Bedingten und Besonderen angewiesen bleibt, um etwas von der allgemeinen Gesetzmäßigkeit der Welt und ihrer urphänomenalen Wesenheit erlebbar zu machen. Denn es geht in diesem Bereich um die Wahrheit der Idee schicksalhaft erfahrener Geschehnisse.

„In der Dichtung gibt es keine Widersprüche," betont Goethe. „Was der Dichter schaffte, muß so genommen werden, wie er es geschaffen hat" (22,401). Aber gerade dieses *Wie* ist es, was es geistig zu erfassen und zu verstehen gilt, um der Deutung des *Was* gerecht zu werden. Daher fühlt sich Goethe geneigt, das poetische Schaffen weder als Kunst, noch als Wissenschaft zu betrachten. „Man hält die Poesie für Kunst, und doch ist sie nicht mechanisch. Aber ich leugne, daß sie eine Kunst sei, auch ist sie keine Wissenschaft. Künste und Wissenschaften erreicht man durch Denken, Poesie nicht, denn sie ist Eingebung: sie war in der Seele empfangen, als sie sich zuerst regte. Man sollte sie weder Kunst noch Wissenschaft nennen, sondern Genius" (9,602).

Nur wird dieser göttliche Schöpfergeist dort produktiv, wo er einen Stoff findet, an dem sich seine Eingebung entzündet und entfaltet. Es können nur Dinge und Begebenheiten sein, die sich auf seine persönlichen Lebenserfahrungen beziehen und zugleich eine allgemein gültige Bedeutung und Verbindlichkeit enthalten. Goethe bezeichnet es als die eigentliche „Natur der Poesie, sie spricht das Besondere aus, ohne ans Allgemeine zu denken oder darauf hinzuweisen. Wer nun dieses Besondere lebendig erfaßt, erhält zugleich das Allgemeine mit, ohne es gewahr zu werden, oder erst spät" (9,529). Dem entspricht auch der Begriff der „wahren Symbolik, wo das Besondere das Allgemeine re-

---

[14] Ebd., S. 367 f.
[15] Ebd., S. 369.

präsentiert, nicht als Traum und Schatten, sondern als lebendig-augenblickliche Offenbarung des Unerforschlichen" (9,532).

Mit dieser Überzeugung distanziert sich der Dichter vom Wissenschaftler, dem es in erster Linie um ein Besonderes geht, das sich nur dann auf das Allgemeine bezieht, wenn es deutliche Parallelen zur Gegenwart aufweist. Wo es aber das eigentliche Ziel des Historikers ist, die Vergangenheit so eindeutig wiederzugeben, als ob er selbst dabei gewesen wäre, sucht er nach Goethes Urteil, eine nur subjektiv gewonnene Einsicht fälschlich als wahre Begebenheit darzustellen. Der Dichter erhebt dagegen nur den Anspruch, seine subjektive Gestaltung als Abbild eines Vergangenen zu verstehen, an der sich sein Bestreben spiegelt, auf die unmittelbare Gegenwart Einfluß auszuüben. Er folgt dabei keiner normativen oder ideologischen Ästhetik, sondern einer von seiner Seele. d. h. dem Ganzen der menschlichen Existenz, empfangenen Eingebung, die auf einer „Synthese von Welt und Geist" beruht und nicht dem bloßen Ausdruck der individuellen Erfahrung dient. Und wenn Goethe in *Dichtung und Wahrheit* „Das Leben in seiner Kontinuität und seiner inneren Ganzheit vor uns hinstellen (will) – als ein inneres Werden, das doch von einem Einheitspunkt ausgeht und immer wieder zu ihm zurückkehrt," wie es E. Cassirer formuliert, so zeigt sich erneut, „daß Historie und Poesie nicht zu trennen sind."[16]

Im Verhältnis zum Historiker bedeutet diese natürliche und durchaus nicht absichtlich kunstvoll gestaltete Offenbarungskraft der Poesie die Verankerung am Allgemein-Verbindlichen und daher in einer überpersönlichen Wahrheit und Wirklichkeit. Dieser Mehrwert des Wissens kommt nicht aus einem größeren Reichtum erforschter Tatsachen oder schärferen Wahrnehmungsfähigkeiten, sondern vom ‚Mitwissen' (*conscientia*) einer übergeordneten Gesetzmäßigkeit und eines bestimmenden Ordnungsgefüges, das stets nur durch intuitive, schöpferische Geisteskräfte zur Entfaltung gelangt. Um zu einer derart umfassenden Wahrheit zu gelangen, die auf der Wirklichkeit kollektiven Geschehens beruht, muß der erkennbare Vorgang an einem Maßstab gemessen werden, der über alle individuelle Bestrebungen hinausgeht. Im Genius der Poesie, der Gestaltgebung des Unerforschlichen, kommt das natürliche Vermögen einer höheren Artung in der Berufung zu inhärenter Sehnsucht nach ideellen Daseinszuständen zum Ausdruck. Alles kreative Denken und Tun im höheren Sinne gilt für Goethe über jeden Ausdruck

---

[16] Ernst Cassirer: *Goethe und die geschichtliche Welt.* Hamburg 1995, S. 16 f.

inneren Wahrheitsgefühls hinaus als „eine aus dem Inneren im Äußeren sich entwickelnde Offenbarung, die dem Menschen seine Gottähnlichkeit vorahnen läßt" (9,572).

Die äußeren Umstände allein, bestimmen nicht die elementaren Prinzipien unseres Denkens und Handelns. Es sind nicht die scheinbar so vernünftigen und leicht begreiflichen Schlußfolgerungen des Historikers oder der Wille zur Macht und dessen „gut berechnende Despotie" (10,833) einer absolutistischen Tyrannei, der die Menschen existentiell beeinflußt. Poesie als Garant eines höheren Lebensimpulses, eines genialen ‚Schutzgeistes' gegen materielle Relativierung und zeit- und umweltbedingte Beschränkungen ist die eingeborene Fähigkeit des Menschen, sich aus dem überpersönlichen Prozeß schicksalhaften Geschehens einen Sinn zu machen, der im „originalen Wahrheitsgefühl" seiner ursprünglichen seelischen Beschaffenheit begründet ist. Nur von dieser ganzheitlichen Potenz aus ist es möglich, der scheinbar so überwältigenden Kausalität von Macht und Recht, Tatkraft und Erfolg, fataler Unvermeidlichkeit und machtgieriger Willkür im entschiedenen Selbstbewußtsein zu widerstehen und die wahre Freiheit zu verwirklichen, die an nichts anderes als das persönliche Gewissen gebunden ist. Nur gibt es in diesem Inneren des offenen und liebend hingebenden Gemüts keine absolute Gewißheit. „Das Wahre ist gottähnlich: es erscheint nicht unmittelbar, wir müssen es aus seinen Manifestationen erraten" (9,619). Aus Ehrfurcht vor dem Unerforschlichen vermeidet Goethe dieses zu Erratende niemals in rationalen Begriffen zu identifizieren.

Daher betont er dem Historiker Luden gegenüber, daß diese höhere, überpersönliche Wahrheit nicht aus der Analyse der geschichtlichen Begebenheiten zu gewinnen sei. „Wenn sie alle [historischen] Quellen zu erklären und zu durchforschen vermöchten: was würden sie finden? Nichts anderes als eine große Wahrheit, die längst entdeckt ist. Die Menschen haben sich stets geängstigt und geplagt; sie haben sich untereinander gequält und gemartert; sie haben sich und anderen das bißchen Leben sauer gemacht, und die Schönheit der Welt und die Süßigkeit des Daseins, welche die schöne Welt ihnen darbietet, weder zu achten noch zu genießen vermocht. [...] Das ist nun einmal das Los des Menschen. Was brauchen wir weiter Zeugnis?" (22,400 f.).

Eine skeptische Herausforderung dieser Art richtet sich wesentlich gegen jedes analytische Verfahren, das alles Gegebene mit vorgefaßten rationalistischen Denkprozessen zu ergründen und zu erklären sucht. Was sich darin als erforschbar erweist, ist der banale Gemeinplatz der

Unzulänglichkeit irdischen Daseins. Dagegen weist Luden zu Recht auf die Erkenntnis der zeitlichen Entwicklung, die sich aus den Zusammenhängen des Vorgefallenen ergibt und Einsichten in eine „Wahrheit" vermittelt, „die jede Überlieferung teils durch bloßes Dasein, teils durch die Eigentümlichkeit der Ansicht, der Auffassung, der Darstellung in sich trägt." Und diese Folge von Ursache und Wirkung der einzelnen Zeitphasen zu erkennen, gewinnt sowohl in der „menschlichen Natur" als auch im „eigenen Geist des Forschers" (22,401 f.) seine besondere Gewichtigkeit.

Für Goethe ist es jedoch gerade diese subjektive Rekonstruktion einer zeit- und umweltbedingten Kausalität, die seinem ironischen Zweifel unterworfen wird. Denn alle Kenntnis der Zeitphasen bleibt auf das Vorstellungsvermögen des individuellen Historikers bezogen, dient jedoch keinem sinnbildlich Allgemeinen und universal Verbindlichen. Wo die geschichtliche Überlieferung nicht nach allgemein akzeptierbaren Grundsätzen dargestellt werden könne, meint Goethe, „so lange wird wohl ein Unterschied bleiben, nicht zwischen dem, was wirklich ist, sondern dem, was hier als wahr demonstriert, dort als wahr angenommen wird, [...] aber was wirklich geschehen, das ist nicht so geschehen, wie es dargeboten wird, und was geschehen ist, das ist nur ein Geringes von dem, was überhaupt geschehen kann" (22,405).

Für den Dichter gehört zum Ganzen des Vorgefallenen auch das Innere des Menschen, insofern es zum Schicksal der gesamten Existenz geworden ist, was jedoch, wie es J. Gauss bezeichnet, nur „auf einer fortschreitenden Auseinadersetzung lebendiger Tendenzen, einem Spiel polarer Spannungen zwischen einen Anfangs- und Zielpunkt [...] als Urgrund der Werdens"[17] erscheint und daher vornehmlich im intuitiven Ausdruck der poetischen Optik zur Darstellung gelangt. „Vergangene Geschichte," meint W. Emrich, „wird jedoch plötzlich sinnvoll, belebend, produktiv, wenn sie als ‚anmutigst-ideeller Naturzustand' empfunden, erlebt und geschaut wird. Sie erhält eine befreiende, zur eigenen Schöpfung befähigende Kraft, wenn sie ‚Natur' wird, genauer, wenn sie als Natur vom heutigen Menschen aufgenommen und begriffen wird. [...] Ein Geschichtsprozeß, der abläuft etwa nach dem Gesetz der Ursache und Wirkung, oder wie bei Hegel und Marx nach dem Gesetz einer dialektischen Bewegung und Zukunftsrichtung, ist für Goethe höchst problematisch. Ein solcher Prozeß sei eine bloße Kon-

---

[17] Julia Gauss: „Die methodische Grundlage von Goethes Geschichtsforschung." In: *Jahrbuch des Freien Deutschen Hochstifts* 1973, S. 214.

struktion, die von Historikern und Geschichtsphilosophen in die Geschichte hineinmanipuliert werde und die die konkreten geschichtlichen Phänomene ihrer besonderen, spezifischen Qualitäten beraube, sie zu bloßen Exempeln und Belegstücken abstrakter Gesetzmäßigkeit herabwürdige."[18]

Die Erlebnis-Potenz dieser Wahrheit kann nur mittels des inhärenten „originalen Wahrheitsgefühls" zur lebendigen Erfahrung und Offenbarung der unerforschlichen Seinsgrundlage des Lebens führen, während der analytische Historiker die Wahrscheinlichkeit der Zusammenhänge von Vergangenheit, Gegenwart und Zukunft als Ergebnis seiner wissenschaftlichen Bemühungen erreicht. „Der Dichter schafft seine Welt frei, nach seiner eigenen Idee" betont Goethe, „und dann kann er sie vollkommen und vollendet hinstellen; der Historiker ist gebunden, denn er muß seine Welt so aufbauen, daß die sämtlichen Bruchstücke hineinpassen, welche die Geschichte auf uns gebracht hat. Deswegen wird er niemals ein vollkommenes Werk liefern können, sondern immer wird die Mühe des Suchens, des Sammelns, Flicken und Leimens sichtbar bleiben" (22,407).

Bei genauer Betrachtung wird freilich auch dem Dichter die Gestaltung seiner Welt nicht unbegrenzt frei zur Verfügung stehen, weil seine Eingebung nicht allein auf seiner Vorstellungskraft, sondern auch auf der Bildung und Lebenserfahrung beruht. Die notwendige Begrenzung im Stofflichen, seine beabsichtigte Wirksamkeit sowie die sinnbildliche Formgebung bestimmt die relative Bedeutsamkeit seines Werkes. Luden erwiderte daher mit einiger Sicherheit: „Der Historiker läßt die Geister frei; er wendet sich an den ganzen Menschen, an Verstand, an Herz und Gemüt, und will nur die freie Überzeugung gewinnen" (22,406). Er hütet sich daher auch vor ideologischen Vorurteilen, die den unvorgreiflichen Aspekt auf das überlieferte Geschehen verzerren und vereinseitigen würde. Er sucht vielmehr „die Idee Gottes, wie sie im Leben der Menschen sich offenbart hat" (22,408) zum höheren Ziel seiner Erkenntnisse zu machen.

Zwar ist auch der Dichter diesem höheren und umfassenden Daseinsprozeß verpflichtet, sieht sich aber zumindest in der Wahl seiner Motive und Charaktere mehr an den Nutzen und Nachteil der

---

[18] Wilhelm Emrich: „Geschichte als Mythologie bei Goethe." In: *Wissen um Erfahrung. Werkbegriff und Interpretation heute. Festschrift für Hermann Meyer.* In Verbindung mit K. R. Mandelkow und A. Touber, hg. von Alexander von Bormann. Tübingen 1976, S. 303.

Historie für das beständig sich wandelnde und neu gestaltende Leben gebunden und bleibt auf „die Rettung des Individuellen, Besonderen, Einmaligen vor dem abstrakt Allgemeinen" bezogen, um keiner „Herrschaft des Begriffs" und der „Tyrannei der instrumentellen Vernunft"[19] zu verfallen. Da aber gerade Goethe sich bewußt ist, daß die Objektivität der Poesie auf der Offenbarung des Unerforschlichen beruht, kann er dem geistigen Wissen um die zumeist allzu selbstischen und unzulänglichen Bestrebungen im öffentlichen Bereich nicht den Rang zuerkennen, etwas von der „Idee Gottes" begreifbar zu machen. Die Frage, was das endliche Ziel dieser analytischen Studien und Bemühungen des Wissenschaftlers sei, muß am Ende auf die bloße Funktion des Wissens um seiner selbst willen bezogen werden, aber im metaphysischen Sinne offen bleiben. Denn das Unerforschliche entzieht sich der Vorstellung all derer, die von keiner genialen Eingebung in der Seele oder zu keiner formgebenden Synthese von Geist und Welt in ihrem Inneren begabt sind.

Goethe bezweifelt nicht den bedeutenden Bildungsanspruch der Geschichte, aber er mißtraute allen historischen Darstellungen ebenso wie den dichterischen ‚Haupt- und Staatsaktionen', welche nur die oberflächlichen Handlungen der Gewaltigen zu vergegenwärtigen suchen, die nur machtpolitische Ziele und Zwecke verfolgten, ohne die elementaren menschlichen Erfahrungen und Zustände zu erfassen. „Das Beste, was wir von der Geschichte haben, ist der Enthusiasmus, den sie erzeugt" (9,563), wobei es sich nicht um patriotische Gefühle handelt, sondern um die Möglichkeit, trotz aller zeitlichen Wandelbarkeit irdischen Geschehens eine kreative Manifestation des Wahren zur Geltung zu bringen, die nur aus dem Ursprünglichen der innersten Natur hervorgehen kann. „Eine Begeisterung," schränkt F. Gundolf ein, „die nicht vom Durchleben und schadernden Erkennen, sondern von triebhaften Bedürfnissen nach äußerer und innerer Expansion herkommt, – all diese großen Lockrufe der Aufklärung und Revolution, Freiheit, Menschheit, Gleichheit, Fortschritt und dergl. beruhen nicht auf Anschauungen, sind bestenfalls Zielsetzungen, Forderungen: sie hatten also für Goethe keine Wirklichkeit, keine Wirksamkeit."[20]

Eine wahrhaft inspirierende Funktion erwächst sowohl der Darstellungsweise des pflichtbewußten Geschichtsschreibers, insofern er „das Wahre vom Falschen, das Gewisse vom Ungewissen, das Zweifelhafte

---

[19] Ebd., S. 308.
[20] Friedrich Gundolf: *Goethe*. Berlin 1922, S. 401.

vom Verwerflichen zu unterscheiden" (9,530) bestrebt ist, als auch aus dem sinnvollen und gewissenhaften Geist des verantwortlichen Politikers. „Es ist mit der Geschichte, wie mit der Natur, wie mit allem Profunden, es sei vergangen, gegenwärtig oder zukünftig; je tiefer man ernstlich eindringt, desto schwierigere Probleme tun sich hervor. Wer sich nicht fürchtet, sondern kühn darauf losgeht, fühlt sich, indem er weiter gedeiht, höher gebildet und behaglicher" (9,622). Gleicherweise betrachtete Goethe als einen „großen Vorteil, daß ich zu einer Zeit geboren wurde, wo die größten Weltbegebenheiten an die Tagesordnung kamen und sich durch mein langes Leben fortsetzten, so daß ich vom siebenjährigen Krieg, sodann von der Trennung Amerikas von England, ferner von der französischen Revolution und endlich von der ganzen Napoleonischen Zeit bis zum Untergang des Helden und den folgenden Ereignissen lebendiger Zeuge war" (24,525).

Aber es war nicht allein die Unmittelbarkeit zeitgeschichtlichen Erlebens, das ihn zu „ganz anderen Resultaten und Einsichten" kommen ließ. Bereits seit den ‚Lehrjahren' in Weimar wurden die Prinzipien seines Denkens und Handelns wesentlich von betont altruistischen, auf heteronome Einflüsse bezogenen Bestrebungen bestimmt, wie er sie im Gedicht *Ilmenau* poetisch zu rechtfertigen unternahm. Nicht allein durch die Entfaltung latenter Potenzen seines Inneren im Dienst an realen Notwendigkeiten des täglichen Lebens gewinnt er eine höhere und erweiterte Daseinserfahrung. „Wer kennt sich selbst? Wer weiß, was er vermag? / Hat nie der Mutige Verwegnes unternommen? / [...] Ließ nicht Prometheus selbst die reine Himmelsglut / Auf frischen Ton vergötternd niederfließen? / [...] Ich sehe hier, wie man nach langer Reise / Im Vaterland sich wieder kennt, / Ein ruhig Volk im stillen Fleiße / Benutzen, was Natur an Gaben ihm gegönnt. / [...] Es wird der Trug entdeckt, die Ordnung kehrt zurück, / Es folgt Gedeihn und festes irdsches Glück" (1,362 ff.).

Mit dieser Erfahrung verband sich der bedeutende Entschluß, eine menschlich sowie gesellschaftlich-politisch angemessene Lebensweise zu verwirklichen. Sie wird von E. Kippendorff überzeugend als das „Weimarer Experiment" bezeichnet, nämlich als den „Versuch, eine neue politische Diskursebene zu entwickeln, deren Kerngedanke darin bestand, im kleinen Weimar eine allgemeingültige Perspektive aufzuzeigen, die gewissermaßen modellhaft den Ausstieg aus der bisherigen Praxis staatlicher Machtpolitik als machbar erscheinen ließ. Die Logik traditioneller Politik, basierend auf der gewaltsam errungenen und mit Gewaltmitteln aufrechterhatlenen Herrschaft von Menschen über Menschen, hatte immer zu Konflikten und Kriegen geführt. Herrschen, das hieß historische Größe erringen durch Akkumulation von militärischer Macht und diese dann umzusetzen auf der Welt-Bühne in Diplomatie, Krieg und Expansion, in Herrschaft über immer mehr und größere Gebiete und Bevölkerungen. [...] Das kleine Herzogtum Weimar bot von vornherein keine Chance einer Versuchung in dieser Richtung – und mit einem bildungsfähigen Herzog unter Goethes Anleitung ließ sich hier eine realpolitische Alternative zur Realpolitik entwickeln."[21]

In dieser Sphäre geistiger Bildung, kulturellen Gedeihens und aktiver, an überpersönlichen Gesetzmäßigkeiten orientierter politischsozialer Verwaltung wächst Goethe über alle nationalen Begrenzungen hinaus zum Dienst an einer universalen Geisteshaltung, die ihn niemals zögern ließ, gänzlich freie und an keine Popularität gebundene Überzeugungen zu vertreten. Für ihn gibt es „keine patriotische Kunst und keine patriotische Wissenschaft. Beide gehören, wie alles Gute, der ganzen Welt an und können durch freie Wechselwirkung aller zugleich Lebenden in steter Rücksicht auf uns vom Vergangenen übrig und bekannt ist, gefördert werden" (9,591). Und entgegen aller Bedenken, als „Freund des Bestehenden," ja sogar als „Freund des Veralteten und Schlechten" gehalten zu werden, war er sich gewiß, „kein Freund der Französischen Revolution (zu) sein, denn ihre Greuel standen mir zu nahe und empörten mich täglich und stündlich, während ihre wohltätigen Folgen damals noch nicht zu ersehen waren. [...] Ebensowenig war ich ein Freund herrischer Willkür. Auch war ich vollkommen überzeugt, daß irgendeine große Revolution nie die Schuld des Volkes ist, sondern der Regierung. Revolutionen sind ganz unmöglich, sobald die Regierungen fortwährend gerecht und fortwährend wach sind, so daß sie ihnen durch zeitgemäße Verbesserungen entgegenkommen und sich nicht lange sträuben, bis das Notwendige von unten her erzwungen ist" (24,549 f.).

Gleicherweise wendet sich Goethe auch in der *Kampagne in Frankreich* gegen die willkürlichen Mißhandlungen der bürgerlichen Bevölkerung in einem Krieg, der, wie ihn E. Kippendorff beurteilt, „keinerlei moralische Legitimation (hatte), stiftete nichts als ‚Unheil', [...] war ein ‚böser Dämon', in jedem Falle aber, distanziert betrachtet, eine gewaltige und gewalttätige Absurdität, der „in Schutt und Trümmer" legte,

---

[21] Ekkehart Kippendorff: *Wie die Großen mit den Menschen spielen. Goethes Politik.* Frankfurt 1988, S. 36.

„was Jahrhunderte aufzubauen gelang."[22] „Wenn es eine zentrale politische Leididee bei Goethe gibt, dann ist es die des Friedens. [...] Ob Goethe im persönlichen Umgang ‚friedfertig' war oder nicht, hat hier gar nichts zu sagen, wenn es um seine sehr ernsten Einsichten um das Wesen von Mensch, Gesellschaft und Natur und um die daraus abgeleitete unbedingte Ablehnung geht."[23] Denn jede „auf Gewalt errichtete Herrschaft wird sich immer gewalttätig produzieren, eine Pax Napoleonica kann es nicht geben, weil das historisch-politische Projekt des Kaisers (oder auch eines anderen Mächtigen) nie im Dienst am Frieden, sondern letztlich nur in der gesteigerten Selbstdarstellung und -verwirklichung seiner eigenen Macht besteht."[24]

Goethe wendet sich daher „in allen wichtigen Fällen" gegen die Parteilichkeit. „Der Dichter aber, der seiner Natur nach unparteiisch sein und bleiben muß, sucht sich von den Zuständen beider kämpfender Teile zu durchdringen, wo er denn, wenn Vermittlung unmöglich wird, sich entschließen muß tragisch zu endigen. Und mit welchen Zyklen von Tragödien sahen wir uns von der tosenden Weltbewegung bedroht" (12,423 f.). Dementsprechend beginnt sein Festspiel *Des Epimenides Erwachen* mit der betont auf den Zeitgeist bezogenen Einsicht: „Den Frieden kann das Wollen nicht bereiten: / Wer alles will. will sich vor allem mächtig; / Indem er siegt, lehrt er die andern streiten, / Bedenkend macht er seinen Feind bedächtig. / So wachsen Kraft und List nach allen Seiten, / Der Weltkreis ruht von Ungeheuern trächtig, / Und der Geburten zahlenlose Plage / Droht jeden Tag als mit dem jüngsten Tage" (6,444).

1.2 Prometheus als Leitfigur

Es ist daher sinnvoll und konsequent, daß sich der jugendliche Goethe im Bewußtsein seiner genialen und produktiven poetischen Schaffenskraft einer pantheistischen Eschatologie und mythologischen Verwirklichung der entfesselten Energien zuwandte. Bereits im *Urfaust* ist er sich gewiß, daß „wenn Natur dich unterweist, / Dann geht die Seelenkraft dir auf," und in der Kontemplation des Makrokosmos fühlt er sich bestätigt, daß „junges heilges Lebensglück, / Fühl neue Glut durch

---

[22] Ebd., S. 98.
[23] Ebd., S, 110 f.
[24] Ebd., S. 132.

Nerv und Adern rinnen. / War es ein Gott, der diese Zeichen schrieb, / Die all das inre Toben stillen, / Das arme Herz mit Freude füllen / Und mit geheimnis-vollen Trieb / Die Kräffte der Natur enthüllen? / Binn ich ein Gott? mir wird so licht! / Ich schau in diesen reinen Zügen / Die würkende Natur vor meiner Seele liegen" (5,11). Und der begeisterte Mahomet bezeugt, daß „der Herr, mein Gott" sich ihm „freundlich genaht „habe; „An ieder stillen Quelle, unter iedem blühenden Baum begegnet er mir in der Wärme seiner Liebe" (4,183).

Dann aber wird in der *Prometheus*-Dichtung die weit bedeutendere Einsicht gewonnen, daß es nicht die äußere Natur sei, die ihn in die Nähe des Göttlichen versetzt, sondern die im Inneren der menschlichen Seele angelegten Potenzen, und daß das Göttliche in dieser inhärenten Beschaffenheit des Individuums nicht allein seine selbstverwirklichende Freiheit verbürgt, sondern zu einem erfüllenden Dienst am unendlichen Schöpfungsprozeß des Göttlichen verpflichtet.

Wenn der reifere Goethe sich im 15. Buch von *Dichtung und Wahrheit* daran erinnert, in der Gestalt des antiken Prometheus ein Bild gefunden zu haben, das seiner eigenen poetischen „Naturgabe" entsprach, „die durch nichts Fremdes weder begünstigt noch gehindert werden könne," so bezieht er sich darin weniger auf die in der vorangegangenen Ode so kühn und trotzig herausfordernde Absage an eine zu überirdischer Allmacht und transzendenter Distanz exaltierten Gottheit, sondern auf die mythologisch, d. h. menschlich geschaffene Vorstellung einer höheren Schöpferkraft. Ihm fiel auf, daß diese Figur im Grunde keinen bloßen Widerspruch zu den scheinbar Allgewaltigen verkörpere, sondern eine durchaus verständliche „Naturgabe" als eingeborene Fähigkeit, „abgesondert von den Göttern, von seiner Werkstatt aus eine Welt" (10,698) zu bevölkern.

Am Anfang dieser Handlung stand jedoch nicht das erklärende und rechtfertigende „Wort", sondern die „Tat', welche sich darin als „göttlich' erwies, daß sie sich zwar zu dem allumfassenden Schöpfungsprozeß alles Lebens in keinem Widerspruch befand, aber den Autonomie-Anspruch der regierenden Mächte darin bedrohte, daß man sie mit der eigenmächtigen Setzung einer dritten Dynastie „als unregelmäßig zwischen die Titanen und Menschen eingeschobene Wesen betrachten konnte" (10,699). Den offensichtlichen Zweifel an der Legitimität und Güte dieser Herrschaftshierarchie gewann Prometheus aus der Erfahrung, daß sie ihn in seiner frühen Jugend weder vor Gefahren geschützt, noch sein Herz bewahrt und seinen Busen gestählt hatte. „Hat mich nicht zum Manne geschmiedet / Die allmächtige Zeit / Mein Herr und eurer?" (4,186).

Von keinem blasphemischen Atheismus ist die Rede, sondern von einer Gottesvorstellung, die einer zeitgeschichtlichen Standesordnung allzu ähnlich sieht und daher keine Ansprüche erheben sollte, die ebenso von machtgierigen und selbstgerechten Prätendenten hätten gemacht werden können. „Götter!" erwidert er dem anklagenden Merkur, „Ich binn kein Gott / und bilde mir so viel ein als einer, / Unendlich! Allmächtig!" (4,186), womit er sich zu einer Gleichberechtigung bekennt, die ganz in seiner ursprünglichen naturbegabten Schöpferkraft begründet ist und im „unersetzlichen Augenblick" seiner hingebenden Fühlung der Liebe zu seinen „Kindern" ihre Bestätigung findet. Daß seine trotzige Abkehr vom Dienst an diesen fragwürdigen Gottheiten selbst auf einer inneren Notwendigkeit beruht, macht der Vorschlag Jupiters deutlich, seine schöpferische Energie in einem gemeinen Vasallendienst zu neutralisieren und sein Unabhängigkeitsstreben listig zu beschränken. Dieses Angebot weist Prometheus zurück, denn er ist nicht bereit, als „Burggraf" diesen sich „von Opfersteuern und Gebetshauch [...] hoffnungsvoller Toren kümmerlich ernährenden" Majestäten (1,320) „ihren Himmel" zu schützen. „Sie wollen mit mir teilen, und ich meyne / Dass ich mit ihnen nichts zu teilen habe. / Das was ich habe können sie nicht rauben", denn der „Kreis den meine Würksamkeit erfüllt" (4,187) ist kein zu verschenkender noch zu verlierender Besitz, sondern wurde von seinem innersten Gefühl bewegten „Geist so tausendfach / Geteilt und ganz, in meinen Kindern [...] in körperlichen Gestalten" (4,188) verwirklicht.

Was ihm jedoch an der Möglichkeit widersteht, in den privilegierten Stand der Olympier befördert zu werden, ist nicht der Zweifel an ihrer Macht auf das „Wurmgeschlecht" ihrer Kreaturen, sondern die Authentizität ihrer hohen und unbegrenzten Ansprüche. Vorher hatte er sich der „selbsterwählten Knechtschaft" der Götter willig ergeben, „weil ich glaubte, / Sie sähen das Vergangene, das Zukünftige / Im Gegenwärtigen / Und ihre Leitung, ihr Gebot, / Sey uranfängliche / Uneigennützige Weisheit" (4,189). Jetzt aber wird ihm bewußt, daß die Macht dieser Götter nicht nur begrenzt ist, sondern daß der Anspruch auf Herrschaft von einer höheren Seinswirklichkeit usurpiert war. Indem er sich nicht brüstet, als meisterhafter Modellierkünstler zugleich eine idealistisch entworfene, unabhängige Welt mit neuen Menschen bevölkert zu haben, wird seinen Skulpturen mit Hilfe der göttlichen Minerva das Geschenk zuteil, das er sich gewünscht hatte, aber niemals verdienen, geschweige denn aus eigener Willenskraft erzwingen konnte. Es bedarf vielmehr einer Liebe, die nur dann zum Leben verhilft, wenn sie aus einem offenen Herzen hervorgeht, einer hingebungsvollen Seele entspringt, wie es die von allen Verpflichtungen befreite, selbstbewußte Minerva verkörpert. Nur ihr gegenüber wird es Prometheus möglich, sich auf dem Weg zu einer Gottheit zu befinden, die noch ganz von physischen Empfindungen gelöst scheint: „Und du bist meinem Geist / Was er sich selbst ist. / Sind von Anbeginn / Mir deine Worte Himmelslicht gewesen! / Immer als wenn meine Seele spräche zu sich selbst! / Sie sich öffnete / Und mitgebohrne Harmonien / In ihr erklängen aus sich selbst. / Das waren deine Worte. / So war ich selbst nicht selbst, / Und eine Gottheit sprach / Wenn ich zu reden wähnte, / Und wähnt ich eine Gottheit spreche, / Sprach ich selbst. / Und so mit dir und mir / So ein so innig / Ewig meine Liebe dir" (4,188 f.).

In diesen hymnischen Ausdrucksweisen wird deutlich, daß das wahre Verhältnis zu dieser „einen" Gottheit nur in der Entfaltung seelischer Impulse möglich ist, wie sie die karitative Liebe zu leisten vermag, die in der freiwilligen ‚Entselbstung' zu vernehmen meint, daß nicht das eigene Ich, sondern „eine Gottheit spreche." Hier scheint die trotzige Ablehnung jener mythologisch vielgestaltigen, sich als Götter gebärenden elementarer Naturkräfte überwunden zu sein. Prometheus fühlt sich im Genuß einer Freiheit, die ihm versichert: „Und meine Seel umgiebt mit Wonneruh. / Abwesend auch mir immer gegenwärtig, / So haben meine Kräfte sich entwickelt / Mit iedem Atemzug aus einer Himmels Luft." deren Gebrauch aber nicht dem Dienst der „obersten der Götter" gewidmet ist, sondern „Für sie! Bin ich für sie" (4,189). Den nach seinem eigenen Bilde entworfenen Geschöpfen fühlt er sich verpflichtet, und indem er sich nicht einbildet, mehr zu sein als ihm sein Gewissen eingibt, kann er sich ganz der Leitung der Geliebten anvertrauen, ihn zum „Quell des Lebens" zu führen, wo es ganz dem Schicksal von einer höheren Instanz überlassen ist, „Zu schencken das Leben oder zu nehmen." Daß aber dieser Ursprung alles Seins weit über den Herrschaftsbereich der Olympier hinausliegt, wird durch Minervas Bemerkung bewußt, den Quell des Lebens zu erreichen, „Den Jupiter uns nicht verschließt" (4,191).

Insofern sich die religiösen Prinzipien der Moderne an nichts anderem als an sekularisierten Formen einer machtpolitischen Staatsraison orientieren, verlieren sie den entscheidenden Bezug zur gottgeschaffenen Innerlichkeit menschlichen Wesens. Die emanzipierende

Absage an die Omnipotenz olympischer Götter, denen noch die Aura des Titanischen anhängt, ist keine eigenwillige Neigung zur Unabhängigkeit von allen schicksalhaften Bedingungen des Daseins, sondern folgt dem natürlichen Zug des Herzens und der spontanen Forderung des Gewissens. Und dies erkennt auch Jupiter, wenn er einräumen muß: „In neugebohrner Jugend Wonne / Wähnt ihre Seele sich göttergleich" (4,192). Selbst wenn dieses Betragen auf einer „wähnenden" Vorstellung basiert, so entspricht es doch ihrer natürlichen „Artung", in all ihrem Denken und Tun zwischen den polaren Gegensätzen irdischen Daseins eine befriedigende Vermittlung anzustreben, der es allein möglich ist, die schicksalhafte Wirklichkeit unendlicher Vielfalt positiver und negativer Gegebenheiten zeitlicher Existenz zu bewältigen. Prometheus fühlt sich nicht geschickt, die etablierte Regentschaft dieser nur mythologisch fundierten Instanzen revolutionär zu stürzen, ihnen Schwächen und Unzulänglichkeiten nachzuweisen, wie sich Goethe selbst nicht berufen fühlte, die Fragwürdigkeit vielfältiger christlicher Konfessionsweisen anzuprangern. Er sah sich vielmehr wie Prometheus aufgrund enttäuschender Jugenderfahrungen und seiner künstlerischen „Naturgabe" berechtigt, „abgesondert von den Göttern, von seiner Werkstätte aus eine Welt zu bevölkern" (10,699) und seine eigene Religion zu entwerfen, die den Regungen des Herzens und der Stimme des Gewissens primäre Wirksamkeit einräumte.

Hatte Prometheus in seiner Liebe zu Minerva das Erleben des Göttlichen in einer erhöhten Geisteshaltung gewonnen, indem er von Anbeginn ihre Worte als verbindendes Element seiner eigenen Sprache mit der offenbarenden Mitteilung einer Gottheit „wähnend" zu erfassen glaubte, so wird ihm zugleich sinnbildlich bewußt, daß die Potenz der menschlichen Seele die einzige Möglichkeit bietet, über seine individuelle Begrenzung hinauszugelangen, allerdings unter der Voraussetzung, daß „ich selbst nicht selbst" (4.188) war. Diese Metamorphose einer ursprünglich irdisch unvollkommenen Menschlichkeit vollzieht sich in der geistigen Reflexion eines Vorgangs, der die nach seinem Bilde geformten Statuen auf wunderbare Weise mit belebenden Seelen erfüllt.

Da sich nach Goethes Überzeugung und realistischer Analyse aller natürlichen Entwicklungen der Vorgang der Schöpfung ins Unendliche fortsetzt, muß auch die scheinbar so unbedeutende Erfahrung einer rein körperlichen Transformation durch die Macht des Eros als Sinnbild einer polar entgegengesetzten, aber ihr zugehörigen und sie ergänzenden Begebenheit verstanden werden. Indem Pandora, das vollkommenste Geschöpf des neuen Geschlechts, alle realistischen Vorteile menschlichen Erlebens als „Heiliges Gefäs der Gaben alle / Die ergötzlich sind, / Unter dem weiten Himmel / Auf der unendlichen Erde" auf eine *Liebe* hinweißt, die alle wohlwollenden Neigungen, die je der „allgütige" Vater „dem armen erdgebohrnen Volck" entgegenbringt, weit übertrumpft.

Nur dem schöpferischen Geist ist das „Wähnen" einer niemals ganz und eindeutig offenbarten Gottheit gegeben. Prometheus kommt dieser Wahrheit durch die karikative Liebe Minervas am nächsten; diese aber führt nur über die mythologische Grenze des Schicksals (*moira*) hinweg zum mysteriösen „Quell des Lebens." Das Gefühl der Wonne und der seelischen Erhebung, die ihm in der Gegenwart der leiblichen Schönheit Pandoras bewußt wird, läßt ihn jedoch einen anderen, sinnlicheren und humaneren Weg zur Gottheit suchen, der ebenfalls im Schöpfungsakt vorgebildet ist und sich im Akt der Zeugung vergegenwärtigt. Die Kraft des Eros ist ein wesentlicher Bestandteil der göttlichen Schöpfung und unterscheidet sich von der selbstlosen und opferbereiten Liebe nur darin, daß sie auf ein Zusammenwirken der Geschlechter und die Fortpflanzung der physischen Existenz angewiesen bleibt. Eros aber beruht auf einer Wirklichkeit, die der „allmächtigen Zeit" und damit einer äußeren Begrenzung unterworfen ist. Diese Realität läßt sich zwar durch Schönheit und Güte modifizieren, in ihrem elementaren Wesen aber nicht verändern und bleibt daher der „höheren" Liebe stets untergeordnet. Hier jedoch gelangt alles Ewige im Zeitlichen an eine absolute Grenze. Insofern der göttliche Prozeß der Fortpflanzung zu einer unbeschränkten ‚diastolischen' Ausdehnung der individuellen Lebenspotenz neigt, bleibt die Pandora-Liebe unabdinglich dem Tod, der zeitlichen Vergänglichkeit unterworfen.

Was der armen Mira so unvermittelt und erschütternd zustößt und im freundschaftlichen Mitgefühl auf Pandora übertragen wird, ist eine andere Liebe, als sie Prometheus in engster seelischer Bindung durch Minerva erfuhr. Miras seelische Impulse entspringen keiner inneren Gemeinschaft mit der Kraft der ‚Verselbstigung', sondern entfalten sich durch eine zufällige Begegnung mit einem „ohngefähr im Wald" erscheinenden Arber, der die auf einem Rasen Hingesunkene fest in seine Arme faßte, um mit tausend Küssen „seinen Geist ihr einzuhauchen" (4,195) suchte. Nur war es Pandora, die der überwältigten Freundin um den Hals fiel und ihr die überwältigenden Ergriffenheit dieses ekstatischen Gefühlsausbruchs übertrug und damit geistig erfahrbar machte:

„Und ihre Küsse, ihre Glut / Hat solch ein neues unbekanndtes Gefühl / Durch meine Adern durchgegossen, / Dass ich verwirrt, bewegt / Und weinend endlich sie lies" (4,196).

Dieses geheime, naturphänomenale Ereignis gilt es dem nüchternen und ausgewogenen Geisteszustand Pandoras verständlich zu machen, da die spontan geäußerte Antwort auf ihre Frage, daß es sich hier um den „Todt" handle, ihr unbegreiflich blieb. Aber die Beispiele, die Prometheus anführt, um die unendliche Wandelbarkeit alles Irdischen erlebbar zu machen, reflektieren nur die ironische Einsicht, daß „Gefühl" alles sei, „Name ist Schall und Rauch." (5,251). Denn alles äußerlich Erfahrbare scheint nur die Ahnung des Unerforschlichen zu erwecken und spürbar zu machen, „Dass noch der Freuden viel sind / Noch der Schmerzen, die du nicht kennst" und eine unbestimmte Sehnsucht des Herzens anregt, „Ach nirgend hin, und überall doch hin" (4,197) und damit wiederum das innerste Verlangen erweckt, dieses nur Ersehnte zu befriedigen. Die Andeutung des Todes aber enthält die Erklärung, daß alles auf einen einzigartigen „Augenblick" hin zielt, „der alles erfüllt, / Alles was wir gesehnt, geträumt, gehofft, / Gefürchtet" (4,197) und sie damit bemüht sind, das ins Nichtige tendierende Erleben mit den Kräften unserer Seele ins Positive zu wenden und zu einer inneren Wirklichkeit zu erheben. Ein Grundton der tragischen Ironie begleitet die prometheische Belehrung: „Wenn aus dem innerst tiefsten Grunde / Du ganz erschüttert alles fühlst / Was Freud und Schmerz iemals dir ergossen, / Im Sturm dein Herz erschwillt, / In Tränen sich erleichtern will und seine Glut vermehrt / Und alles klingt an dir und bebt und zittert, / Und all die Sinne dir zu vergehen scheinst und alles um dich Her / Versinckt in Nacht, und du in inner eigenem Gefühle / Umfassest eine Welt, / Dann stirbt der Mensch" (4,197).

Diese profunde Art und Weise des Sterbens sucht Pandora mit ihrem Geliebten zu teilen, nicht aber aus einem unerträglichen Übermaß an leidenschaftlicher Glut und dionysischer Selbstauflösung, sondern aus seelischer Verbundenheit. Keine erhoffte und ersehnte Erfüllung ist diese schmerzlich, dialektische Erfahrung irdisch erschaffener Wesen, die nach der Kosmologie des jungen Goethe einer schicksalhaften Wirklichkeit ausgesetzt sind, die sie zugleich zu „den vollkommensten und unvollkommensten, glücklichsten und unglücklichsten Kreaturen" (10,387) macht. Es ist vielmehr die seelische Verpflichtung der Rückkehr zum Ursprung, welche die Gesetzmäßigkeit des umfassenden Schöpfungsprozesses fordert. Nur wenn die Erfahrung der Vergänglichkeit aller zeitlich-irdischen Existenz „im eigenst innersten Gefühle" zur vollen und erschütternden Wirkung entfaltet ist und damit alles über das Vergehen des Selbst hinauszuweisen scheint, kann nach Goethes Überzeugung diese Rückkehr in den Entwicklungsvorgang des unendlichen Lebens erfolgen. „Wenn alles, Begier und Freud und Schmerz / Im stürmischen Genuss sich auflöst, / Dann erquickt in Wonne Schlafft, / Dann lebst du auf, aufs jüngste wieder auf, / Aufs neue zu fürchten zu hoffen und zu begehren" (4,197). Und dem entspricht auch der abschließende Vers des späteren Gedichts *Selige Sehnsucht*: „Wenn du das nicht hast, dieses Stirb und Werde, / Bist du nur ein trüber Gast auf der dunklen Erde" (3,15).

Was Pandora in ihrer rein menschlichen Beschaffenheit nicht zu begreifen scheint, ist die Möglichkeit der fatalen Trennung zwischen Geist und Körper, die als ein Sterben des individuellen Selbst im Zustand höchster Erregung während des alles erfüllenden und doch begrenzten Augenblicks des überschwenglichen Sinnenrauschs erfolgen solle. Sie folgt vielmehr dem ‚höheren' Auftrag des Menschen, den unendlichen Kreis des kosmischen Schaffensprozesses in ihrer spontanen Gefühlskraft zu schließen, ohne jedoch die Diskrepanz überwinden zu können, Freiheit und Notwendigkeit, Geist und Materie, Göttliches und Tierisches miteinander zu verbinden. Die eigentliche Tat des Prometheus, die Gründung einer „dritten Dynastie" mag man als eine „Erfindung im höheren Sinne" beurteilen, die für Goethe stets in der Synthese von Geist und Welt nur als „Ausübung" des „originalen Wahrheitsgefühls" besteht und „zu einer fruchtbaren Erkenntnis führt" (9,572). Sie ist jedoch kein heroischer Befreiungsakt einer titanischen Willensautonomie, sondern das Bestreben eines tiefer in der Wirklichkeit verankerten Geschlechts, das aus Individuen bestand, die jeder Form der Liebe zugetan sind und sich bewußt auf dem Weg zu einem Ziel befinden, das ebenso ungewiß, zweideutig und inkommensurabel ist, wie der Begriff des Todes als absolutes Ende, oder das belebende, erquickende und verjüngende Wiederaufleben des Natürlichen. Die Abwesenheit einer rationalen Erklärung reflektiert die von Goethe stets respektierte Überzeugung, daß das in der Liebe sich verwirklichende Göttliche weder mit mythischen noch mit theologischen Kategorien erfaßt werden könne und darum uns ein ebenso unauflösbares Mysterium bleibt, wie ihr Urheber.

In dieser Geisteshaltung wird auch der realistische Zug der prometheischen Regierungsweise verständlich. Denn das nach seinen metaphysischen Vorstellungen frei sich entfaltende Schöpfertum sucht die natürlichen Lebensprinzipien des nach seinem Bilde geschaffenen Kreaturen mit keinen speziell eigenen Vorschriften zu beeinflussen, sondern betrachtet ihre positiven wie negativen Tendenzen nur als polare Gegensätze ein und desselben notwendigen und ihrer inhärenten Natur angemessenen Entwicklung. Er bestimmt oder beurteilt daher weder die Art, wie die Männer aus den gegebenen Naturbeständen ihre Hütten bauen, sie für sich behalten oder mit ihren Brüdern teilen, noch fühlt er sich berechtigt, über Recht oder Unrecht ihres sittlichen Verhaltens eine endgültige Entscheidung zu fällen. Dem durch den gewalttätigen Ziegendieb Geschädigten kann er nur den versöhnlichen Rat erteilen, die ausgleichende Vergeltung einer kollektiven, überpersönlichen Abneigung gegen alles Gewalttätige zu überlassen, um nicht den Konflikt durch den Akt der Rache ins Unendliche zu verschieben. Daß aber damit dem zu Unrecht Betroffenen keine Gerechtigkeit widerfährt, bestätigt die unmittelbar folgende Versicherung des patriarchischen Begründers dieser neuen Volksgemeinschaft: „Ihr seyd nicht ausgeartet meine Kinder! / Seyd arbeitsam und faul / Und grausam mild / Freigebig geitzig! / Gleicht all euern Schicksaals Brüdern / Gleicht den Tieren und den Göttern" (4,194 f.).

Diese Erklärung scheint notwendig geworden zu sein, um dem einseitigen und parteilichen Gesichtspunkt zu entgehen, daß hier ein klares sittliches Vergehen aus pazifistischen Gründen nicht nur unbestraft geblieben und als unabdingbares Wesensmerkmal menschlicher Natur zu verstehen und daher zu entschuldigen sei. Hatte nicht bereis der Delinquent klug darauf hingewiesen, daß sein Diebstahl keine absolute Böswilligkeit war, da er nur von relativen Umständen motiviert wurde: „Ich habe gestern auch eine (Ziege) erlegt, / Am Feuer sie gezeitigt / Und gegessen mit meinen Brüdern / Brauchst du heut mehr als eine? / Wir fangen morgen wieder" (4,194). Wo es in den unendlich wandelbaren irdischen Verhältnissen und unter der Verschiedenheit subjektiver Charaktere keine absoluten Normen geben kann, können auch die Grenzen zwischen Recht und Unrecht, Gut und Böse nicht als unbedingt betrachtet werden.

Goethe betonte, daß seine persönlichen Einsichten und Überzeugungen von keinen philosophischen oder theologischen Überlegungen begründet seien, sondern schrieb der Prometheus-Dichtung die Gunst seiner natürlichen poetischen Begabung zu, die ihm die Verspflichtung auferlegte, sich dem zu widmen, was unabhängig von äußeren Einflüssen das „gemeine Menschenschicksal" am ehesten zu bewältigen versprach. Dies verband ihn unmittelbar mit den geistigen, sozialen und politischen Verhältnissen seiner Umwelt, die weitgehend von rationalistischen Wertmaßstäben bestimmt wurden, jedoch individuellen Annäherungen an transzendente Mysterien kaum zugeneigt waren. Auch für Goethe war das geistige Band, das den Menschen mit dem Höheren verknüpft, nach dem Entwurf seiner jugendlichen Kosmologie kein Werk der Erlösung und daher „nicht allein von aller Ewigkeit beschlossen, sondern als ewig notwendig gedacht" sei und daß dieses Band von menschlicher Initiative „durch die ganze Zeit des Werdens und des Seins sich immer wieder erneuern" (10,387) müsse. Dazu bedarf es einer festgefügten Setzung, die Goethe in den Sakramenten als „das Höchste der Religion, das sinnliche Symbol einer außerordentlichen Gunst und Gnade" (10,31) zu erkennen glaubte. Auch war er nicht geneigt, den mythischen Charakter der Prometheus-Legende gelten zu lassen, weshalb er sich „das alte Titanengewand" (10,699) des Protagonisten auf seine Weise zuschnitt. Um die Notwendigkeit geistiger Erneuerung deutlicher zu machen, war für ihn „nichts natürlicher, als daß die Gottheit selbst die Gestalt des Menschen annimmt [...] und sie die Schicksale der Menschen teilt, um durch diese Verähnlichung das Erfreuliche zu erhöhen und das Schmerzliche zu mildern" (10,387). Prometheus war der poetische Vorentwurf dieser Bestimmung, um die luziferische Absonderung vom unendlich fortgesetzten Zeugungsprozeß der göttlichen Schöpfung zu begrenzen, der seiner Ansicht nach „nichts ist und nichts war, als ein Abfallen und Zurückkehren zum Ursprünglichen" (10,387).

Die stolze Gebärde des Abfalls von den fälschlich zu omnipotenten Gottheiten erhobenen Instanzen der Ode mag in der atheistischen Sicht Nietzsches in „seinem Grundgedanken nach (als) die eigentliche Hymne der Unfrömmigkeit"[25] verstanden werden. Dagegen aber ist Goethes prometheische Haltung trotziger Abkehrung von einer tyrannischen Herrschaft, deren usurpierter Machtanspruch nichts anderes als eine alte mythische Tradition zugrunde liegt, auf die notwendige Erneuerung einer wahren Gotteserfahrung gerichtet. Von einer annähernden Erkenntnis des Göttlichen mit dem Mitteln der „instrumentellen Vernunft" oder orthodoxer Exegetik hielt sich Goethe kritisch distanziert, da er sich bewußt war, „naturforschend Pantheist, dichtend Polytheist und sittlich Monotheist" (9,608) zu sein.

---

[25] Friedrich Nietzsches Werke, a. a. O., Bd. I, S.57.

Angesichts der offensichtlichen Vielfalt belebender Manifestationen des Göttlich-Wahren fand es Goethe geraten, sich eher auf den gesunden Menschenverstand als auf die zahllosen, subjektiven Richtigkeitsansprüche der konfessionellen Bibelkundigen zu verlassen. Frömmigkeit war für Goethe „kein Zweck, sondern ein Mittel, um durch reine Gemütsruhe zur höchsten Kultur zu gelangen" (9,566). Und nach der kosmologischen Weltstruktur des jungen Goethe entspricht es der Natur des Menschen, „die ursprüngliche Verbindung mit der Gottheit wiederherzustellen geschickt" (10,387) zu sein. Und da es dem Menschen nicht freisteht, diese Rückwendung nach eigenem Gutdünken zu vollziehen, sondern sich „abermals in dem Falle Luzifers befand, zugleich unbedingt und beschränkt zu sein, und da dieser Widerspruch durch alle Kategorien des Daseins sich an ihm manifestieren und ein vollkommenes Bewußtsein und ein entschiedener Wille seine Zustände begleiten sollte, so war vorauszusehen, daß er zugleich das vollkommenste und unvollkommenste, das glücklichste und unglücklichste Geschöpf werden mußte" (10,387).

Im pseudometaphysischen Bereich der mythologischen Götter, wo die karitative Liebe Minervas Prometheus in die höhere Sphäre einer mystischen Schicksalsmacht führen konnte, war die Idee der Vollkommenheit und der beglückende Vorgeschmack „reinen Himmelslichts" das bestimmende Element. Dagegen zeigt sich in der horizontalen Talebene ein mannigfaltiges Bild der von den angeborenen Eigenschaften vielfach durchwirkten Welt durchschnittlich begabter Menschen. Hier herrscht zwar eine unbeschränkte Entfaltung ihrer natürlichen Vermögen, aber ihre spontane Lebensweise scheint dennoch von einer eigentümlichen Zwiespältigkeit überschattet zu sein, die es dem neuen Geschlecht zwar freistellt, der übergeordneten Gewalt „nicht zu achten, wie ich", sie aber zugleich der Ambiguität alles Irdischen aussetzt, „zu leiden, weinen, zu geniessen und zu freuen sich" (4,192).

Die gesamte Emanzipation des zum tatkräftigen Manne geschmiedeten, gottähnlichen Schöpfergenies enthüllt sich weniger als die Erfindung eines wunderbaren Neuen, Schönen und Guten, worin die in uns allen keimende Hoffnung zu einer lang ersehnten Erfüllung gelangt, sondern das luziferische Autonomiestreben kommt hier in dem eigenen schicksalhaft geprägten *Daimon,* dem man nach den *Urworten. Orphisch* nie zu entfliehen vermag, an eine unüberwindliche Grenze. Sie beruht nicht auf äußeren Widerständen, sondern vor allem darin, daß „substantielle Freiheit für ihn (Goethe) keine Ideologie oder Utopie, sondern eine konkrete personale Lebenswirklichkeit darstellt, die unnachahmlich jedes Verhältnis zwischen Mensch und Mensch, und damit jedes gesellschaftliche Zueinander zwischen Individuen durchwirkt."[26] Dieser entschiedene Anspruch auf die Eigenart seelischer Vermögen kann sich nach Goethes jugendlicher Eschatologie auf die allen Menschen auferlegte Verpflichtung, den Kreis der Schöpfung mit der Rückkehr zum Ursprung zu schließen, sowohl positiv wie negativ auswirken. Tragik ergibt sich unweigerlich aus allem, was sich dieser elementaren Entfaltung inhärenter Vermögen widersetzt. Daß es aber eines eigenständigen Schöpfungsaktes bedarf, um diese „substantielle Freiheit" zu verwirklichen, bezeichnet H. U. von Balthasar von einem betont christlichen Standpunkt aus als „Urtragik dialektischer Mystik." Da sich das wesentliche Prinzip der Prometheus-Dichtung in jener fatalen Spannung gegensätzlicher Impulse vollzieht und „sich die Bewegung der Natur zu Gott im Menschen vollendet, indem er ganz sich öffnender, hingebender und aufnehmender Spiegel des Urfeuers wird, ist das Absolute an der Grenze seiner Hingebungshaltung. Indem der Mensch aber vom Gotteszentrum aus schaffend in die Welt hinaus wirkt, bis die peripherische Tat sein inneres Feuer zum höchsten Abglanz schürt, ist das Absolute an der Grenze seiner Tathandlung. Beide Haltungen kreuzen sich in der Dialektik des Herzens und es gibt nur den einen Ausweg, je eine durch die Verneinung der anderen zu ermöglichen." Und dieser Vorgang versetzt die individuelle Freiheit in das dialektische Dilemma einer „schöpferischen Negation", worin „ein Licht nur durch eine Nacht, eine Liebe nur durch eine Schuld sich verschenken kann."[27]

Es mag durchaus zutreffen, daß von Balthasar in den idealistischen Tendenzen der kommenden Epochen die „Urtragik dialektischer Mystik" im fatalen Ausweg der Verneinung einander ausschließenden Haltungen zu Recht erkannt hat. Goethe war jedoch weit mehr zum versöhnenden Ausgleich und einer friedvollen Synthese dieser allem Leben eingeprägten Polarität geneigt. Er bedient sich keinem Entweder-Oder-Prinzip einer nach mythologischen Vorbild geprägten

---

[26] Wilhelm Emrich: „Goethes Tragödie des Genius. Von ‚Götz' bis zur ‚Narürlichen Tochter'." In: *Jahrbuch der deutschen Schillergesellschaft* 26 (1982), S. 145.
[27] Hans Urs von Balthasar: *Prometheus. Studien zur Geschichte des deutschen Idealismus.* Heidelberg 1946, S. 144.

theologischen Orthodoxie, um die „Dialektik des Herzens" darin zu überwinden, daß er die „zwei Grundsehnsüchte: zur Weltganzheit sich zu weiten und die Ganzheit zu Gott zurückzuführen, gleichschaltet,"[28] sondern als parallele Seinskategorien bestehen läßt. Im späteren *Festspiel Pamdora* hat der reifere Goethe diesen „idealistischen" Ausweg zu überwinden gesucht, indem er die gegensätzlichen Widersprüche zwischen dem eigenwilligen Schaffensprinzip des Prometheus und der hingebungsvollen Haltung des Epimetheus in der liebevollen Ehe ihrer Kinder zu einer friedvollen Synthese vereint. Was immer die menschliche Natur aus sich selbst zu entwickeln bestimmt ist, wird am Ende dieser sinnbildlichen Handlung in der Einsicht zusammengefaßt: „Was zu wünschen ist, die unten fühlt es; / Was zu geben sei, die wissen's droben. / Groß beginnt ihr Titanen; aber zu leiten / Zu dem ewig Guten, ewig Schönen, / Ist der Götter Werk, die laßt gewähren" (6,443).

Das war für Goethe keine Kapitulierung des prometheischen Autonomieanspruchs, sondern diese Erkenntnis entsprang ganz spontan und unmittelbar aus seiner eigenen Erfahrung der dringenden Notwendigkeit, sich nicht an einer neomythologischen Glorifizierung der von ihm skeptisch betrachteten „instrumentellen Vernunft" zu orientieren. Er war vielmehr aufgrund seiner poetischen Begabung entschlossen, nicht nur seine eigene Weltsicht, sondern auch seine eigene Religion selbständig zu entwerfen.[29] Goethes poetischer Aspekt erwuchs aus keiner Ideologie, sondern aus der Erfahrung eines allgemeinen Menschenschicksals, „an dem wir alle zu tragen haben" (10,697). H.-G. Gadamer betont jedoch, daß „das Selbstbewußtsein des Künstlers Goethe doch tief in einem religiösen Grundgefühl" verschlungen sei. „Goethe sonderte sich nach prometheischer Weise nicht nur von den Menschen, sondern auch von den Göttern ab, aber nicht in der Weise einer naiven Selbstvergötterung, wie es in dem modernen Kult des Schöpferischen

---

[28] Ebd.
[29] Vgl. dazu die erhellende Deutung Wilhelm Emrichs: „Goethes ‚Prometheus' und ‚Pandora'." In: *Akzente* 9 (1962), 292-304, im Gegensatz zu dem kritischen Vergleich der beiden Dichtungen von Sigurd Burckgardt: „Sprache und Gestalt in Goethes ‚Prometheus' und ‚Pandora'." In: *Euphorion* 50 (1956), 162-176.

ahnungslos geschieht, sondern im vollen Bewußtsein unserer unaufhebbaren Menschlichkeit gegenüber dem Göttlichen."[30] Bei aller Erkenntnis der Unvollkommenheit der nach seinem Bilde geformten Geschöpfe ist sich Prometheus gewiß, kein „entartetes" Geschlecht geschaffen zu haben. Denn weder in der liebenden Hingabe noch in der schöpferischen Tat-Handlung erfüllt sich die eigentliche Mission, wohl aber in der Freiheit seiner Annäherung an ein Göttliches, die weder auf einer intellektuellen Überzeugung noch auf der Versicherung des Glaubens beruht, sondern auf dem Wahrheitsgefühl des empfindsamen Herzens, das allem polar Entgegengestzten nicht auszuweichen oder es gewaltsam zu überwinden, sondern zu einer höheren Lebensganzheit zu verschmelzen sucht. Wo aber die Entscheidung dem Menschen selbst frei anheim gestellt ist, die Grenze zum Absoluten durch sein individuelles Denken und Tun zu bestimmen, kann sich die wahre Rückwendung zum göttlichen Ursprung und damit die seelische Bindung ans Göttliche vollziehen. Wo aber „dieser rebellierende Künstler-Prometheus" lediglich als Repräsentant der „Verselbstung" und „Erscheinungsform eines schöpferischen Luzifers" begriffen wird, wie es H. Reinhardt formuliert, kann nur von einer Distanz vom Absoluten die Rede sein. „Der Pol der personalistischen Konzentration allein kann keinen psychischen Charakter konstituieren – es bedarf dazu auch der Bewegung zum anderen Pol hin, des Rückschwingens in die transpersonale Öffnung zum Ganzen."[31]

Goethes Prometheus unterscheidet sich von dem der antiken Mythologie darin, daß er kein Inbild „des dem titanisch strebenden Individuum gebotene Notwendigkeit des Frevels" ist, weil nach Nietzsches Ansicht die „griechische Tragödie in ihrer ältesten Gestalt nur das Leiden des Dionysus zum Gegenstand hatte."[32] Goethes Prometheus ist dagegen der eigentliche Befreier der Menschheit, um sie aus der Knechtschaft einer nur geschichtlich entstandenen hierarchischen Institution zu einem unmittelbaren Erlebnis des Göttlichen in ihren natürlichen seelischen Impulsen zurückzuführen. „Jedenfalls ist das Ganze," wie es E. Beutler richtig beurteilt, „nicht auf Tragödie, sondern auf

---

[30] Hans-Georg Gadamer: „Die Grenze des Titanischen. Prometheus. Pandora." In:*Vom geistigen Lauf der Welt*. Godesberg 1949, S. 13.
[31] Hartmut Reinhardt: „Prometheus und die Folgen,: In: *Goethe-Jahrbuch* 108 (1991), S. 147.
[32] Nietzsches Werke, a. a. O. Bd. I, S. 60 f.

Versöhnung angelegt."[33] Es geht nicht um die Eroberung eines eigenen Machtbereichs, sondern um seinen Geschöpfen die Gestaltung des eigenen Lebens freizustellen. Prometheus' Tatkraft richtet sich nicht revolutionierend gegen das etablierte religiöse System, jedoch nicht allein um eines „großartigen Versuches" willen, wie es A. Fuchs versteht, im „schöpferischen Akt des Künstlers [...] souverän er selbst zu sein."[34] Goethes Bestreben dient vielmehr einer humanen Notwendigkeit, Göttliches in seinen Manifestationen zu respektieren, ohne der im *Ewigen Juden* so eindringlich dargestellten Torheit zu verfallen, „sich Gott als seines Gleichen" (4,237) vorzustellen, wie es der junge Goethe seinen aufgeklärten und reformeifrigen Zeitgenossen vorwarf.

In der prosaischen Version dieses Motivs im 15. Buch von *Dichtung und Wahrheit* behandelte er die zeitgemäße Verblendung des frommen isrealitischen Schusters Ahasversus, die darin bestand, daß er in seiner herben, bürgerlich-materialistischen Geisteshaltung die „höheren Ansichten und Zwecke" des Herrn nicht begriff, weil „sein Sinn bloß auf die Welt gerichtet war" (10,695 f.). Etwas Ähnliches wurde dem jungen Goethe an der spirituellen Praxis seiner protestantischen Umwelt bewußt, die ihm allzu leicht einer „unzeitigen Gerechtigkeit" verfallen könne worin sich die Hochachtung vor dem unerforschlichen Mysterium Gottes in den Vernunftgründen der modernen Säkularisation zu verlieren drohte. „Ich glaube an einen Gott, dies ist ein löbliches Wort," heißt es in den *Maximen und Reflektionen,* „Aber anerkennen, wo er sich offenbare, dies ist eigentlich die Seligkeit auf Erden" (9,608).

Unter diesen Voraussetzungen geht es Goethe in erster Linie um die Erkenntnis und Vergegenwärtigung einer menschlichen Schicksalshaftigkeit, die weder von seinem Willen noch von seinen kreativen Vermögen abhängt, sondern einer höheren und umfassenden Gesetzmäßigkeit unterworfen bleibt, die nur im Gewissen, dem unfehlbaren inneren ‚Mitwissen' mit einem universalen Ordnungsgefüge ahnend erfaßt und als wahr empfunden werden kann. Prometheus' primäre Verpflichtung sich selbst und seinen dialektisch begabten Geschöpfen gegenüber ist eine versöhnende Vermittlung jeglicher gegensätzlicher Impulse ihrer Natur, wie er sie selbst erfuhr, als er aus eigenem Erleben

---

[33] Ernst Beutler: Einführung der *Gedenkausgabe* Bd. 4, S. 1029.
[34] Albert Fuchs: „Das Prometheus-Fragment." In: Ders.: *Goethe-Studien.* Berlin-1968, S. 3.

schöpferischer Seelenimpulse zwar kein Gott zu sein vorgibt, sich aber „göttergleich" zu sein „wähnt".

Nur als solcher und in der Erkenntnis, daß alles wahrhaft Göttliche die empirischen Daseinsbereiche des Irdischen transzendieren, fühlt er sich berechtigt, die vorgebliche Omnipotenz der Olympier in Frage zu stellen. Im Bewußtsein eigener Begrenzungen und Unzulänglichkeiten liegt es ihm fern, den Geschöpfen seiner eigenen „Kunst" zur höchstmöglichen Perfektion zu verhelfen, sondern einen Zustand des friedlichen Ausgleichs anzustreben, den es in jeder Phase der zeitlichen Entwicklung neu herzustellen gilt und darum von keiner starren, vorgefaßten Ideologie abhängig sein kann. Es geht um die „zwei-einheitliche" Zuordnung des Seins und des Werdens, die von allem Anfang an im Bereich der irdischen Existenz angelegt war und in dauernder Entwicklung alles nur Gegebene schaffend und umgestaltend zu seinem geheimnisvollen Ursprung zurückzuführen bestimmt ist. Denn all diese „artverwandten," vom prometheischen Göttersohn Geschaffenen sind mit der Kraft der unendlichen Fortsetzung des höheren Schöpfungsprozesses begabt, nicht aber mit der Vollkommenheit einer rein geistigen Offenbarung des Unerforschlichen.

1.3 Das Dämonische

Zur „Enträtselung" des Göttlichen in der Wirksamkeit seiner Manifestationen gehört vermutlich auch das, was Goethe im 20. Buch von *Dichtung und Wahrheit* im Zusammenhang mit der Egmont-Tragödie über das Dämonische begrifflich zu erfassen versuchte. Er berichtet, in seiner Jugend sich „auf verschiedenen Wegen dem Übersinnlichen zu nähern gesucht zu haben, erst mit der Neigung nach einer natürlichen Religion hingeblickt, dann mit Liebe sich an eine positive festgeschlossen; ferner durch Zusammenziehung in sich selbst seine eigenen Kräfte versucht und sich endlich dem allgemeinen Glauben freudig hingegeben" (10,301) hatte. Es mag daher verständlich erscheinen, daß ihn eine dieser mannigfaltigen Manifestationen der abwesenden Gottheit am meisten interessierte, die ihm die Qualität des Objektiven aufzuweisen schien und ihm erlaubte, seine „Gedanken von dem Ungeheuren, Unfaßlichen abzuwenden," ihn aber dennoch herausforderte, dieses rätselhafte Phänomen zu erforschen, das zwar unwiderleglich wahrnehmbar war, aber „unter keinen Begriff, noch weniger unter ein Wort gefaßt werden könnte" (10.302).

Als entschiedener Verehrer alles Natürlichen ging es ihm auch hier vornehmlich um die Erkenntnis des Eigentümlichen und der Einzigartigkeit eines scheinbar so selbstständigen und von keiner irdischen Kausalität ausgehenden Potenz. Mit dem Ereignis des Erscheinens des Dämonischen verband sich die Unabsehbarkeit seiner Wirkung, was auf einen höheren Ursprung zu deuten schien, die zwar mit poetischem Vorstellungsvermögen vage umschrieben werden konnte, sich jedoch allen klaren rationalen Feststellungen entzog, die sein eigentliches Wesen zu erfassen strebte. Neigt man jedoch zu der Annahme, daß das Phänomen des Dämonischen als geistige Manifestation des Wahren aus dem Sein der göttlichen Schöpfung als reine, formlos ungestaltete Energie hervortritt und in allen sich entwickelnden Lebensstadien eine bedeutende Wirkung ausübt, die von keinen menschlichen Kategorien erfaßt werden kann, so bleibt seine Wahrnehmbarkeit wesentlich auf den poetischen Geisteszustand beschränkt, von dem Goethe behauptet, er sei auf keine Philosophie oder Wissenschaft, sondern auf „Eingebung" angewiesen. Zu einer solchen gehört nicht nur die Freiheit des Willens, sondern auch die selbstlose Offenheit des Gemüts. Die von keiner realen Quelle ausgehende Wirkung des Dämonischen läßt daher auf einen Ursprung schließen, der zwar nicht erkannt, wohl aber vom seelischen Vermögen ‚während' wahrgenommen werden kann, dessen Bedeutung jedoch von uns nur erraten, mit einem sensiblen Empfinden und liebevollen Herzen zu erfahren, nicht aber als empirische Wirklichkeit zu errechnen oder zu ermessen sei.

Es ist daher kaum verwunderlich, daß sich Goethes Definitionen mehr im Negativen als im Positiven entfalten: „Es war nicht göttlich, denn es schien unvernünftig; nicht menschlich, denn es hatte keinen Verstand; nicht teuflisch, denn es war wohltätig; nicht englisch, denn es ließ oft Schadenfreude merken. Es glich dem Zufall, denn es bewies keine Folge; es ähnelte der Vorsehung, denn es deutete auf Zusammenhang. Alles was uns begrenzt, schien für dasselbe durchdringbar; es schien mit den notwendigen Elementen unseres Daseins willkürlich zu schalten; es zog die Zeit zusammen und dehnte den Raum aus. Nur im Unmöglichen schien es sich zu gefallen und das Mögliche mit Verachtung von sich zu stoßen" (10,302).

Zum Erfassen dieser vielfältigen Erfahrungsbereiche gehört nicht allein die Reife und Tiefe des Erlebens, sondern auch eine lebendige Vorstellungskraft poetischer Begabung. Denn beides zusammen bewirkt die ‚Synthese' der bildlichen Gestaltung eines Wesentlichen, dessen Uner-forschlichkeit nur in sinnbildlichen Andeutungen vermittelt werden kann. „Wir schließen auf einen geistigen Urquell," meint Goethe im Gespräch mit Eckermann, „auf ein Göttliches, wofür wir keine Begriffe und keinen Ausdruck haben und welches wir zu uns herabziehen und anthropromorphisieren müssen, um unsere dunklen Ahndungen einigermaßen zu verkörpern und faßlich zu machen" (24,386). „Übrigens ist die Natur und sind wir Menschen alle vom Göttlichen so durchdrungen, daß es uns hält, daß wir darin leben, weben und sind, daß wir nach ewigen Gesetzen leiden und uns freuen, daß wir sie ausüben und daß sie an uns ausgeübt werden, gleichviel ob wir sie erkennen oder nicht" (24,468).

Darin spiegelt sich das ehrfürchtige Verhalten nicht nur des jungen Goethe, der in seiner kosmologischen Weltstruktur den Menschen als ein Wesen bezeichnete, „das die ursprüngliche Verbindung mit der Gottheit wieder herzustellen geschickt (10,387) sei. Was uns als das Dämonische in diesen realistischen Betrachtungen der reiferen Jahre begegnet, gemahnt uns durch seine enigmatische Transzendenz an die von Goethe seit jeher vertretene Überzeugung, daß das Göttliche, wie alles Überirdische zur wahren Annäherung eher eines stärkeren Glaubens und einer tieferen Liebe bedarf, als es das belehrenden Wort oder die theologische Exegese zu vermitteln vermag. „Der Dämon." meint W. Muschg, „ist die archaische Form des Göttlichen, der verkörperte Schauer vor dem Unfaßlichen des Seins, dem sich der Gläubige der Naturreligion zitternd unterworfen weiß. Als Elementargottheit ist der Dämon zugleich gut und böse, herrlich und schrecklich, lockend und furchterregend."[35]

Wenn Goethe in seiner biographischen Darstellung von *Dichtung und Wahrheit* auf einen Zusammenhang zwischen dem Dämonischen und den frühen Entwürfen des Egmont-Stoffes zu sprechen kommt, geht es ihm anfänglich nicht um die spezifischen Charaktereigenschaften seines Protagonisten, sondern sieht die Wirkung dieses ungewöhnlichen Phänomens in den „Ereignissen" vergegenwärtigt, „welche nachher die vereinigten Niederlande so berühmt gemacht" hatten. „Höchst dramatisch waren mir die Situationen erschienen und als Hauptfigur, um welche sich die übrigen am glücklichsten versammeln ließen, war mir Graf Egmont aufgefallen, dessen ritterliche Größe mir am meisten behagte" (10,302).

---

[35] Walter Muschg: *Goethes Glaube an das Dämonische.* Stuttgart 1985, S. 9.

Von keinem willensstarken Repräsentanten subjektiver oder politischer Prominenz ist die Rede, sondern im Verhältnis von individuell Persönlichem und objektiven geschichtlichen Vorgängen gilt es das primär Unerforschliche des Dämonischen in den unvereinbaren Gegensätzen realer Begebenheiten poetisch erfahrbar zu machen. Wenn die „persönliche Tapferkeit" als Kern seines Wesens zusammen mit allen Begabungen seines liebenswürdigen Charakters nicht genügen, um ihn von den „Netzen der Staatsklugheit" zu bewahren, die „schwerer zu durchbrechen" (10,303) sind als alle Feindschaften und Widerstände der gewöhnlichen politischen Umstände, so ist es die unkontrollierbare Macht des Dämonischen und keine selbstverschuldete Verblendung, welche uns Goethe wahrzunehmen und zu beurteilen verlangt. Denn weder seine ritterlichen Tugenden, noch seine „ungemessene Lebenslust, das grenzenlose Zutrauen zu sich selbst, die Gabe alle Menschen an sich zu ziehen (attrattiva) und so die Gunst des Volcks, die stille Neigung einer Fürstin, die ausgesprochene eines Naturmädchens, die Teilnahme eines Staatsklugen zu gewinnen, ja selbst den Sohn seines größten Widersachers für sich einzunehmen" (10,302 f.) lassen sich nicht einfach als gültige Erscheinungsformen des Dämonischen entziffern.

Man wird W. Muschg zustimmen, wenn er Goethes Glaube an das Dämonische als die „Fortsetzung seines Genieglaubens in die übersinnliche Welt" bezeichnet; es „umfaßt alle diese Stufen als ihr namenloser Inbegriff." Es geht um eine „negative Theologie, um ein mystisches Reden von Gott, das sich in Verneinungen und Antithesen bewegt, weil sich das Geheimnis Gottes jeder positiven Aussage entzieht."[36] Jedoch werden gewisse von Goethe als dämonisch gekennzeichnete Persönlichkeiten, wie Friedrich II, Napoleon oder Byron, sich schwerlich in diese Kategorien einfügen lassen. Ihre magische Anziehungskraft auf die „Masse," wobei vermutlich die leicht beeinflußbaren, ungebildeten und selbstbezogenen Bürger gemeint sind, ist bei ihnen nur ein Ausdruck ihres Willens zur Macht, niemals ihrer exemplarischen Geisteskräfte oder ihrer sittlichen Handlungsprinzipien. Sie mögen einer stärkeren Naturgewalt dienen, von der es im Tobler-Goetheschen Natur-Fragment heißt: „Wir sind von ihr umgeben und umschlungen – unvermögend aus ihr herauszutreten und unvermögend, tiefer in sie

---

[36] Ebd. S. 22 f.

hineinzukommen. [...] Was wahr ist und was falsch ist, alles hat sie gesprochen. Alles ist ihre Schuld, alles ihr Verdienst" (39,223 f.).

Goethe war überzeugt, dämonische Züge in allen Formen des Lebens wahrnehmen zu können, in „der belebten wie unbelebten, der beseelten wie unbeseelten" Natur (10,302). Da uns aber für diese Vielfalt und Unbestimmtheit der Daseinsmöglichkeiten keine vernünftige Faßlichkeit zur Verfügung steht, weist P. Tillich auf „schöpferische Urkräfte", in denen sich dialektische Widersprüchlichkeiten in ihren unbegrenzten Audrucksweisen bekunden: „Es gibt nicht nur Form-Mangel, sondern auch eine Form der Form-Widrigkeit, es gibt nicht nur ein Minder-Positives, sondern auch ein Gegen-Positives."[37] In dieser Sicht werden bewußt keine absoluten Gegensätze anerkannt, denn „Seinsgehalt und Seinsunerschöpflichkeit gehören zusammen," meint Tillich, „ihre Einheit als Wesenstiefe schlechthin ist das Göttliche, ihr Auseinander in der Existenz, das relativ selbständige Hervorbrechen des ‚Abgrunds' in den Dingen, ist das Dämonische."[38] Und im Hinblick auf den unendlichen und unerforschlichen Rhythmus alles Lebendigen heißt es: „Der göttlichen Erfülltheit folgt die Seinserhöhung, die Schöpfung und Gestaltung, der dämonischen Erfülltheit folgt die Seins-Minderung, die Zersetzung und der Verfall."[39] Daher wird vor allem der Krieg als das Urbild der Dämonie bezeichnet. Goethe schien sich dieser existentiellen Unvollkommenheit durchaus bewußt zu sein, wenn er meinte: „Die Welt soll nicht so rasch zum Ziele, als wir denken und wünschen. Immer sind die retardierenden Dämonen da, die überall dazwischen und überall entgegen treten, so daß es zwar im ganzen vorwärts geht, aber sehr langsam" (24,696).

Auch hält er es nicht nur für angemessen, daß wir uns bemühen, „gegen das Dämonische recht zu behalten" (24,482), sondern auch jede „Produktion höchster Art, die der Mensch „als unverhofftes Geschenk von oben" zu betrachten hat, „ist mit dem Dämonischen verwandt, das übermächtig mit ihm tut, wie es beliebt, und dem er sich bewußtlos hingibt, während er glaubt, er handle aus eigenem Antriebe. In solchen Fällen ist der Mensch oftmals als Werkzeug einer höheren Weltregierung zu betrachten, als würdig empfundenes Gefäß zur Aufnahme eines göttlichen Einflusses" (24,679). Und diese ‚unbewußte' Ver-

---

[37] Paul Tillich: *Das Dämonische. Ein Beitrag der Sinndeutung der Geschichte*, Tübingen 1926, S. 6.
[38] Ebd., S. 11.
[39] Ebd., S. 14 f.

wandtschaft durchdringt auch die anonymen Formen der Liebe; „denn nicht bloß wir sind die Liebe, sondern es ist auch das uns anreizende Objekt. Und dann [...] kommt als ein Drittes noch das Dämonische hinzu, das jede Leidenschaft zu begleiten pflegt und das in der Liebe sein eigentliches Element findet" (24,723). Es bleibt jedoch in diesen Umschreibungen eines grundsätzlich undefinierbaren Phänomens ungelöst, welchem Ursprung diese nur als Wirkung wahrnehmbare Triebkraft zuzuschreiben ist. Denn im Grunde „spielen wir Menschen vor dem großen Schicksalsgemälde der Welt mehr oder weniger die Rolle des Unkundigen" (24,466).

„Obgleich jenes Dämonische sich in allem Körperlichen und Unkörperlichen manifestieren kann, ja bei den Tieren sich aufs merkwürdigste ausspricht, so steht es vorzüglich mit dem Menschen im wunderbarsten Zusammenhang und bildet eine der moralischen Weltordnung nicht entgegengesetzte, doch sie durchkreuzende Macht" (10,303). Hierbei muß jedoch die Betonung des prinzipiell Objektiven, Äußeren und human Unangemessenen beachtet werden, die keinem rein subjektiven ‚daimon' wie es in den Urworten. Orphisch beschrieben wird, freistellt, sich als Repräsentant des Dämonischen zu gebärden.

Wenig überzeugend ist daher die Ansicht G. A. Wells, Egmonts „persönliche Tapferkeit," sein „unbegrenztes Zutrauen zu sich selbst, die Gabe alle Menschen an sich zu ziehen" als eine zeitlich begrenzte Besessenheit zu verstehen. „He is more like a man possessed by a demon which can, at any time, abandon him."[40] Demnach folgte er ausschließlich seinem inneren Gesetz, das ihn zwar allen den von ihm Angezogenen liebenswürdig erscheinen läßt, ihn jedoch durch ein falsches Selbsvertrauen zu einem verhängnisvollen, unstaatsmännischen Verhalten verleitet.

Wesentlich erhellend hat B. von Wiese das Dämonische bei Goethe als Anerkennung einer unvermeidlichen „Grenze seines eigenen durchlebten Daseins" verstanden, „gegen die er sich wehrt, soweit sie ihm den Goetheschen Einklang von göttlicher und irdischer Ordnung in Frage zu stellen droht, und die er doch anerkennt, weil er das Dämonische als das Zufällige, Unberechenbare, das sich der Ordnung entzieht, auf paradoxe Weise stets von neuem als einen Bestandteil

---

[40] George A. Wells: „Egmont and ‚Das Dämonische'" In: *German Life and Letters* 24 (1970), S. 58.

eben dieser Ordnung selbst begreift."[41] Nur dort, wo sich der Mensch über seine individuelle Begrenzung erhebt und das Wissen um eine „ewige Auseinandersetzung Gottes, die Werden und Sein, Anorganisches und Organisches, Dämonisches und Heiliges gleichzeitig umschließt, in seine eigene Wirklichkeit mit aufnimmt [...] vermag er die „Breite der Gottheit" auf allen Stufen zu lesen. Nicht das Dämonische zu humanisieren, ist die menschliche Aufgabe, sondern über das Dämonische hinaus, das erleuchtet und ruiniert, den unwandelbaren Sinn der Schöpfungsordnung wahrzunehmen, der in der Goetheschen Seinsfrömmigkeit als das unzerstörbare Urwesen begriffen wird."[42]

Unter diesen Voraussetzungen wird man den wesentlichen Unterschied erkennen, der zwischen der Anziehungskraft, die Egmont auf seine Landsleute ausübt, deren Augen „alle auf ihn gerichtet sind und die Herzen hängen an ihm" (6,21), und jenen „nicht immer vorzüglichen Menschen" besteht, die „weder an Geist nicht an Talenten, selten durch Herzensgüte sich empfehlend" (10,303) das Dämonische verkörpern. Denn die „unglaubliche Gewalt", die von diesen typisch „dämonischen" Charakteren ausgeht und weit mehr auf die „Masse" als auf den „helleren Teil der Menschen" wirkt, wird sich schwerlich in die „Kategorie des Religiösen"[43] einordnen lassen, wie es von Wiese meint, da es hier um die Überwindung rein subjektiv-despotischer Machtgier geht, die keiner individuellen Initiative, sondern „dem Universum" an-heim gestellt ist, „mit dem sie den Kampf begonnen" (10,304).

Hier deutet Goethe auf die absolute Entschiedenheit eines selbstbezogenen Willens, der ein einzelnes, sittlich empfindendes Individuum wirksam widerstehen kann. Nur ist in dieses Universum kein metaphysisches Phänomen, sondern die natürliche Gemeinschaft aller rechtlich empfindenden Menschen, die in der Entscheidung zur Tat dem göttlichen Auftrag folgen, sich gegen jede subjektive Machtgier und Tyrannei aktiv zu wehren. Es handelt sich nicht allein um die objektive Wahrnehmung dieses unerforschlichen Phänomens, sondern um die moralische Verpflichtung, gegen das Dämonische vor allem in der Form von Machtgier und despotischer Regentschaft „Recht zu behalten" und die allgemein menschliche Einsicht zu befestigen, im

---

[41] Benno von Wiese: „Das Dämonische in Goethes Weltbild und Dichtung." In: Ders.: *Der Mensch in der Dichtung,* Düsseldorf 1958, S. 73.
[42] Ebd. S. 78.
[43] Ebd. S. 76.

tragischen Konflikt, „in welchem das Liebenswürdige untergeht und das Gehaßte triumphiert" nicht als das unvermeidliche Ende aller negativen Auswirkungen der dämonischen Verwicklungen gelten läßt, sondern zu einem weit Wunderbareren führen könne, „das dem Wunsch aller Menschen entsprechen werde" (10,303). Der Untergang eines exemplarischen Charakters, den Goethe hier meint, ist weder die Frucht eines leichsinnigen Vergehens, noch die notwendige Folge einer törichten Verblendung, die einer allzu eigenwilligen und selbstbezogenen Geisteshaltung anzulasten wäre. Er entspringt vielmehr einer freiwilligen, opferbereiten Liebe, die auf einer tieferen Bindung des verantwortlichen und gewissenhaften Menschen beruht, der sich sowohl einer höheren Wahrheit als auch einer tieferen Einsicht in die realen Verhältnisse des Daseins verpflichtet weiß, sich aber von keiner Parteilichkeit und keinen spezifisch politischen Überzeugungen zum revolutionären Freiheitskampf gegen die versklavende und eigennützige Gewaltherrschaft der absolutistischen Staatsraison herausgefordert fühlt.

Ihn motiviert nicht nur das gerechte Verlangen seiner Landsleute, ihr eigenes Geschick zu meistern und den „Kern ihrer Eigenheit" zu verwirklichen, sondern vor allem der „Wunsch aller Menschen," die natürlichen Potenzen ihrer „gottähnlichen" Seele unbeschränkt zu entfalten und aus eigenem Antrieb nach einem besseren Zustand ihrer Existenz zu streben. Goethe hat, wie es E. Beutler zu Recht hervorhebt, das Dämonische in Egmonts Geschick mit der in jeder begnadeten Seele eingeprägten Gabe des Gewissens verbunden, die ihm „ursprünglich im Anschluß an das Sokratische Daimonion" zunächst als das galt, „dessen sich der Mensch gewiß ist, dann als geheimnisvolle Stimme des Schicksals im eigenen Herzen verstanden. [...] Im Alter wandelt sich der Begriff weiter und verlagert sich vom Individuellen ins Kollektive und Naturhafte, eine Manifestation nicht persönlicher, sondern undeutbar kosmischer Kräfte."[44]

Egmonts innerstes Bestreben richtet sich auf die Notwendigkeit, um des „ganzen freien Wert des Lebens" und dem dringenden Gebot der historischen Stunde willen das Risiko des Opfertodes auf sich zu nehmen. Wenn vom Dämonischen im Wesen des zum friedvollen Ausgleich bereiten niederländischen Grafen und königstreuen Ritter des Goldenen Vließes gesprochen werden sollte, so kann dies nur in Bezug

---

[44] Ernst Beutler, a. a. O., Bd. 10, S. 940.

auf die tiefgründige Begabung seiner „Herzensgüte" erfolgen, die ihm keine taktische Kalkulation, kein kluges Ausweichen, noch das Wagnis einer egozentrischen und törichten Herausforderung der herrschenden Gewalt erlaubt.

2. Goethes *Egmont*

2.1 Am Wendepunkt der Staatengeschichte

In den einleitenden Bürger-Szenen des Dramas gibt uns Goethe einen lebendigen Einblick in jene „Situationen", die ihm, wie er sich in *Dichtung und Wahrheit* erinnert, am Stoff der niederländischen Geschichte als „höchst dramatisch" erschienen. Noch im Alter erwähnt er zu Kanzler Müller: „Ich habe im zweiundzwanzigsten Jahre den Egmont geschrieben und habe seitdem nicht stille gestanden, sondern diese Ansichten über Volksbewegung immerfort mit mir sich durchleben lassen" (23,24). Es waren Zustände bürgerlichen Daseins, die ihn auch in der so unvergleichlich fruchtbaren Schaffenszeit der frühen Frankfurter Jahre dazu trieben, das Verhältnis zwischen rein natürlich veranlagten Individuen und der bürgerlichen Gesellschaft zum Gegenstand seiner dramatischen Entwürfe zu machen. Nicht allein der persönliche Geist oder Wille bestimmt hier das Schicksal des Einzelnen, sondern es sind seelische Impulse, natürliche Regungen des empfindsamen Herzens oder unstete Neigungen des ungezügelten Libidos, die jede ausgesprochen subjektive Entfaltung individueller Eigenheit in Frage stellen. Stets war dem unentfliehbaren *Daimon* das strenge Sollen einer universalen *Nötigung* schicksalhaft entgegengesetzt, wie es die *Urworte. Orphisch* (1,523 f.) bezeugen, worin sich für Goethe eine höhere und allumfassende Gesetzmäßigkeit spiegelt.

Situationen sind Ergebnisse kollektiven Verhaltens, und was hier in diesen entspannten Begebenheiten eines traditionellen Schützenfestes zum Ausdruck kommt, sind Reflektionen „festgegründeter" sozialer Verhältnisse, denen sich die konservativen Bürger versichern, weil sie von willkürlichen Maßnahmen der spanischen Oberherrschaft verunsichert zu werden und ihre gewohnte Lebensweise zu verändern bedrohen. Soldaten und Bürger genießen im harmonischen Wettbewerb Frieden und Eintracht ihres Landes, wie es der Ausblick auf weitere historische und politische Tendenzen allzu deutlich vermissen lassen. Wenn der Soldat Buyck als Schützenkönig seine bürgerlichen Bewerber „splendid" gastiert, obwohl er sich als Außenseiter dieser Gemeinschaft betrachtet, so wirft seine großzügige und freundschaftliche Haltung nicht nur ein Licht auf seinen Herren Egmont, sondern auch auf die erwünschte Verbundenheit zu übergeordneten Personen des öffentlichen Lebens. Wenn es die Regel der Festlichkeit verlangt, auf das Wohl der Regenten zu trinken, so liegt die Gelegenheit nahe, zugleich auf den Grad der inneren Beziehung zwischen Fürsten und Untergebenen anzuspielen. Man wird sich dabei weniger den nationalen, als der psychischen und kulturellen Unterschiede bewußt. Keine äußeren politisch-sozialen Bedingungen der spanischen Verwaltung werden anfänglich erwogen, sondern allein der anregende Ausruf Buycks, daß von einem König zu erwarten sei, seine Leute zu „nähren", erinnert die Brüsseler Freunde daran, wie majestätisch distanziert sich Philipp II. im Vergleich zu dem leutselig und freundlichen Vater Karl V. zu seinen Untertanen verhalten hatte. „Er ist kein Herr für uns Niederländer," meint der Krämer Soest, „Unsere Fürsten müssen froh und frei sein, wie wir, leben und leben lassen. Wir wollen nicht verachtet noch gedruckt sein, so gutherzige Narren wir auch sind" (6,11).

Selbst der konziliante Vorschlag, den König dennoch als „gnädigen Herrn" zu betrachten, wird entschieden abgewiesen: „Nein, nein! Er hat kein Gemüt gegen uns Niederländer, sein Herz ist dem Volke nicht geneigt, er liebt uns nicht; wie können wir ihn wieder lieben? Warum ist alle Welt dem Grafen Egmont so hold? Warum trügen wir ihn alle auf den Händen? Weil man ihm ansieht, daß er uns wohl will; weil ihm die Fröhlichkeit, das freie Leben, die gute Meinung aus den Augen sieht; weil er nichts besitzt, das er dem Dürftigen nicht mitteilte, auch dem, der es nicht bedarf" (6,12).

Im Zentrum dieser Beurteilungen stehen keine Ideen der berechnenden Vernunft, sondern elementar ethische Empfindungen einer aufgeklärten, kulturell und wirtschaftlich entwickelten Bürgerschaft, die sich berechtigt fühlt, gemäß ihrer eigenen Naturveranlagungen und angestammten Lebensprinzipien regiert zu werden. Darin spiegeln sich Überzeugungen, die Goethe außer seinen eigenen Erfahrungen als Frankfurter Patriziersohn den Anregungen Spinozas und Mösers verdankt. Spinoza schloß seinen *Tractatus Theologico-Poliyicus* mit dem Plädoyer, daß der eigentliche Zweck des Staates die Freiheit sei.[45] Justus Möser betonte: Je mehr nach „allgemeinen Gesetzbüchern" regiert wird, desto mehr „entfernen wir uns dadurch von dem wahren Plan der Natur, die ihren Reichtum in der Mannigfaltigkeit zeigt und bahnen den Weg zum Despotismus, der alles nach wenigen Regeln zwingen will und darüber den Reichtum der Mannigfaltigkeit ver-

---

[45] Benedict de Spinoza: *Theological-Political Treatise,* ed. by J. Isreal. Cambridge 2007, pp. 230-259.

lieret."[46] Und im Kapitel „Freiheit und Eigentum, die ursprünglichen Rechte des Menschen" heißt es: „Jede Unterdrückung geschieht bloß durch die Macht; und Gewalt kann mit Gewalt vertrieben werden. Selbst eine von den Vorfahren eingegangene rechtmäßige Verbindung kann ihren Nachkommen nur so lange zur Richtschnur dienen, als sie die Schwächeren sind. Sobald diese den großen und starken Haufen ausmachen, ist es ihr Recht, sich eine andere Verfassung zu wählen, die Monarchie in eine Republik und die Republik in eine Monarchie zu verwandeln." Dies „gilt auch von seiner innerlichen Freiheit oder dem Rechte der Vernunft, der auch der abscheulichste Tyrann keine Fesseln anzulegen vermögend ist. [...] Wir sind Freigeborne Gottes; Gott will und muß uns nach unserer Überzeugung richten; und wir werden vor ihm mit unserer Rechenschaft schlecht bestehen, wenn wir niederträchtig genug gewesen wären, unser Pfund zu vergraben und aus Vorsatz und Trägheit nach unbefugten Befehlen zu handeln."[47]

Auf die Gefahr absolutistischer Willkürlichkeiten hin zielen auch die weiteren kritischen Analysen der politisch-sozialen Gegenwart, und es geht zweifellos aus diesen Gesprächen hervor, daß hier eine mannigfaltige Gemeinschaft verschiedener Charaktere in der Beurteilung der allgemeinen Lage übereinstimmt, die auf einer spontanen sittlichen Empfindung beruht. Man ist sich einig in der Meinung über alles, was ihr bescheidenes gewerbliches Dasein wesentlich beeinflußt, ist aber keineswegs geneigt, sich humane Grundsätze von spanischen Regeln beschränken zu lassen. Und dies bezieht sich vor allem auf religiöse Ansichten und Gewohnheiten, deren Einflüsse der reformatorischen Bewegungen benachbarter Länder die spanische Oberherrschaft dazu treibt, den Verdacht der Ketzerei mit inquisitorischen Gegenmaßnahmen gewaltsam zu bekämpfen.

Die Eigenart der bürgerlichen Mentalität kommt darin zum Ausdruck, daß die Provinzler in ihrer realistischen Denkweise zwar die schlecht verhüllten Tendenzen der spanischen Machtgier leicht durchschauen, sich aber weit schwerer dazu entschließen, aktiv dagegen zu wehren. Der schlaue Krämer Soest, der sich berufen fühlt, den Ton anzugeben, gesteht ohne Bedenken: „Unserer spanischen Majestät Gesundheit trinkt nicht leicht ein Niederländer von Herzen" (6,11), wogegen er im Hinblick auf die Regentin bekennt: „Wahr bleibt wahr!

[46] Justus Möser: *Patriotische Phantasien*, hg. von W. Ziegler. Leipzig 1986, S. 98.
[47] Ebd., S 343 f.

Ich lasse mir Margareten nicht schelten [...] Es lebe unsre gnädge Frau" (6,13). Und um jeder Parteilichkeit vorzubeugen, verteidigt er dennoch ihre unbedingte Abhängigkeit vom Willen des Königs. Wesentlich bedrohlicher wird jedoch die ungerechte Beschränkung ihrer Gewissenfreiheit empfunden, die eine willkürliche Gefährdung ihrer seelischen Erbauung durch das „geistliche Lied" und die „von der Leber weg" verkündeten „Erleuchtungen" der „neuen Prediger" darstellt, welche im Gegensatz zu den eigenen Geistlichen auf keiner „Kanzel herumtrommeln und die Leute mit [...] lateinischen Brocken erwürgen" (6,14 f.). Aber aus diesen vielfältigen Klagen, besorgten Befürchtungen und begründeten Beschwerden entwickelt sich keine Entschiedenheit, sich gegen diese Übergriffe staatlicher Willkür zu wehren. Es ist wiederum Soest, der den kollektiven Wunsch artikuliert, daß der Adel bei Zeiten suchen solle, der Inquisition „die Flügel zu beschneiden," denn „wir sind nicht gemacht, wie die Spanier, unser Gewissen tyrannisieren zu lassen" (6,14). Und selbst wenn sie sich selbstbewußt daran erinnern, wie sie die machtgierige Expansion der Franzosen durch ihre Siege von Gravelingen und St. Quintin vereitelt hatten, sie werden trotzdem vom Schneider Jetter belehrt, daß friedvolle Bürger sich nicht leicht zu waffengeübten Soldaten verwandeln lassen. Er konnte aus eigener Erfahrung reden, denn ihm lagen die Einquartierung „die spanischen Besatzungen [...] am schwersten auf. [...] Sie hatten ihn vertrieben aus der Küche, dem Keller, der Stube – dem Bette" (6.16).

Goethe konnte kaum eindringlicher verdeutlichen, daß es den „gutherzigen Narren" von bürgerlichen Geschäftsleuten, die hier einstimmig „Sicherheit und Ordnung, Ordnung und Freiheit!" verlangen, nichts wichtiger war, als Frieden und Eintracht zu bewahren. Denn die Alternative ist nicht die Erfüllung ihrer individuellen, nationalen und wirtschaftlichen Eigenart, sondern der Verlust „festgegründeter Umstände" ihres traditionellen Herkommens und ihrer realistischen Daseinsbewältigung als natürlicher Basis der Existenz. Darauf beruhte auch ihre militärische Überlegenheit, sich eher gegen welsche Söldner behaupten zu können, als gegen das königliche Berufsheer des eigenen Reiches. Auch fehlt es hier nicht an Einstimmigkeit, daß sich niemand der grauenhaften Wirklichkeit endloser kriegerischer Aktionen entziehen kann. „Das ganze Jahr das Getrommel zu hören; und nichts zu hören, als wie da ein Haufen gezogen kommt und dort ein anderer, wie sie über einen Hügel kamen und bei einer Mühle hielten, wie viel da geblieben sind, wie viel dort, und wie sie sich drängen, und einer gewinnt, der andre verliert, ohne daß man seiner Tage begreift, wer was gewinnt oder verliert. Wie eine Stadt eingenommen wird, die Bürger ermordet werden, und wie's den armen Weibern, den unschuldigen Kindern ergeht. Das ist eine Not und Angst, man denkt jeden Augenblick: ‚Da kommen sie! Es geht uns auch so'" (6,15 f.). Dies sind Erfahrungsgehalte eines durchschnittlichen Bürgers, dem sich jeglicher Sinn militärischer Aktionen seinem Verständnis entzieht, da sein gesamtes Denken und Tun auf die Freiheit der Selbstverwirklichung individueller Potenzen gerichtet ist und ihm daher machtpolitische Handlungsprinzipien fremd sind. Gewerbliche Bewohner freier Reichsstädte, kleiner Fürstentümer und eigenständiger Provinzen haben guten Grund, kriegerische Ereignisse wie alle Wandelbarkeit fundamentaler Daseinsverhältnisse als katastrophale Bedrohung natürlich entstandener Umstände zu betrachten.

Nicht weniger besorgt ist die Regentin der Provinzen, Margarete von Parma, deren Mandat zwar auf die von ihrem königlichen Bruder vorgeschriebene Verwaltung der Provinzen begrenzt ist, ihr daher nur wenig Möglichkeiten bietet, ihr Amt nach eigenem Gutdünken und natürlichen Empfindungen auszuführen. Daß sie sich aber gerade deshalb den „schrecklichen Begebenheiten" im östlichen Flandern nicht gewachsen fühlt und ihr die Anklage des rigorosen Königs einbringen wird, „die sei'n die Folgen meiner Güte und Nachsicht," obwohl sie sich nichts vorzuwerfen hat. Denn das Gewissen bestätigt ihr, „jeden Augenblick, das Rätlichste, das Beste getan zu haben" (6,17). Ihre Sorgen werden jedoch von dieser Gewißheit nur erhöht, da sie einsehen muß, nichts Wirksames dem „Übermut der fremden Lehrer," der Lästerung „unseres Heiligtums" und dem zerrüttenden „Schwindelgeist" der „unreinen Geister" entgegensetzen zu können. „Ich sehe kein Mittel, weder strenges noch gelindes, dem Übel zu steuern. O was sind wir Große auf der Woge der Menschheit? Wir glauben sie zu beherrschen, und sie treibt uns auf und nieder, hin und her" (6,17). Die „schauderhaften" Berichte, die sie „ausführlich und umständlich" dem spanischen Hof zu berichten hat, werden selbst zum Vorwurf ihrer politischen Unfähigkeit, da ein rebellischer Aufstand des zu solch unsinnigen Verbrechen aufgehetzten Pöbels nach der absolutistischen Staatsraison nur mit ebenso unbedingter und grauenhafter Gewalt begegnet werden könne.

Es gibt auch für den erfahrenen und einsichtigen Berater Machiavell keine einfache und allgemein befriedigende Lösung dieses historischen Dilemmas. Seine weise Voraussicht verschafft der zu unmittelbarem Handeln verpflichteten Regentin noch keinen gültigen Ausweg, da sie „fürs Nächste sorgen" muß, und das Vertrauen ihrer Untertanen von den despotischen Tendenzen und dem drohenden Gewissenszwang der von ihr vermittelten Oberherrschaft schwer gefährdet ist. Nur ist sich dieser kluge Analytiker gewiß, daß aller geschichtlicher Wandel selbst von den Mächtigsten nicht geändert werden kann, so daß nur die Anpassung an das schicksalhaft Unvermeidliche als das einzig Vernünftige akzeptiert werden müsse. Sein Rat entspricht daher nicht dem ideologisch Notwendigen, sondern dem im humanen Sinne einzig Möglichen: „Laßt sie gelten, sondert sie von den Rechtgläubigen, gebt ihnen Kirchen, faßt sie in die bürgerliche Ordnung, schränkt sie ein; und so habt Ihr die Aufrührer auf einmal zur Ruhe gebracht. Jede anderen Mittel sind vergeblich, und Ihr verheert das Land" (6,18).

Selbst wenn Margarete erkennt, daß dies der einzige Weg wäre, „Treu und Glauben" des Volkes wieder zu gewinnen, so sieht sie sich dennoch unlösbar an die absolute Überzeugung ihres Bruders gebunden, daß „die Erhaltung des wahren Glaubens" jede Duldung der neuen Lehre ausschließt, und „daß er Ruhe und Einigkeit auf Kosten der Religion nicht hergestellt wissen will" (6,19). Und diese machtpolitische und gänzlich unrealistische Haltung kann von Machiavell nur als ein Mittel bewertet werden, „das die Gemüter noch mehr erbittert, das den Krieg unvermeidlich an allen Enden anblasen wird. Bedenkt, was ihr tut. Die größten Kaufleute sind angesteckt, der Adel, das Volk, die Soldaten. Was hilft es, auf seinen Gedanken beharren, wenn sich alles um uns ändert? Möchte doch ein guter Geist Philippen eingeben, daß es einem Könige anständiger ist, Bürger zweierlei Glaubens zu re-gieren, als sie durch einander aufzureiben" (6,19).

Diese Ausdrucksweise mag etwas ungewöhnlich erscheinen, da Anständigkeit selten in politischen Kreisen angesiedelt ist, und weil wenig Achtung und Respekt denjenigen gezollt wird, die mit der Anschauung und Haltung ihrer Opponenten nicht übereinstimmen. Nur jedem Gewissenhaften und Unparteiischen steht es an, sich einer gegensätzlichen Meinung gegenüber offen zu halten und keine einseitige und orthodoxe Idee gewaltsam durchsetzen zu wollen. Darauf spielt auch Margarete an, wenn sie meint, „daß Politik selten Treu und Glauben halten kann, daß sie Offenheit, Gutherzigkeit, Nachgiebigkeit aus unsern Herzen ausschließt" (6,19). Sie versteht zwar, daß es unrecht wäre, „mit Gott zu spielen," und im Gegensatz zu „unsrer bewährten Lehre, für die so viele ihr Leben aufgeopfert haben" sich an „hergelaufene, ungewisse, sich selbst widersprechende Neuerungen"

(6,19) hinzugeben. Sie muß jedoch gestehen, „daß einer ein ehrlicher und verständiger Mann sein kann, wenn er zugleich den nächsten besten Weg zum Heil seiner Seele verfehlt hat" (6,19 f.). Machiavell ist erstaunt zu hören, daß die Regentin auch Egmont zu diesen verlorenen Seelen zählt, weil er als Statthalter zu dulden scheint, was der König als Ketzerei verdammt, und sie in ihrer verzweifelten Lage diese Haltung als „Gleichgültigkeit und Leichtsinn" betrachtet, da er den Grund dieser Unruhen und schrecklichen Schandtaten nur in der Sorge um ihre Verfassung zu sehen meint. Machiavell aber erweist sich hier als politisch Erfahrener und Weitsichtiger, indem er objektiv und ohne Voreingenommenheit erkennt: „Wie soll Zutrauen entstehen und bleiben, wenn der Niederländer sieht, daß es mehr um die Besitztümer als um sein Wohl, um seiner Seele Heil zu tun ist? Haben die neuen Bischöfe mehr Seelen gerettet als fette Pfründe geschmaust, und sind es nicht meist Fremde? Noch werden die Statthalterschaften mit Niederländern besetzt; lassen sich es die Spanier nicht zu deutlich merken, daß sie die größte unwiderstehliche Begierde nach diesen Stellen empfinden? Will ein Volk nicht lieber nach seiner Art von den Seinigen regiert werden, als von Fremden, die erst im Lande sich wieder Besitztümer auf Unkosten aller zu erwerben suchen, die einen fremden Maßstab mitbringen, und unfreundlich und ohne Teilnehmung herrschen? (6,20).

In diesen Fragen konzentriert Goethe das zentrale historische Dilemma des dramatischen Konflikts, das er im *Egmont*-Drama zu gestalten beabsichtigte. Es bezieht sich nicht allein auf die Begebenheiten der niederländischen Provinzen, sondern auf das Phänomen eines „Wandels der Staatengeschichte", das für Goethe die umfassenden historischen Ereignisse seiner Epoche kennzeichnet. Denn was er hier der objektiven Vernunft Machiavells zuschreibt, zielt auf ein politisches Konzept der Zukunft, wie es Goethe in den Anfängen der geschichtlichen Entwicklungen seiner eigenen Zeit im Wachstum und der kulturellen Reife des Bürgertums zu erkennen und zu erhoffen meinte.

Im Mittelpunkt dieser Staatskunst steht eine Ständeordnung, die von keiner absolutistischen Herrschaftshierarchie bestimmt wird, sondern den Geist einer natürlich gewachsenen Gemeinschaft sinnbildlich zu verwirklichen strebt. Mösers „Patriotische Phantasien," die einer inspirierenden Artikulation der individuellen Freiheit gewidmet sind, deuten auf diese schicksalhafte Transformation vom Untertan zum Staatsbürger und bestimmen die inhärenten Potenzen des gemeinen

Mannes ebenso wie seine natürlichen Unzulänglichkeiten als die elementaren Prinzipien der neuen Dynastien.

Margarete bestätigt nur zögernd und weitgehend unwillig Machiavells wahre Analyse der aus sozialen und wirtschaftlichen Voraussetzungen hervorgehenden politischen Situation, indem sie in der Haltung ihrer einflußreichsten Statthalter jenes natürliche Verlangen des Volkes verkörpert sieht, „lieber nach seiner Art von den Seinigen regiert" zu werden. Beide lassen keinen Zweifel darüber, daß sie ihr Unabhängigkeitsgefühl von keinen spanischen Hofmanieren einschränken läßt. Besonders von Egmont ist sie zutiefst enttäuscht, mit dem sie sich in sympathischen Empfindungen verbunden fühlt, und von dem sie nach seinem erhöhten Rang in der spanischen Aristokratie als Prinz von Gaure und Ritter des Goldenen Vließes weit mehr Loyalität erwartet, als er in seiner freien Lebensart und seinem ungezwungenen Selbstvertrauen zum Ausdruck bringt. Er scheint nach ihrer Auffassung Gleichgültigkeit gegenüber den revolutionären Aufständen und Leichtsinn im Hinblick auf die schwierige Behandlung prekärer staatlicher Rechtsverhältnisse zu beweisen. „Er nimmt das Ernstliche scherzhaft; und wir, um nicht müßig und nachlässig zu scheinen, müssen das Scherzhafte ernstlich nehmen. So hetzt eins das andre; und was man abzuwenden sucht, das macht sich erst recht. Er ist gefährlicher als ein entschiedenes Haupt der Verschwörung; und ich müßte mich sehr irren, wenn man ihm bei Hofe nicht alles gedenkt" (6,22).

Die Regentin ist insofern einer zwiespältigen Verantwortlichkeit ausge-setzt, als sie die einander ausschließenden Gegensätze zwischen Macht und Recht, Absolutismus und Humanismus auszugleichen bemüht ist. Dabei findet sie in Machiavell einen weisen Berater in Sachen empirischer Verwaltungskategorien, in Egmont jedoch keine Unterstützung im Hinblick auf einen Ausgleich mit den berechtigten Erwartungen und Forderungen der Provinzler. Ihre Anschuldigung, daß Egmont den Interessen der absoluten Herrschaft schadet, ohne sich selbst zu nutzen, läßt sie in ihrer empfindsamen Sympathie fürchten, daß er durch seinen „freien Schritt" der Öffentlichkeit zu verstehen gibt, an keine äußeren Regeln gebunden zu sein und dadurch in leichtsinniger Weise den Unwillen des Königs herausfordert.

Dagegen erkennt Machiavell in dieser scheinbar so sorglosen Haltung Egmonts keine hochmütige Selbstgefälligkeit, sondern den Ausdruck eines begründeten Bewußtseins freier niederländischer Lebensweise, denn „Die Augen des Volks sind alle nach ihm gerichtet, und die Herzen hängen an ihm" (6,21). Aber eben dies glaubt Margarete gegen ihn halten zu müssen, weil er sich dadurch allzu deutlich zu seiner herkömmlichen Tradition bekennt, mit seinem Grafen-Titel seine Erbschaft der Besitzer von Geldern betont und nicht das geringste Interesse erkennen läßt, seine fürstliche Stellung in der spanischen Aristokratie geltend zu machen. Die Regentin muß dieses Betragen „oft beleidigend" empfinden, da er auch ihr Bemühen nicht zu unterstützen scheint, in Sachen einer angemessenen Verwaltung der Provinzen nach besten Wissen und Gewissen zu handeln. „Er sieht oft aus, als wenn er in der völligen Überzeugung lebe, er sei Herr und wolle uns nur aus Gefälligkeit nicht fühlen lassen, wolle es uns so gerade nicht zum Lande hinausjagen; es werde sich schon geben" (6,22).

Machiavell teilt diese Beurteilungen nicht, weil er Egmont aufgrund seiner gewohnten Haltung, die von keinen neueren Ereignissen beeinflußt zu sein scheint, als „treuen Diener des Königs" betrachten und ihm nach weniger emotionalen Vorurteilen zugestehen muß, „in allem nach seinem Gewissen zu handeln" (6,22 f.). Jedoch kann die Regentin zu Recht die Befürchtung zurückweisen, „seine Offenheit, sein glückliches Blut, das alles Wichtige leicht behandelt," zu gefährlich auszulegen, denn sie ist mit dem bedauerlichen Mangel an „Treu und Glauben" in der Politik ihres Bruders besser vertraut, als ihr vernünftiger Analytiker geschichtlicher Begebenheiten. Egmont ist dem absolutistischen Staatsregime darin am gefährlichsten, daß er im Besitz der unbeschränkten Loyalität seiner Landsleute die direkten Einflüsse der spanische Oberherrschaft weitgehend relativieren, wenn nicht gar nivellieren könnte und gerät daher in die prekäre Lage, die gesamte Staatsraison auf eine ähnliche Weise in Frage zu stellen, wie man nach der Legende des hart verständigen isrealitischen Schusters Ahasversus wußte, daß nach dessen praktischer Logik der Sohn Gottes verpflichtet gewesen wäre, den unvermeidlichen Befreiungskampf gegen die unterdrückende Gewaltherrschaft der fremden Römer anzuführen.

Aber es geht auch hier nicht allein um die scheinbar so unzulänglichen äußeren Bedingungen, sondern um die Förderung und Erhaltung sittlicher Werte, die von keinen revolutionären Aufständen erkämpft noch von despotischen Gewalten gänzlich unterdrückt werden können. Egmont mag in den Augen der Spanier als verkappter Ketzer verdächtigt werden, da er nicht den geringsten Versuch macht, die Schandtaten im östlichen Flandern öffentlich zu verdammen. Margarete kann ihn zu Recht anklagen, sein Gewissen als einen „gefälligen Spiegel" zu gebrauchen, indem er für allgemeine Gerechtigkeit plädiert, ohne jedoch die Konsequenzen seines liberalen Verhaltens in Betracht zu ziehen. Denn er setzt „durch seine Scherzreden die Gemüter des Volkes in Bewegung" und demaskiert in seinen Gesellschaften, Gastmahlen und Gelagen mit allegorischen Anspielungen die unzeitgemäßen, machtgierigen Neigungen der spanischen Regierung. Für Margarete ist dieses Betragen kein Zeichen „persönlicher Tapferkeit," sondern eine waghalsige und kühne Herausforderung der spanischen Regierungsprinzipien, denen sie sich zu ihrem Leidwesen nicht mehr gänzlich unterworfen fühlt. Je tiefer sie für Egmont empfindet, desto mehr ist sie bewegt, kritische „Pfeile" gegen seine scheinbare „Gleichgültigkeit" zu verschießen, um ihn fühlen zu lassen, wie leicht ihn seine unbeschränkte Haltung der „willkürlichen Unmut des Königs" (6.22) zum Verhängnis werden kann. Denn sie erkennt in ihrem sensiblen Instinkt, daß Egmont zwar zu keinem politischen Komplott geneigt ist, aber den Aufständischen ein gewisses Maß an Sympathie entgegenbringt, da auch er die Grundsätze einer gerechten Regierungsweise vertritt und davon überzeugt ist, daß revolutionäre Bewegungen niemals die Schuld des Volkes, sondern der Regierung sein müsse. Margarete sieht sich daher nicht im Unrecht, wenn sie ihn für die schrecklichen Missetaten in Flandern mit verantwortlich hält, obwohl sie gesteht, daß sie „bei dieser Gelegenheit" auch zu erleichtern vermag, „was ich auf dem Herzen habe" (6,22).

Goethe hält damit die Verknüpfung von subjektiver Charateristik und politischen Handlungsprinzipien auf exemplarisch sinnbildlicher Weise im Blickpunkt empirischer Einsicht. Es ist daher für Margarete allzu wahrscheinlich, daß weder „sein niederländischer Adel" noch „sein golden Vließ vor der Brust" Egmont vor der „strengen, gut berechneten" Willkür des Königs bewahren kann. Ein notwendiger Ausgleich zwischen der humanen Haltung des von seinem Volk geliebten Vorbild eines idealen Regenten und der starren Herrschaftsmoral des absolutistischen Regimes erweist sich als unvermeidlicher Grund tragischen Konflikts. Hier wird keine politische Meinungsverschiedenheit hinsichtlich einer gerechten Regierungsweise ausgetragen, sondern die weit bedeutendere Frage nach dem Wesen und Sinn menschlicher Existenz gilt es zu beantworten, bei der es um nichts Geringeres geht, als „um den ganzen freien Wert des Lebens" (6,43).

2.2 Die Bedeutung der Liebe

Was Egmont in Wahrheit ist, ergibt sich nicht aus dem, was er strebend zu sein bemüht ist, sondern was er in den Augen und Herzen seiner Landsleute und Freunde an Geltung, Achtung und Liebe gewonnen hat. Hingebungsvolle Liebe ist es, die Klärchen bewegt, im Bewußtsein der ehrlichen Zuneigung ihres Jugendfreundes Brackenburg die schmerzliche Einsicht zu empfinden, ihm ohne es zu wollen und vermeiden zu können „Unrecht" zugefügt zu haben. „Ich mache mir Vorwürfe, daß ich ihn betrüge, daß ich in seinem Herzen eine vergebliche Hoffnung nähre. Ich bin übel dran, weiß Gott, ich betrüg ihn nicht [...] Ich war nie in ihn verliebt" (6.25).

Liebe als schicksalsbestimmende Macht, die ihr keine Möglichkeit läßt, zwischen bürgerlicher Gesittung und seelischem Verlangen ausgleichende Verbindungen zu schaffen. Sie wünscht sich die Unbeschränktheit einer soldatischen Handlungsfreiheit, die sie in ihrer begrenzten Weltsicht nur dem „Glück" zuschreibt, „ein Mannsbild zu sein!" (6,24). In Wirklichkeit aber sind es andere, unerklärliche Impulse, die sie nur im Vergleich zu den weniger ergreifenden Empfindungen einer Jugendfreundschaft undeutlich zu erfassen vermag. Was Egmont dem wohlwollenden Brackenburg voraus hat, ist eine „hinreißende" Kraft, die alle subjektiven Eigenschaften im unmittelbaren Gefühl übertrumpft und von erweckenden und entfaltenden Potenzen ursprünglichen Seins bewegt zu sein. Nicht allein auf das weibliche Geschlecht wirkt diese *Attrativa,* und sie scheint von jeglichem selbstbezogenen Willen frei zu sein. Es waren keine Eindrücke der ritterlichen Erhabenheit, welche die Gemüter der kommerziell eingestellten Brüsseler Bürger bewegten, ihm „hold" zugetan zu sein, sondern „weil ihm die Fröhlichkeit, das freie Leben, die gute Meinung aus den Augen sieht" (6,12), die eine liebevolle und selbstlose Geisteshaltung deutlich sichtbar werden läßt.

Egmonts Liebe ist schaffend, Maße setzend, unbegrenzt von allen äußeren, vorgefaßten Kategorien und kann daher in jeder Form und jeglichem Verhältnis fördernd und produktiv seine unmittelbare Umwelt beeinflussen. Er ist stets bereit, sich allem ‚Spiel der Kräfte' zu widmen, in dem kreative Urkräfte im beständigen Streben nach Höherem und Besserem ihre natürliche Wirksamkeit entfalten. Dazu bedarf es, die gegebenen, kausalen und zufälligen Zusammenhänge des Daseins nicht allzu ernst zu nehmen, sich einer gewissen Bewegungsfreiheit zu versichern, die ihm erlaubt, spontan und dennoch gewissenhaft und selbstlos in den Lauf der Dinge einzuwirken. Ihm allein scheint es gegeben, sich selbst über determinierende Umstände im Bereich der Gesellschaft und Politik zu erheben, die seine hingebungsvolle Verpflichtung einer übergeordneten Wahrheit gegenüber nicht zu beeinträchtigen vermag. Darin liegt der Grund, vor den absolutistischen Machtansprüchen der Spanier als gefährlicher Rebell zu erscheinen und der Regentin zum Rätsel und Ärgernis werden, da er sich nicht, wie er später zu Oranien bemerkte, „unter ihr sanftes Joch gelassen schmiegte" und sich damit ihren weiblichen Erwartungen widersetzte, „daß jeder Herkules die Löwenhaut ablegte, und ihren Kunkelhof vermehrte" (6,44).

In dieser angewandten, schenkenden und eigenständigen Freiheit der seelischen Verbindlichkeit mit allem lebensstiftenden Werden und Gestalten des Daseins liegt seine „Größe", die wiederum nur von denen recht erfahren und verstanden wird, die ihm in Liebe zugetan sind. Auch Klärchen brauchte nicht mehr als eine flüchtige Aufmerksamkeit des von allen Provinzen geachteten Mannes, um seinem ungezwungenen, gutherzigen Wohlwollen zu verfallen „Wenn er herauf sah, lächelte, nickte, mich grüßte; war er Euch zuwider?", betont sie ihrer Mutter gegenüber, die um der bürgerlichen Moral besorgt ist; „Fandet Ihr Euch nicht selbst in Eurer Tochter geehrt? [...] Und wenn er nun öfter die Straße kam, und wir wohl fühlten, daß er um meinetwillen den Weg mache, bemerktet Ihr's nicht selbst mit heimlicher Freude?" (6,26). Seine Werbung scheint von keinem selbstgefälligen Eigennutz motiviert zu sein, was auch die Mutter nicht mehr in ihrer sittsamen Befürchtung verharren läßt, „daß meine einzige Tochter ein verworfenes Geschöpf ist." Und selbst wenn es ihr nicht möglich ist, die Furcht vor der moralischen Anprangerung der bürgerlichen Nachbarschaft zu überwinden, so muß sie doch zugeben: „Man muß ihm hold sein! das ist wahr. Er ist immer so freundlich, frei und offen" (6,26).

Klärchen sucht nicht zu leugnen, daß ihre Hingabe nicht auch ein gewisser Stolz anhängig ist, denn „welche Fürstin neidete nicht das arme Klärchen um den Platz an seinem Herzen!" Aber sie kann mit gutem Gewissen davon überzeugt sein, daß an dem „großen Egmont" keine falsche Ader ist, die auf ein bloßes Spiel der Verführung schließen ließe.[48] „Und wenn er zu mir kommt, wie er so lieb ist, so gut! wie er mir seinen Stand, seine Tapferkeit gerne verbürge! wie er um mich

---

[48] Vgl. dazu Hans M. Wolff: *Goethes Weg zur Humanität*. Bern 1951, S. 111.

besorgt ist! so nur Mensch, nur Freund, nur Liebster" (6,27). So sehr sie sich aber im Bann dieser Liebe zu einem höheren und reicheren Daseinserleben emporgetragen fühlt, vorherrschend bleibt ihr dabei nur die Erfahrung seiner unwandelbaren Hingabe. Es fehlt jedoch in dieser realistischen Phase der innigen Gemeinschaft, worauf R. T. Ittner hingewiesen hat, ein der ‚größeren' Geisteshaltung des Geliebten entsprechendes Bekenntnis ihrer „Verliebtheit." Goethe hat Klärchen vermutlich mehr die Züge seiner Verlobten Lilli Schönemann gegeben, aus deren „Park" und „dumpfen Zauberwerk" er sich dann nur mit Mühe zur Freiheit durchzuringen vermochte (1,330). Ittner glaubt, daß „selfcenteredness" und „possessiveness" ihres Charakters weit stärker ihr Interesse an der Aufmerksamkeit seiner prominenten Persönlichkeit erweckt habe, als es im idealistischen Aspekt der Interpreten beachtet wurde. „For her words are strangely cold, so strangely lacking in affection and warmth, there is not once a confession of love for him."[49] Man wird zweifeln, daß es sich dabei um Goethes Absicht handelt.

Erst im Opfer ihrer Existenz scheint diese bürgerlich-realistische Eigenheit ihres Wesens nach der im „Werther" vorgezeichneten Verabsolutierung der Leidenschaft überwunden zu sein. Als Folie der Beurteilung dienen hierbei die im 5. Akt so eindringlich dargestellten qualvollen Agonien der an die Vernunft geketteten Seele des unheroischen Brackenburg. Freiheit erweist sich nur in der unwandelbaren Entschiedenheit das als Wahrheit Empfundene handelnd zu verwirklichen. Sein Gegenteil ist die schicksalhafte Unvermeidlichkeit des Leidens. „O könnte eine Menschenseele fühlen, wie sie ein liebend Herz zerreißen kann. [...] Sie teilt mit mir den Todestropfen, und schickt mich weg! von ihrer Seite weg! Sie zieht mich nach, und stößt ins Leben mich zurück!" (6,90 f.). Zwischen „Höll und Himmel" dualistisch gespannt zu sein, bleibt das unlösbare Verhängnis menschlicher ‚Artung'. Nur die wahre, von keinem Neid verdunkelte Liebe vermag in ihrer opferbereiten Hingabe dem Geliebten „den ganzen Himmel" (6,91) entgegenbringen. Goethe bleibt auch in der Bewertung der Liebe als der höchsten Kraft des individuellen Selbstseins auf die Wirklichkeit des schicksalhaft von höherer Macht Geschaffenen gerichtet.

Wenn Egmont im dritten Aufzug Klärchen zu verstehen gibt, daß es mit der Liebe anders sei, als mit allem „Großen und Kostbaren", das

---

[49] Robert T. Ittner: „Klärchen in Goethe's *Egmont*." In: *Journal of English and Germanic Philology* 62 (1963), S. 258.

„man mit Mühe und Fleiß verdient und erwirbt," so bleibt noch unbeantwortet, warum sie gerade seine Liebe verdient: „weil du dich nicht um sie bewirbst – und die Leute erhalten sie auch meist allein, die nicht danach jagen" (6,56). Egmont betrachtet die Liebe nicht als subjektive Willensmacht, sondern als Geschenk eines von keinen Kategorien der Vernunft zu erfassenden überpersönlichen Schicksals. Schwer begreiflich, wenn nicht für Pandora geradezu unverständlich, war auch Prometheus' Hinweis auf jene namenlose Erschütterung des gesamten Wesens, wenn „alles klingt an dir und bebt und zittert, / Und alle Sinne dir vergehen / Und du dir zu vergehen scheinst..." (4,197). Daß es Liebe ist, die eine solche Gewalt über den Menschen auszuüben vermag, und daß sie ans Sterben gemahnt, scheint sich kaum in die Sphäre einfügen zu lassen, die sich in Klärchens bescheidener Umwelt durch Egmonts Einfluß ergibt. Um dies anschaulich zu machen, brauchte Goethe die Darstellung des ganz „Anderen" eines leidenschaftlichen Bewerbens und Erjagens der höchsten Kraft innerer Verbindlichkeit in seiner Schwundstufe selbstbewirkter Zersetzung.

Der Freiheit von allen Willensimpulsen, mit der Egmont die unbedingte Zuneigung Klärchens gewinnt, setzt Goethe die pathetisch-sentimentale Klage Brackenburgs gegenüber, die den wahren Sachverhalt deutlicher erkennen lassen. Es ist nicht die Eifersucht des sich für verraten und betrogenen haltenden Brackenburg, an der sich sein Schmerz steigert, sondern der Kollaps seiner eigenen illusorischen Ansprüche und Wunschvorstellungen ist es, die sein Elend ausmacht. Damals, als er ihm noch als Schulknabe im Ezerzitium eine vorbildliche Rezitation von „Brutus' Rede für die Freiheit" gelang und er sich als „*Fritz der erste*" fühlte, „damals kocht es und trieb! – Jetzt schlepp ich mich an den Augen des Mädchens so hin. Kann ich sie doch nicht lassen! Kann sie mich doch nicht lieben!"(6,29). Es sind die von ihm selbst zersetzten Hoffnungen, die ihn in diesen „elenden, schimpflichen Zustand" versetzen. Er möchte sich resolut dagegen auflehnen und das Geschwätz von Klares Treulosigkeit als „eine schändliche, verleumderische Lüge!" unbeachtet lassen und Klärchen für so unschuldig halten, „als ich unglücklich bin." Es sind seine eigenen Träume von einem paradiesischen Genuß des Lebens, die in seinem Bewußtsein in nichts zerfließen, weil er sich alles nur in ekstatischer Selbstvergessenheit eingebildet hatte, wie die Bedeutung des ersten und einzigen Kusses, bei dem er glaubte, „da schien sie sich zu erweichen – sie sah mich an – alle Sinne gingen mir um, und ich fühlte ihre Lippen auf den meinen. – Und – und nun? Stirb, Armer!" (6,29). Diese Ausflucht in den

Selbstmord wird ihm zur einzigen Rettung vor der totalen Selbstverachtung. Er hatte es schon einmal versucht: „Neulich stürzte ich mich ins Wasser, ich sank – aber die geängstete Natur war stärker; ich fühlte, daß ich schwimmen konnte, und rettet mich wider Willen." In all diesen leidvollen Erfahrungen enthüllt sich der lähmende Bann einer unlösbaren Abgängigkeit von dem Objekt seiner verlangenden Leidenschaft, die niemals zu einer wahren, freien, selbstlosen Liebe werden konnte.

2.3 Egmont und die Niederländer

Am Anfang des zweiten Aufzugs gibt uns Goethe eine Fortsetzung der kritischen Analyse der öffentlichen Verhältnisse der Provinzen, die von den Brüsseler Bürgern nach dem traditionellen Schützenfest zum Gegenstand ihrer besorgten Diskussionen gemacht wurden. Man war sich einig, daß die despotischen Überschreitungen spanischer Herrschaftsansprüche die gewohnten Lebensweisen des niederländischen Volkes mit gewaltsamen Maßnahmen zu verändern und zu unterdrücken drohten, ohne jedoch zu einer triftigen Übereinstimmung zu gelangen, wie dem wachsenden Übel wirksam zu begegnen sei. „Wir sind nicht gemacht, wie die Spanier, unser Gewissen tyrannisieren zu lassen" (6,14), wußte der Krämer Soest die kollektive Meinung zu proklamieren, aber sobald der Invalide Ruysum in Erinnerung an die glorreichen Siege bei Gravelingen und St. Quintin die nächstliegende Handlungsweise mit dem Ausruf anzuspornen versucht: „Alte Soldaten! Alle Soldaten! Es lebe der Krieg!" (6.15), zögern die realistisch eingestellten Geschäftsleute, sich Hals über Kopf in einen Bürgerkrieg verwickeln zu lassen, der ihnen nicht die geringste Aussicht auf Erfolg verspricht. Sehr viel eindringlicher und überzeugender dagegen ist die Andeutung des Schneiders Jetter, daß er bei dem Worte „Krieg" kaum sagen kann, „wie lumpig aber unsereinem dabei zu Mute ist" (6,15).

Man könnte annehmen, daß der junge Goethe in den Gesprächen der Frankfurter Bürger Ähnliches über die Schlesischen Kriege zu hören bekam, wo man sich in der Freien Reichsstadt fragen mußte, ob der Kurfürst von Brandenburg und König von Preußen im reinen Streben nach Macht und Besitz gerechtfertigt wäre, dem habsburgischen Kaiser einen Teil des „Heiligen Römischen Reiches deutscher Nation" streitig zu machen. Hatte nicht bereits J. Möser von dem Naturrecht eines „deutschen Nationalgeistes" gesprochen, der die Eigenständigkeit einer unabhängigen Volksgemeinschaft verbürgt, die allein das Recht habe, „sich eine eigene Verfassung zu wählen,"[50] und damit nicht von einem absolutistischem System ins andere versetzt zu werden, sondern eine despotisch unterdrückenden Monarchie mit einer gerechten Republik zu vertauschen. Denn man wußte, daß das Regiment des habsburgischen Hauses nicht allein ein Konglomerat vielfältiger Stämme und Geschlechter zu einer friedvollen und produktiven Reichseinheit verband, sondern wo Karl V., der „die Hand über den ganzen Erdboden" hatte und als „unser allergnädigster Herr [...] mit so guter Manier" seine Untergebenen wie „ein Nachbar den anderen" behandelte, während sein Sohn Philipp in der ihm eigenen dogmatisch-bigotten und reformfeindlichen Gesinnung „kein Herr für uns Niederländer" (6,11) ist und auch nie eine Neigung dazu gezeigt hat, einer zu sein. Es ist also nicht das national Andere und Fremde, sondern das allgemein Menschliche, das hier ins Gewicht fällt.

Es ist mehr als bloße Hilflosigkeit der Brüsseler Bürger, sich von den gewalttätigen Aufständen der revolutionierenden Protestanten im östlichen Flandern fernzuhalten; die Gespaltenheit der Meinungen unter den eigenen Landsleuten macht sie in den Augen der mißtrauischen Spanier verdächtig, dem „Lumpengesindel" Vorschub zu leisten. „Reden wir jetzt, versammeln wir uns jetzt, so heißt es, wir gesellen uns zu den Aufwieglern" (6,30), mahnt der biedere Zimmermeister. „Garstige Händel! Üble Händel. Es wird unruhig und geht schief aus! – Hütet euch, daß ihr stille bleibt, daß man euch nicht auch als Aufwiegler hält" (6.31). In einer sozialen Gemeinschaft, in der an erster Stelle die Rechte und natürlichen Vermögen des Individuums zur Geltung gelangen, gibt es keine einander ausschließende Parteilichkeit. Die Brüsseler sind mit den Bürgern von Flandern unlösbar verbunden und sind gezwungen, Stellung zu nehmen, ohne mit einem verbindlichen Konsens rechnen zu können. Das macht sie den Intrigen eines demagogischen Aufwieglers gegenüber äußerst verwundbar. Der Zimmermeister mag dem „schlechten Kerl" und verrufenen „Branntweinzapf" Vansen als böswilligen und gewissenlosen Hetzer anprangern, ohne ihm beweisen zu wollen, daß seine historischen Aufklärungen über die ursprünglichen Artikel der niederländischen Verfassung unrichtig wären. Er verbietet ihm aber seine aufrührerische Rhetorik nur deshalb, weil er aus den alten und von den gewöhnlichen Leuten vergessenen

---

[50] J. Möser, a. a. O., S. 236 und 343.

oder nie zu Gesicht bekommenen Urkunden einen neuen und revolutionären Zweck herauszufabrizieren sucht, den er auch nicht verschweigt: „Wenn jetzt, einer oder der andere Herz hätte, und einer oder der andere den Kopf dazu, wir könnten die spanischen Ketten auf einmal sprengen" (6,31).

Hätte Goethe die Absicht gehabt, ein Revolutionsdrama zu schreiben, so würde man E. Braemer Recht geben, daß Vansen „den Bürgern an politischer Einsicht weit überlegen."[51] sei. Er scheint diese Art der „Überlegenheit" nicht allein mit der Fülle und Genauigkeit seines historischen Wissens zu beweisen, sondern auch mit einer etwas zynischen Analyse ihres bürgerlich naiven und unintelligenten Wesens: „So seid ihr Bürgersleute! Ihr lebt nur so in den Tag hin; und wie ihr euer Gewerb von euren Eltern überkommen habt, so laßt ihr auch das Regiment über euch schalten und walten, wie es kann und vermag. Ihr fragt nicht nach eurem Herkommen, nach der Historie, nach dem Recht eines Regenten; und über das Versäumnis haben euch die Spanier das Netz über die Ohren gezogen" (6,32).

Diese Redensart entspricht genau dem, was manche der unzufriedenen und um ihrer Lebensweise sich sorgenden Leute zu hören und als wahr zu glauben geneigt sind. Auch sind Vansens Argumente schwer zu widerlegen, da sie auf alte und vermutlich verjährte Kontrakte und Vereinbarungen bezogen werden, die infolge zeitlicher Entwicklungen und Wandlungen aller gegebenen politisch-sozialen Verhältnisse den realen Notwendigkeiten der Gegenwart nicht mehr entsprechen. Aber selbst wenn ein Teil der Bürger eifrig daran interessiert wäre, die wenig beachteten Einzelheiten einer früheren Version der Verfassung zu erfahren, die ihnen bestätigt, daß sie sich aus eigener Schuld „von der Inquisition ins Bockshorn" (6,34) jagen ließen, es fehlt ihnen doch die radikale Entschlossenheit, sich mit dem „Lumpengesindel" der revoltierenden Aufständigen zu identifizieren. Denn es geht ihnen überhaupt nicht um eine gewaltsame Aktion, ihre eigene Verfassung zu wählen, sondern lediglich um die Sicherung ihrer „Freiheit und Privilegien" (6,35) innerhalb einer gerechten und traditionell begründeten Staatsordnung.

Vansens Versuch, seine biederen Landsleute zur Revolution aufzuhetzen, die der französischen des 18. Jahrhunderts auch nur im Geringsten ähnlich wäre, endet in der Goetheschen Version in einem lächer-

---

[51] Edith Braemer: „Goethes *Egmont* und die Konzeption des Dämonischen." In: *Weimarer Beiträge* 6 (1960), S. 1017.

lichen Krawall, an dem das gemeine Volk „gelassen" vorübergehen oder an „allerlei Schalksposen" belustigend teilnehmen. Die niederländischen Bürger sind ebenso wenig „gemacht, unser Gewissen tyrannisieren zu lassen", wie es Soest erklärte, als von einem unsittlichen Demagogen in einen verhängnisvollen und aussichtslosen Bürgerkrieg verwickelt zu werden. Ihr Vertrauen richtet sich auf die Verbesserung der Gegenwart, nicht auf das spekulative Ideal eines erwünschten Zukünftigen. Und darin erkennen sie ganz intuitiv in Egmonts freier, offener und wohlwollender Lebensart einen möglichen Ausweg aus ihrer Bedrängnis, der sie verhindert, gemeinsam mit dem bildersürmischen, herätischen Pöbel radikaler Protestanten als gottlose Ketzer verurteilt zu werden.

Es sind keine Argumente gegen die erstaunlich vielfältigen, historisch unwiderleglichen und aufklärerischen Enthüllungen Vansens, mit denen Egmont die unvermeidlich verwirrende Erregung der Bürger zu beruhigen sucht. Er spielt sich nicht als besser wissender Politiker auf, der aus einer verunsicherten Situation etwas Großartigeres anzufangen verstände, sondern versichert denen, die ihn als bewunderten Adligen achten, daß ihn selbst die Erinnerung an die gute Arbeit des Schneiders Jetter ein Gefühl der Solidarität mit seinen Landsleuten verbindet, wenn er ihnen rät, „Ruhe zu erhalten [...] ihr seid übel genug angeschrieben. Reizt den König nicht mehr, er hat zuletzt doch die Gewalt in Händen" (6,36).

Denn hier geht es um die vernünftige Reaktion auf realistische Tatsachen, nicht um die törichte Herausforderung einer staatlichen Gewalt, der keine Bürgerinitiative gewachsen sein kann. Weniger überzeugend klingt jedoch sein Versprechen, im Hinblick auf die Gefahr, mit den Begebenheiten im östlichen Flandern nicht verwickelt zu werden: „Allen Beistand sollt ihr finden; es sind Maßregeln getroffen, dem Übel kräftig zu begegnen. Steht fest gegen die fremde Lehre, und glaubt nicht, durch Aufruhr befestige man Privilegien" (6,36). Damit widerlegt er offenbar nur den Verdacht Margaretes, sich die reformatorischen Unruhen für seine eigene Ambitionen zunutze zu machen, um sich die Regentschaft der Provinzen zu verschaffen, wofür die reale Grundlage in dem ersehnten Wunsch des Volkes gegeben wäre, „lieber nach seiner Art von den Seinigen regiert zu werden" (6,21). Und Jetter betont dasselbe mit der Bemerkung: „Hätten wir ihn zum Regenten! Man folgte ihm gern" (6,36). Es bedarf keiner offiziellen königlichen Bestallung, um Egmont diese führende Verantwortung kraft seiner inneren Verbundenheit mit seinem Volk zu übertragen.

Um aber nicht den Anschein zu erwecken, eine revolutionsfreundliche Freiheitstragödie zu verfassen, läßt Goethe den klugen Krämer Soest seine von Egmonts Leutseligkeit beeindruckten Genossen daran erinnern, daß eine solcher Glücksfall unter der argwöhnischen Haltung des Königs niemals in Frage käme. Und Jetter macht die vielsagende Beobachtung, daß Egmonts Kleid „nach der neuesten Art, nach spanischem Schnitt" gefertigt sei, daß also der äußere Eindruck des Helden einen Zug erkennen lasse, der mit ihren lokalpatriotischen Erwartungen nicht übereinstimmt. Zudem kann sich der furchtsam veranlagte Schneider des tollen Einfalls nicht erwehren: „Wenn ich einen schönen Hals sehe, muß ich gleich wider Willen denken: der ist gut zu köpfen. – Die verfluchten Exekutionen! Man kriegt sie nicht aus dem Sinne (6,37).

Alles das aber dient weniger zur tieferen Einsicht in die Mentalität der von gewerblichen Umständen geprägten Geisteshaltungen einfacher Bürger, sondern es fällt hier ein neues und eindringliches Licht auf die wahren, im Grunde recht verheerenden Verhältnisse, von denen Jetter mit der Zustimmung aller sagen kann: „man wird eben keine Stunde froh. Jede Lustbarkeit, jeden Spaß hab ich bald vergessen; die fürchterlichen Gestalten sind mir wie vor die Stirne gebrannt" (6,37). Klare geistige Erkenntnis ebenso wie unbewußtes Empfinden weist auf die Wirklichkeit einer umfassenden Daseinslage, zu der nun der von allen verehrte und geliebte „große Egmont" Stellung nehmen muß, da man ihm allein zutraut, den drohenden Verhältnissen die nötige ‚Wendung' zu verschaffen.

Goethe scheint ihn jedoch um einen geringen Grade an Würde und Erhabenheit herunterzusetzen, wenn er ihn in den Augen des ungeduldig auf ihn wartenden Sekretär als einen etwas nachlässigen Vorgesetzten bezeichnet, der es mit der Einhaltung gewisser Zeiten nicht gar so genau nimmt. Diese leichte Enttäuschung wird jedoch schnell überwunden, wenn Egmont seinen vertrauten Dienstmann preist, in der Wahl seiner Donna Elvira einen „guten Geschmack" gezeigt zu haben. Erneut beweist er hier, nicht nur über den Dingen zu stehen, sondern stets dem lebendigen Gang der realen Tatsachen verpflichtet zu sein.

Das Gleiche geht auch aus den weiteren administrativen Entscheidungen hervor, wenn er unbotmäßige Protestanten nicht hängen lassen will oder einem „von der fremden Lehre" unbestraft über die Grenze passieren läßt. Dem „schönen Kerl" Brink in Bredas Kompanie gibt er im Gefühl, „den armen Teufeln, die ohnedies geplagt genug sind, (nicht) ihren besten Spaß zu versagen," die Erlaubnis zu heiraten, auch wenn seine Truppen „keinem Soldatenmarsch, sondern einem Zigeunergeschleppe ähnlicher sehen wird." Weit weniger duldsam verfährt er dagegen mit zwei seiner Leute, die „einer Wirtstochter übel mitgespielt haben" (6,39). Auch seine eigenen Angelegenheiten dienen einem tieferen Einblick in sein Denken und Verhalten. Gegen den Einnehmer, von dem er vermutet, daß er ihm absichtlich und aus „bösem Willen" das Geld vorbehält, droht er mit Entlassung. Aber er verbietet, daß man „den alten Soldaten, den Witwen und einigen anderen, denen Ihr Gnadengehalte gebt," die Auszahlung um einen „halben Monat" (6,40) zurückhalten will. Vor allem aber wird ein bedeutender Aspekt seines Wesens deutlich, wenn er die Ermahnungen seines väterlichen Freundes, des Grafen Oliva, zu befolgen genötigt wird. Durchaus unbegründet wäre es, wie J. Simmons meint, darin eine einseitige und selbstbezogene Verfehlung seiner notwendigen Verpflichtungen zu sehen: „His dispensation of justice is cursory and arbitrary, and his generosity barbaric."[52]

Egmont kann es dem „treuen Besorglichen", der „sein Ansehen bei Hofe" zu seinen Gunsten braucht, nicht verdenken, um sein Glück und sein Leben beunruhigt zu sein, da es sich nicht allein um sein sanguinisches Temperament handelt, das er aus keinen äußeren Gründen einzuschränken geneigt ist. „Daß ich fröhlich bin, die Sachen leicht nehme, rasch lebe, das ist mein Glück; und ich vertausch es nicht gegen die Sicherheit eines Totengewölbes. Ich habe nun zu der spanischen Lebensart nicht einen Blutstropfen in meinen Adern; nicht Lust, meine Schritte nach der neuen bedächtigen Hofkadenz zu mustern. Leb ich nur, um auf Leben zu denken? Soll ich den gegenwärtigen Augenblick nicht genießen, damit ich des folgenden gewiß sei? Und diesen wieder mit Sorgen und Grillen verzehren?" Es geht hier nicht um das, was er aus eigenem Antrieb will und erstrebt, sondern um determinierende Einflüsse, die von außen die natürliche Eigenart eines Menschen zu bestimmen vermögen. Nach seiner Ansicht fällt es daher jedem, der auf die Gunst anderer angewiesen ist, schwer zu fühlen, „daß der schon tot ist, der um seiner Sicherheit willen lebt" (6,41).

Egmont versteht seine Freiheit nicht als Entbundenheit von allen Begrenzungen, sondern als Gabe seiner Natur, sein Leben so erfahren und genießen zu können, wie es ihm von höherer Instanz als sein eigenes Schicksal zugeteilt wird. „Und wenn ich ein Nachtwandler wäre,

---

[52] Jeffrey L. Simmons: „On the Structure of Goethe's *Egmont*." In: *Journal of English and Germanic Philology* 62 (1963), S. 250.

und auf dem gefährlichsten Gipfel eines Hauses spazierte, ist es freundschaftlich, mich beim Namen zu rufen und mich zu warnen, zu wecken und zu töten? Laßt jeden seines Pfades gehn; er mag sich wahren" (6,41). Das bedeutet nicht, daß er den notwendigen politischen Reifeprozeß seines Wesens verfehlt habe, wie es E. T. Larkin versteht: „Egmont is indeed conscious of himself; he can speak of his dichotomous nature. But the necessary unity of his understanding of himself with a larger objective context, the existence of which may be inferred from this remark, is not yet pesent. The Egmont whom we observe supposes the existence of a harmoneous totality of experience but lacks sufficient insight in its structure."[53]

Wenn ihn aber sein Sekretär daran erinnert, daß nicht nur sein Los auf dem Spiel steht, sondern auch das Leben derer, die ihn kennen und lieben, muß er sich für Handlungsweisen verantwortlich fühlen, die von Spanien als Provokation und öffentliche Anklage verstanden werden, selbst wenn es sich nur um jenen „freien Schritt" handelte, den Machiavell eine äußerst selbstbewußte Geste nannte, „als wenn die Welt ihm gehörte" (6,21). Aber Egmont ist sich keiner verwegenen Kühnheit bewußt, wenn man ihm die Auswirkungen eines „in leichtem Übermut der Geselligkeit und des Weins" getriebenen Fastnachtsspiels als Hochverrat anlasten wollte. Es klingt nicht ganz echt, wenn er eingestehen muß: „Nun gut! wir haben Schellenkappen, Narrenkutten auf unser Diener Ärmel sticken lassen, und haben diese tolle Zierde nachher in einen Bändel Pfeile verwandelt; ein noch gefährlicher Symbol für alle, die deuten wollen, wo nichts zu deuten ist. Wir haben die und jene Torheit in einem lustigen Augenblick empfangen und geboren; sind schuld, daß eine ganze edle Schar mit Bettelsäcken und mit einem selbstgewählten Unnamen dem Könige seine Pflicht mit spottender Demut ins Gedächtnis rief; sind schuld – was ist's nun weiter?" (6,42).

Indem aber Egmont keine verschwörerischen Reden hält, sondern in der Freiheit des Spiels sehr ernst gemeinte staatspolitische Anspielungen macht, bedient er sich eines Mittels, das der spanischen Regierung am deutlichsten zu verstehen gibt, was es mit der Pflicht des Regenten auf sich hat. Denn es sind keine zufälligen Einfälle, daß den Dienern vermutlich typisch niederländische Embleme auf ihre Ärmel gestickt wurden und sie mit Schellenkappen, Narrenkutten und Bettelsäcken auszustatten. Hier deuten diese ernsten Scherze auf die Verfeh-

---

[53] Edward T. Larkin: „Goethe's *Egmont*: Political Revolution and Personal Transformation." In: *Michigan German Studies* 17 (1991), S. 35.

lung der absolutistischen Staatsraison, die unterwürfigen und friedlichen Provinzler nicht als gleichberechtigte Reichsbürger zu betrachten und zu behandeln. Noch deutlicher weist das Symbol des Liktorenbündels aus der römischen Antike auf göttliche Gesetze, sowie auf die Rechte aller Menschen und die vom Schicksal verhängte Bürde, an der nach Goethes Ansicht „wir alle zu tragen haben." Nur wird man kaum übersehen, daß es im Gebrauch der Römer ein Bündel Ruten war, das auf die Vielzahl des Volkes und zugleich auf ihre von den Göttern gewährte und vom Schicksal verhängten elementaren Naturrechte hinwies. Hier aber wurde „diese tolle Zierde" der allegorischen Zeichen „nachher in einen Bündel Pfeile verwandelt," der recht unzweideutig auf die Wehrfähigkeit der um die Gunst des Herrschers bettelnden „gutherzigen Narren" verweist.

Graf Oliva hatte Egmont eindringlich gewarnt, daß diese Art der scheinbar indirekten Enthüllung unverantwortlicher Machtausübungen vom König in der Tat als Hochverrat und nicht als harmloser Fastnachtsscherz oder phantasievolles Gesellschaftsspiel verstanden würde. Egmont ahnt daher, daß sich der erfahrene Graf Oliva nicht mit seiner fadenscheinigen Erklärung abfinden lassen würde, es habe sich alles nur so aus der Spontaneität des aufgeheiterten Augenblicks ergeben. In der Arena der Öffentlichkeit und unter den vorherrschenden politischen Spannungen, in denen sich nach Machiavellis Erfahrung „um uns alles ändert," hat Egmonts selbstbezogenes Plädoyer wenig Gewicht: „Sind uns die kurzen Lumpen zu mißgönnen, die ein jugendlicher Mut, eine angefrischte Phantasie um unsers Lebens arme Blöße hängen mag?" (6,42).

Die von ihm als elementare Voraussetzung menschlichen Daseins bewertete Freiheit der Wahl ermöglichte es ihm, in diesen noch ganz unbestimmten und wandelbaren Begebenheiten einen entschiedenen und politisch eindeutigen Einsatz für sein Land zu wagen, vor dem ihn der bedenkliche Freund nicht nur gewarnt, sondern auch in kaum übersehbarer Weise auf ihre unvermeidliche Reaktionen am spanischen Hofe hingewiesen hatte. Egmont fühlt jedoch, daß er im Hinblick auf die freie Entfaltung seiner angeborenen Tapferkeit und gewissenhaften Verpflichtung den Landsleuten gegenüber selbst mit seinem engsten Freunde keinen Kompromiß eingehen könne und muß in Olivas Brief die Andeutung einer schmerzlichen Trennung erkennen: „Dem guten Alten scheint alles viel zu wichtig. So drückt ein Freund, der lang unsere Hand gehalten, sie stärker noch einmal, wenn er sie lassen will" (6,42).

In der Empfindung, seinen langjährigen Freund durch den scheinbar so unbekümmerten Wandel auf seinem eigenen „Pfade" verloren zu haben, der seinem Sekretär wie die rasende Fahrt eines Mannes erscheint, den er „mit rasselnder Eile daherfahren sieht," fühlt er sich genötigt, den Grund seiner frei gewählten und keinem äußeren Zwang unterworfenen Lebensweise auch vor seinem eigenen Gewissen zu rechtfertigen. Denn was ihm an der Dringlichkeit der freundschaftlichen Warnung des Grafen Oliva klar wurde, war eben das, was er mit seiner leicht verharmlosenden Erklärung zu verdecken suchte: das scherzhafte Fastnachtsspiel entsprang nicht allein seinem „jugendlichen Mut", noch der Spontaneität einer „angefrischten Phantasie" und ist ebenso wenig nur der Ausdruck seiner „persönlichen Tapferkeit", sondern insofern diese Begebenheit im Kreis einer befreundeten Gruppe einflußreicher Gesinnungsgenossen erfolgte, gewann der ergötzliche Einfall, „mit einem selbstgewählten Unnamen dem König seine Pflicht ins Gedächtnis" zu rufen, einen sehr notwendigen Ernst. Es war allzu deutlich, daß Egmonts „Gesellschaften, Gastmahle und Gelage," wie ihm bereits die Regentin vorwarf, „den Adel mehr verbunden und verknüpft (habe), als die gefährlichsten heimlichen Zusammenkünfte." Und man wußte ebenso am spanischen Hofe: „Die Augen des Volkes sind alle nach ihm gerichtet, und die Herzen hängen an ihm" (6,21). Selbst auf die Gefahr hin, daß die vermeintlich nur „spottende Demut" dem machtgierigen Despoten und zornigen Eiferer der „guten Sache" als herausfordernde Majestätsbeleidigung und Hochverrat aufgefaßt würde, war er bereit, das Wagnis einer freien und offenen Stellungnahme für die gegebene Wirklichkeit auf sich zu nehmen. Denn es konnte ihm nicht allein um einander ausschließende Geschichtsauffassungen gehen, sondern um unumgängliche politische ebenso wie ethische Schicksalsbewältigungen, die mit der natürlichen Wandelbarkeit aller zeitlichen Verhältnisse zur provozierenden Notwendigkeit geworden sind.

Was Egmont vor allem bewegte, war nicht die Eile zu einem Ziel zu gelangen, das er sich selbst gesteckt hatte, sondern der Bewältigung eines verhängten Geschicks zu dienen, das mit einem verheerenden Bürgerkrieg die festgefügten Daseinsgrundlagen seines Landes zu zerstören droht. Er sieht die dringlichste Notwendigkeit seiner Verpflichtung nicht in der Behauptung seiner individuellen Lebensweise, sondern in dem weit selbstloseren Dienst, den von überwältigenden „Sonnenpferden der Zeit" fortgerissenen „leichten Wagen [...] unsers Schicksals" auf eine Bahn zu lenken, die den zu erwartenden Sturz in den Abgrund verhindern würde, ohne jedoch den Anspruch zu erheben, daß er wüßte, wo diese schicksalsbestimmte Fahrt ihren Anfang nahm und wo sie endet. Wahrhaft deutlich ist ihm nur, was er mit vielen anderen teilt, daß er infolge der unlösbaren Bande, die ihn mit seinen Landsleuten ebenso wie mit seinen näheren Freunden verknüpfen, sich gewiß sein kann, eine hohe und verantwortungsvolle Position in diesen wandelbaren Umständen gewonnen zu haben und im Gefühl, genügend „Hoffnung, Mut und Kraft" zu besitzen, um in diesen natürlich gewachsenen Verhältnissen in der Erfüllung einer überpersönlichen Mission „noch höher steigen" zu müssen.

Egmont sieht darin weit mehr einem legitimen Regenten im Möserschen Sinne ähnlich, als die mit „Offenheit, Gutherzigkeit und Nachgiebigkeit" um das Vertrauen der Niederländer ringende Margarete von Parma. Er kann sich der ungeteilten Übereinstimmung mit einer vielfältig gestalteten Gesellschaft versichern, nicht weil er von seinem Volk wegen seiner Willenskraft und patriotischen Gesinnung verehrt und „auf Händen getragen" wird, sondern weil man seiner ehrlichen Bereitschaft gewiß ist, die eigene Existenz ganz und opferbereit für eine menschliche Entschiedenheit einzusetzen, die der öffentlichen Wohlfahrt gewidmet ist und ihm nicht nur dazu hilft, seines „Wachstums Gipfel" (6,43) zu erreichen. Er schreckt vor keinem Risiko des Verfehlens zurück, weil er einen höheren Maßstab der Bewertung anerkennt, als die unbeschränkte Verwirklichung seiner eigenen Willensautonomie. „Soll ich fallen, so mag ein Donnerschlag, ein Sturmwind, ja ein selbst verfehlter Schritt mich abwärts in die Tiefe stürzen; da lieg ich mit viel Tausenden. Ich habe nie verschmäht, mit meinen guten Kriegsgesellen um kleinen Gewinst das blutige Los zu werfen; und sollt ich knickern, wenn's um den ganzen freien Wert des Lebens geht?" (6,43).

Was ihn aber dazu befähigt, bei aller Neigung, seinem „jugendlichen Mut" und seiner temperamentvoll „angefrischten Phantasie" betont individuelle Spielräume einzuräumen, sich aber dennoch, gleichsam ‚entselbstend', stets bereit ist, mit hingebender Leidenschaft sich diesem recht unbestimmten „freien Wert des Lebens" zu widmen, ist die im Grunde mit vernünftigen Begriffen kaum ganz zu erfassende Verbundenheit eines liebevollen Vertrauens. Es geht dabei nicht an erster Stelle um einen allgemein anerkannten und überzeugend demonstrierbaren Wert einer Sache, sondern um die bereits von dem „gutherzigen Narren" Soest artikulierte Neigung des Herzens. Diese Haltung ist nicht das Ergebnis einer klugen Kalkulation, sondern vertraut im Blick auf die Ganzheit des unendlich vielfältig und wandelbaren Lebens, der allem Sein innewohnenden, allumfassenden Gesetzmäßigkeit, die den gewagten Wurf des schicksalhaften Loses am Ende bestimmt. Dies war es, was Egmont im Kreis seiner friedlichen Geselligkeit die scheinbar so undiplomatische und für manche ängstlichen Gemüter so leichtsinnige Entscheidung treffen ließ, dem machtvollen Herrscher eine plastische Lektion zu erteilen, wodurch er seine gesamte Existenz aufs Spiel setzte und das freundschaftliche Band zu Graf Oliva auflöste, der ihn seiner offenbar so unpolitischen Haltung wegen als Verlorenen bedauern mußte. Aber gerade darin kommt die „Feinstruktur" von Goethes einzigartiger Darstellungsweise zur Geltung wie sie E. Wilkinsen gekennzeichnet hat, indem sie erkennt, „Egmonts Blick und Einblick oft von einer geradezu unheimlichen Schärfe zu sein. Er sieht nicht nur Wesen und Bedürfnisse derer, die ihm nah und ähnlich sind; er *sieht* auch *ein* in die Ziele und Motive derjenigen, die ihm vom Dichter als Gegensatz, wo nicht gar als Gegner bestimmt worden sind. Wie er seine Worte oder die Gründe seines Urteils abwägt, ob in großen Fragen des politischen Lebens oder in der privaten Bewertung persönlichen Verhaltens, wird von keinem anderen Charakter in diesem Drama übertroffen außer Machiavell."[54] Damit wird angedeutet, daß selbst in Egmonts scheinbar so gewagtem Versuch, einer göttlich inspirierten Majestät „seine Pflicht mit spottender Demut ins Gedächtnis zu rufen," keiner subjektiven Unvernunft, keinem bloßen Festhalten an seiner eigenen Sehens- und Lebensweise entsprang, sondern einer elementar politischen Gewissenhaftigkeit, die er als verantwortlicher Statthalter und Begünstigter eines allseitigen Vertrauens seinen „guten Kriegsgesellen" ebenso wie den sittlich sensiblen Gewerbsleuten schuldig war. Denn Politik ist nicht das Privileg derer, die nach der Meinung des gealterten Prometheus nur dem Vertreter des absoluten Willensfreiheit zusteht, sondern wird weit wirksamer in der Hand eines liebenden Epimetheus, der als „Nachtwandler, Sorgenvoller, Schwerbedenklicher" (4,417) den umfassenden Kreis alles menschlichen Bestrbens zu schließen vermag.

Darin sieht P. Böckmann die dichterische Eigenheit Goethes, mit den Mitteln des Dialogs „ein lebendiges Sinnbild der persönlichen

---

[54] Elizabeth M. Wilkinson: „Sprachliche Feinstruktur in Goethes *Egmont*." In: *Begriffsbestimmung der Klassik und des Klassischen*, hg. von Heinz Otto Burger. Darmstadt 1972, S. 370.

Freiheit und Unabhängigkeit" zu gestalten, das auf „einer inneren Entschiedenheit und Selbstgewißheit des Charakters" beruht und „die Wechselwirkung zwischen Individualität und Schicksal tiefer begründet und dem Verlangen nach Freiheit erst einen menschlichen Sinn gibt."[55] In dem scheinbar so spielfreudigen, unbesorgten und gegenwartsbezogenen Verhalten Egmonts verbirgt sich eine entschiedene politische Geisteshaltung, die ihn durch keine gefährliche Deutungen absolutistischer Machthaber von seinem gewissenhaften, schicksalsbedingten „freien Schritt" abzulenken vermag. Denn es geht letzten Endes in diesem „ganzen freien Wert des Lebens" um die unantastbare Entfaltung seelischer Potenzen, die auf nichts anderes begründet sind, als auf die innere Seinswirklichkeit ihrer inhärenten Begabungen höherer Herkunft. Egmonts Geheimschreiber Richard weist auf die unendlichen, nur zu ahnenden Möglichkeiten der Verwirklichung und der mit ihnen verbundenen Gefahren dieser Freiheit hin, wenn er bemerkt: „O Herr! Ihr wißt nicht, was für Worte ihr sprecht! Gott erhalt Euch!" (6,43). Er spürt allzu deutlich, daß Egmonts Haltung eine unausweichliche Herausforderung der gegebenen Machtkonstellation zugrunde liegt, die seine gesamte Existenz in Frage stellt.

2.4 Egmont und Oranien

Es wäre leicht, aus allem Vorausgehenden den Schluß zu ziehen, daß Egmont der wahren geschichtlichen Wirklichkeit nicht gewachsen sei. Nach Goethes eigener Deutung sind es hauptsächlich individuelle Eigenheiten, die ihn von allen anderen und nicht immer zu seinen Gunsten unterscheiden, denn er scheint, wie es sich zu Beginn des Gesprächs mit Oranien herausstellt, an den Einzelheiten der Beratung mit der Regentin wenig interessiert zu sein. Und doch bleibt Margaretes Haltung für die beiden Repräsentanten der niederländischen Provinz der einzige Spiegel, an dem die Reaktion des spanischen Hofes auf den „neuen Aufruhr des Pöbels" abzulesen wäre. Denn es handelt sich für die spanische Regentschaft um keinen bloßen Aufruhr, sondern um die „ausführlich und umständlich" beschriebene Darstellung des gewaltsamen Ausbruchs und der wachsenden Auswirkung einer „bilderstürmerischen Wut, [...] wie eine rasende Menge, mit Stäben, Beilen, Häm-

---

[55] Paul Böckmann: „Goethe: *Egmont*." In: *Das deutsche Drama. Vom Barock bis zur Gegenwart*, hg. von Benno von Wiese. Düsseldorf 1964, S. 150.

mern, Leitern und Stricken versehen, von wenig Bewaffneten begleitet, erst Kapellen, Kirchen und Klöster anfallen, die Andächtigen verjagen, die verschlossenen Pforten aufbrechen, alles umkehren, die Altäre niederreißen, die Statuen der Heiligen zerschlagen, alle Gemälde verderben, alles was sie nur Geweihtes, Geheiligtes antreffen, zerschmettern, zerreißen, zertreten" (6,17 f.). Die Regentin machte dies alles zwar nicht zum Gegenstand der „Unterhaltung" mit den Statthaltern, aber Oranien bemerkte ihr deutlich zurückhaltendes Betragen, da sie ihrer Klage, „daß man ihre liebevolle gute Art, ihrer Freundschaft zu uns Niederländern nie genug erkannt, zu leicht behandelt habe" die Erwähnung hinzugefügte, „daß sie am Ende wohl müde werden, der König sich zu andern Maßregeln entschließen müsse" (6,44). Diese versteckte Anspielung auf einen ominösen Strategiewechsel der spanischen Krone entgeht der Aufmerksamkeit Egmonts, weil er „unterdessen an etwas anders" dachte, als an einen möglichen Wandel der spanischen Staatsraison. Als erfahrener Liebhaber schien es ihm sinnvoller, ihr entfremdendes Betragen psychologisch zu erklären: „Sie ist ein Weib, guter Oranien, und die möchten immer gern, daß sich alles unter ihr Joch gelassen schmiegte, daß jeder Herkules die Löwenhaut ablegte, und ihren Kunkelhof vermehrte. Daß, weil sie friedlich gesinnt sind, die Gärung, die ein Volk ergreift, der Sturm, den mächtige Nebenbuhler gegen einander erregen, sich durch *ein* freundlich Wort beiligen ließe, und die widrigsten Elemente sich zu ihren Füßen in sanfter Eintracht vereinigten" (6,44). Wiederum ist seine Einsicht mehr auf die zu bewältigende Gegenwart als auf die drohende Abdankung Margaretes oder die vermuteten Absichten der königlichen Regentschaft gerichtet. Offenbar aber sucht Goethe gerade in dieser Distanz Egmonts von den möglichen Wandlungen der politischen Lage die Notwendigkeit einer unvoreingenommenen Spontaneität im Urteil der berechtigten Besorgnisse des Freundes zu sichern. Denn wäre Egmont ebenso ängstlich wie Oranien um sein Leben bedacht, würde er seiner freien und unmittelbaren Lebenslust untreu, um das aussinnen, erraten und verbinden zu wollen, „was nicht zu erraten, nicht zu verbinden ist, das Schicksal eines kommenden Tages" (6,42). Nur handelt es sich hier nicht nur um die von Egmont niemals aus den Augen verlorene Wohlfahrt der Provinzen, sondern auch um seine persönliche Existenz.

Denn ein Regentschaftswechsel wäre leichter zu ertragen, als der bereits in der bedauerlichen Entfremdung des Grafen Oliva erfahrene Verlust eines vertrauten Freundes in der Not. Jedem Neuen, der vom

König als Ersatz für die allzu nachgiebige und friedlich gesinnte Margarete schicken würde, so argumentiert Egmont, „wird die Zeit vergehn, der Kopf schwindeln und die Dinge wie zuvor ihren Gang halten, daß er, statt weite Meere nach einer vorgezogene Linie zu durchsegeln, Gott danken mag, wenn er sein Schiff in diesem Sturme vom Felsen hält" (6,45). Die Befürchtung Oraniens, daß aber der König diesen Sturm der Zeit mit einer ganz anderen Maßnahme zu bewältigen suchen könne, hält Egmont für unglaublich, weil er ihm nicht zutraut, die schicksalhafte Wirklichkeit zu mißachten und mit einem offenen Verbrechen um eines machtpolitischen Vorteils willen die Würde seiner kaiserlichen Majestät aufs Spiel zu setzen.

Er ist erstaunt, daß Oranien überhaupt die Möglichkeit ernst nimmt, dem König bliebe keine andere Wahl, als seine absolutistischen Prinzipien vor den reformatorischen und republikanischen Triebkräften der Zeit zu verteidigen und durch eine grausame und gewissenlose Gewalttat zu erkaufen, die alle menschlichen Bindungen zwischen Herrscher und Untertanen unvermeidlich zerstören würde. Egmont hält Oraniens klug berechnete Vermutung, daß der König mit einem willkürlichen und unsittlichen Meuchelmord würdiger Fürsten und „treuer Diener" des Reiches, denen keine Schuld des Hochverrats nachgewiesen werden könne, für höchst unwahrscheinlich, weil er zwar vom fanatischen Religionseifer Philipps überzeugt sein mag, nicht jedoch von dessen gewissenloser Machtgier, einen friedfertigen Teil seines Reiches grausam unterdrücken zu wollen. Die Aufstände im östlichen Flandern müßten auch ihm und seinen Beratern nur deswegen als eine „ungeheure Verschwörung" erscheinen, weil das unzufriedene Volk von den Einflüssen europäischer Reformatoren leichter angesteckt werden konnte, als weniger kulturell und wirtschaftlich entwickelte Untertanen. Selbst die Tatsache, daß der König seinen kriegerischen Ratgeber mit dem Heer in die Provinzen schickt, kann daraus nicht die Absicht einer verdammlichen Untat geschlossen werden, die jedes Vertrauen zwischen Volk und Regent unmittelbar vernichten und selbst den Besitz der Provinzen aufs Spiel setzen würde.

Aber es ist auch hier keine rationale Überlegung, die Egmonts Haltung bestimmt, sondern die Stimme seines Gewissens, die an keinen separaten Denkprozeß gebunden ist, sondern aus einem sporadischen Mit-Wissen (conscientia) mit einer höheren und umfassenden Gesetzmäßigkeit alles Lebendigen hervorgeht und darum den wahrsten und unmittelbarsten Bezug zur Wirklichkeit darstellt. P. Michelson hat mit Recht an Goethes Bermerkung zu Kanzler von Müller erinnert, in der er „die Bedingungen der Schöpfung als gegebene – nicht vom Menschen gesetzte akzeptiert und somit die „Unterordnung unter einen höheren, die Ereignisse ordnenden Willen, den wir nicht begreifen, eben weil er höher als unsere Vernunft ist" (23,49) als Voraussetzung für die Erringung der Freiheit"[56] verstanden hat. Wie in der vorangegangenen, nur klärenden Botschaft des gelösten Fastnachtsspiels, das vom dienenden Volk ebenso wie von der adligen Gesellschaft ausgehenden unverhohlenen Warnung, „dem Könige seine Pflicht mit spottender Demut ins Gedächtnis" zu rufen, so geht es Egmont auch jetzt nicht um die Wahrheit seiner subjektiven Einsichten, sondern um die Erhaltung und Sicherung grundsätzlicher Lebensprinzipien des niederländischen Volkes. Wer aber, wie die Mehrzahl der historisch geschulten Interpreten, Goethes Absicht darin sieht, daß er den Protagonisten aufgrund seiner ‚dämonischen' Eigenwilligkeit und „unbegrenzten Selbstvertrauens" zum törichten und selbstverschuldeten Opfer einer leichtsinnigen Verblendung werden ließ, muß Oraniens kluges Ausweichen vor den existentiellen Bedrohungen der vom allmächtigen Weltgeist inspirierte Brutalität eines blutgierigen Intriganten für durchaus gerechtfertigt betrachten. Man wird geneigt sein, angesichts der vermeintlich selbstverschuldeten Tragik des Endes die spekulative und fadenscheinige Logik von Oraniens Kalkulation zu übersehen, da nach den Ideologien des modernen Zeitalters Goethe nichts anderes als die Notwendigkeit eines nationalen Freiheitskampfes auf der Basis einer ästhetisch genuinen Geschichtstragödie beabsichtigt haben konnte.

Egmont hält das sorgfältige und kluge Bemühen des Freundes, ihn von einem geplanten Meuchelmord zu warnen, nicht für unmöglich oder irrtümlich, sondern angesichts der bereits von Machiavell angedeuteten Realität der „um uns alles ändernden" Verhältnisse für unwahrscheinlich, da das von Philipp befohlene Mittel, um „Ruhe und Friede wieder herzustellen" keine Lösung des Konflikts bringen könne, sondern „die Gemüter noch mehr erbittert, das den Krieg an allen Enden anblasen wird" (6,19). Es ist daher verständlich, daß Egmonts primäre Motivation dem Schicksal der Niederlande gewidmet ist, und daß es seiner „persönlichen Tapferkeit" ebenso wie seiner innersten Überzeugung entspricht, vor keiner Bedrohung einer unsittlichen Gewalttat zu kapitulieren und zu keiner Haltung gezwungen zu werden,

---

[56] Peter Michelsen: „Egmonts Freiheit." In: *Euphorion* 65 (1971), S. 292

die als rein egoistisch und unpolitisch kritisiert werden könnte. Insofern er die Dinge leicht nimmt und seine Freiheit nicht als Unabhängigkeit von äußeren Gegebenheiten, sondern als hingebungsvollen Dienst an der Wirklichkeit eines „ganzen freien Werts des Lebens" versteht, ist sein gesamtes Denken und Tun nicht wie Oranien auf spekulativ errechnete Möglichkeiten gerichtet, sondern auf die unabdingliche und stets neu zu gestaltende Gegenwart, dem wahren Grund menschlicher Bewältigung unerforschlich schicksalhafter Wirksamkeit. Als allseitig verehrtes, vertrauenswürdiges und geliebtes Haupt seines Volkes fühlt er sich berufen und verpflichtet, ungeachtet seiner persönlichen Sicherheit für die Wohlfahrt des Landes aktiv Sorge zu tragen. Für ihn ist die Welt so, wie sie von seinem Empfinden und freundlichen Gemüt erfaßt wird; er erkannte daher auch in der spanischen Regentschaft die Neigung, sich den wahren Verhältnissen anzupassen, ebenso wie er im Wesen seiner Landsleute die friedfertige Tendenz erkennt, im Hinblick auf die gewerblichen Prinzipien ihrer Lebensart bei allem Verlangen nach den bedrohten Idealen von „Sicherheit und Ruhe! Ordnung und Freiheit" den versöhnlichen Ausgleich dem rebellischen Aufruhr vozuziehen.

Und selbst wenn seine Einsicht in die politischen Konsequenzen einer sittenlosen tyrannischen Willkür das vorsorgliche Gemüt Oraniens nicht zu überzeugen vermag, daß diese Nachricht „ein ungeheures Feuer zusammentreiben" würde, so sind dieser unbegrenzten Ermächtigung für Egmont unüberwindlich natürliche Grenzen gesetzt: „Richten und verdammen kann der König nicht allein; und wollten sie meuchelmörderisch an unser Leben? – Sie können nicht wollen. Ein schrecklicher Bund würde in einem Augenblick das Volk vereinigen. Haß und ewige Trennung vom spanischen Namen würde sich gewaltsam erklären" (6,46). Was jedoch an dieser unzeitgemäßen Bewertung der Gegenwart kaum überzeugend klingt, ist die vermutete Unmittelbarkeit der geistigen Reaktion eines Volkes, das darauf angewiesen bleibt, wie es der Krämer Soest formulierte, daß „der Adel" versuchen müsse, dem unziemlichen Gewissenszwang der Inquisition „die Flügel zu beschneiden" (6,14). Furcht vor dem Möglichen kann niemals den Einsatz der ganzen Existenz fordern, wie es nur die grauenhaft erschütternde Erfahrung versklavender Unfreiheit zu bewirken vermag. Oraniens Bemerkung, daß Alba mit dem Heer unterwegs sei, macht die Vermutung der brutalen Gewaltanwendung weit glaubwürdiger, zumal die Regentin diese Tatsache den Statthaltern verschwiegen zu haben schien.

Was aber Egmonts Haltung entschieden gegen die Flucht vor der möglichen Bedrohung einer meuchelmörderischen Untat einnimmt, sind keine leicht in die Diskussion zu werfenden Ideen, wie das von Oranien erwähnte natürliche Recht der Selbsterhaltung, das sich am Ende nur als unbeabsichtigte Enthüllung seiner geheuchelten Loyalität erweist und von Alba als unbotmäßige Untreue demaskiert wird: „So war denn diesmal wider Vermuten der Kluge klug genug, nicht klug zu sein!" (6,70) beurteilt die kalte Vernunft die Ausweichhaltung Oraniens. Das Gespräch zwischen Egmont und Oranien „erhält sein Gewicht dadurch," meint P. Böckmann, daß es nicht allein „die vieldeutige Gestalt der Vorgänge offenlegt," sondern zugleich „auf die Haltung der Redenden zurückführt," und „nicht die politische Auseinandersetzung als solche bestimmt die Dramatik, sondern die jeder Warnung zugehörige Spannung zwischen Möglichkeit und Wirklichkeit."[57]

Insofern Egmont sich entschieden gegen jede vorsorgliche Bewahrung der persönlichen Sicherheit ausspricht, kann er auf eine weit notwendigere Wirklichkeit verweisen, die in seiner unlösbaren inneren Bindung an die Wohlfahrt und Existenz seines Landes begründet ist und in den möglichen Folgen des klugen Schachzugs das tragische Verfehlen der wahren politischen Verantwortlichkeit eines niederländischen Fürsten erkennt: „Bedenke, wenn du dich irrst, woran du schuld bist; an dem verderblichsten Kriege, der je das Land verwüstet hat. Dein Weigern ist das Signal, das die Provinzen mit *einem* Male zu den Waffen ruft, das jede Gewaltsamkeit rechtfertigt, wozu Spanien von jeher nur gern den Vorwand gehascht hat. Was wir lange mühselig gestillt haben, wirst du mit *einem* Winke zur schrecklichsten Verwirrung aufhetzen" (6,47 f.).

Egmont ist sich durchaus nicht sicher, daß seine konziliante Haltung die drohende Gefahr einer ungerechten Vergeltungs- und Unterdrückungsaktion des mordgierigen Alba abwenden oder vermindern könne. Er ist sich aber gewiß, „keinen Tropfen spanisches Blut" in seinen Adern zu haben und daher nicht, wie I. Hopson vermutet, aus natürlichem Loyalitätsempfinden der gewachsenen Realität einer Feudalordnung gegenüber zu einer versöhnlichen Einstellung verpflichtet zu sein.[58] Dagegen verweist John Ellis zu Recht auf Egmonts „serious-

---

[57] Paul Böckmann, a. a. O., S. 156.
[58] Irmgard Hopson: „Oranien and Alba: The Political Dialogues in *Egmont.*" In: *The Germanic Review* 50 (1970), S. 264.

ness and judgement [...] a well thought out rationale of his action, and in so doing shows more *fundamental* political realism and responsibility than anyone else in the play, including Alba and Oranien. Egmont clearly sees, first of all, that a refusal to see Alba is an act of war."[59] Kaum überzeugend ist daher die Feststellung J. L. Sammons: „his refusal to flee at the urging of Oranien is less of a decision than an insistance upon his attitude and principles."[60] „Egmont is in fact nowhere during the action of the play interested in the freedom of the Netherlands. He is interested in the freedom of Egmont."[61]

Wenn in diesem Zusammenhang von einer Freiheit der individuellen Entscheidung die Rede sein kann, so trifft dies weit eher auf den Entschluß Oraniens zu, durch ein kluges und kühnes Ausweichen, „dem unvermeidlichen Übel" nicht „entgegenzugehen", wie er meint, sondern sich um der Sicherheit willen den möglichen Konsequenzen seiner kalkulierten Strategie zu entziehen. Indem er durch diese Flucht vor einer befürchteten meuchelmörderischen Untat seine Verpflichtung als Statthalter preisgibt, bestätigt er das, worauf es den despotischen Tendenzen Spaniens gerade ankommt, nämlich den Niederländern jede Möglichkeit zu vereiteln, sich gegen gewaltsame Eingriffe ihrer Machtpolitik unter der Führung vertrauenswürdiger Fürsten zu wehren. Alba mag bedauern, daß ihm einer der beabsichtigten Opfer seiner klug gestellten ‚Falle' entgangen ist, aber Oraniens Flucht vor jeglicher Verantwortung dem wehrlosen Volk gegenüber gibt ihm die Gewißheit, daß sein bloßes Erscheinen die erwünschte Wirkung erzielte, mit den kriegerischen Mitteln die unbegrenzten Unterdrückung allen liberalistischen Neigungen eines selbstbewußten Volkes zu verwirklichen.

Egmont, der überzeugt ist, „daß der schon tot ist, der um seiner Sicherheit willen lebt" (6,41), wird von nichts anderem als seinem Gewissen an die Notwendigkeit der Freiheit gemahnt: „bei so großer Gefahr kommt die leichteste Hoffnung in Anschlag" (6,48). Denn er, der gegenwartsbewußte, von der Dynamik einer entzügelten Zeit getriebene Lenker „unsers Schicksals leichtem Wagen," kann nicht auf der aktiven Abwendung dieses unbezwinglichen Übels bestehen, sondern nur in der Verminderung der verheerenden Auswirkungen eine erträg-

---

[59] John M. Ellis: „The Vexted Question of Egmont's Political Judgement." In: *Tradition and Creation, Essays in honour of Elizabeth Mary Wilkinson*, ed. by C.P. Magill, B.A. Crowley, and C.J. Smith. Leeds, 1978, p. 121.
[60] Jeffrey L. Sammons, a. a. O., S. 246.
[61] Ebd., S. 250.

liche Lösung der bedrohlichen Lage sehen. Er fühlt sich verpflichtet, gerade in dieser so wehrlosen und verwundbaren Lage an die Vernunft des Königs zu appellieren und die Möglichkeit eines friedlichen Ausgleichs ernstlich in Erwägung zu ziehen. Vor allem aber will sich Egmont nicht zu einer Handlung verführen lassen, die ihn zu einem aufrührerischen Rebellen machen und damit alles das aufs Spiel setzen würde, „was wir lange mühselig gestillt haben" (6,47). Es war nichts Geringeres als die wachsende Unstimmigkeit des niederländischen Volkes mit den willkürlichen Übergriffen despotischer Machtpolitik in einem versöhnlichen Gleichgewicht zu erhalten. Eine eigenwillige Geste der Unbotmäßigkeit wäre es Egmont nicht wert, die unvermeidliche Spannung eigennützig zu erhöhen und dadurch das Land in die weit größere Gefahr gewaltsamer Strafaktionen zu versetzen. Er will nicht „durch seinen Ungehorsam eine offene Volksrebellion auslösen," wie R. Saviane meint, „die nicht nur seinen legitimistischen Auffassungen, sondern vor allem seiner tief verwurzelten pazifistischen Überzeugung zuwider laufen würde."[62]

Selbst wenn Egmont daran zweifelt, den ihm seit langem bekannten feindseligen Alba durch eine konziliante Haltung von seinen intriganten Unterdrückungsmaßnahmen abhalten zu können, bleibt ihm dennoch die Freiheit der Wahl, sich mit ritterlicher Tapferkeit einer klärenden Auseinandersetzung mit dem Gesandten der von ihm anerkannten höchsten Autorität zu stellen, zumal es sich hierbei um keine geheime Beratung handeln sollte, sondern um eine öffentliche und dem König zu übermittelnde ehrerbietige Bereitschaft, „die Befehle des Königs zu vernehmen; zu hören, welchen Dienst er von unserer Treue verlangt, die ihm ewig ergeben bleibt" (6,71). Er fühlt sich gezwungen, um des Landesfriedens und um des Schutzes eines unkriegerischen Volkes willen „mit meinen Augen sehen" zu müssen und nichts den klugen, spekulativen und egozentrischen Vermutungen zu überlassen, die sein ethisches Empfinden zu übertrumpfen trachten.

Denn noch hat sich der König nicht durch eine tyrannische Untat als „unwürdig" erwiesen und durch einen unverzeihlich niedrigen Meuchelmord eines Majestätsverbrechens schuldig gemacht. Daher ist für die auf sein „unbegrenztes Selbstvertrauen" und seine „persönliche Tapferkeit" bauenden Wesensart seines Charakters von unerschütterlicher Treue und Liebe zu allem, was den „ganzen freien Wert des

---

[62] Renato Saviane: „Egmont, ein politischer Held." In: *Goethe-Jahrbuch* 104 (1987), S. 58.

Lebens" ausmacht, kein Risiko zu gewagt und keine Probe zu „gefährlich, zu der man Mut hat" (6,48). Wer diese innere Entschiedenheit, sich mit Leib und Leben für den Frieden des Landes und die Wohlfahrt seiner Landsleute einzusetzen, mit denen er sich aufs engste verbunden fühlt, als unwesentlich betrachtet, kann die Bedeutung für die formative Struktur der dramatischen Handlung wie J. L. Sammons übersehen: „The climax of the action is actually formed by the decision of Alba's, not of Egmont's. [...] Nowhere in the drama does he make a vital decision; his refusal to flee at the urge of Oranien is less a decision than an insistence upon his attitude and principles. These remain constant throughout the formal action of the play. The action takes place around Egmont; he does not contribute anyhting to it but his presence."[63]

Besonders der bevorstehende Dialog mit dem zu allen blutgierigen Gewalttaten fähigen Gegner wird sich „viel weniger um sachliche Inhalte, Gedanken oder Ideen" handeln, wie es P. Böckmann formuliert, „als um die Art, wie diese Inhalte im Wort ergriffen oder verborgen werden. [...] Denn die Sprache ist hier nicht nur mimische Gebärde und Charakterausdruck, sondern der geistige Raum, in dem der Mensch sich frei bewegt oder ängstlich verstummt; Reden und Schweigen spiegeln die politische oder religiöse Situation nicht nur des einzelnen, sondern eines ganzen Volkes; die dramatischen Wirkungen sind am sprachlichen Verhalten ablesbar."[64]

Egmonts Einsichten in die wahren politischen Verhältnisse lassen sich nicht einfach auf eine persönliche „Sinnesart" beziehen, so daß die Gespräche keinen „Zündstoff zum dramatischen Geschehen" liefern, wie es P. Michelsen versteht; „So kommt aus all den vielen Dialogen dieses Dramas eigentlich nichts heraus: sie enthalten nichts, was nicht schon da wäre, sie strömen – im Gegensatz zum Thema und Gegenstand des Werkes: umwälzende Ereignisse, erregte Menschen – eine fast milde Ruhe aus. In ihnen offenbart sich Zuständliches, vollziehen sich keine Prozesse, keine Veränderungen. Indem die Verhältnisse und die sich daraus ergebenden Möglichkeiten besprochen und erwogen werden, verliert das, was geschieht, alles Dramatische, Überraschende."[65]

Gerade deswegen, weil in den „festgegründeten Verhältnissen" der konservativ eingestellten Bürger ebenso wie im Ganzen der histo-

---

[63] Jeffrey L. Sammons, a. a. O., S. 246.
[64] Paul Böckmann, a. a. O., S. 152.
[65] Peter Michelsen, a. a. O., S. 285.

rischen Entwicklung sich mit schicksalhafter Folgerichtigkeit „um uns alles ändert" (6,19), und weil gerade diese unsichere Wandelbarkeit dem kriegerisch gesinnten Alba zur günstigen Gelegenheit wurde, seine persönlichen Machtansprüche zu verwirklichen, gewinnt Egmonts Streben nach Ausgleich und Frieden wahre Notwendigkeit. Oraniens Perspektive ist ihm durch spekulative Vorurteile verdächtig, während er eine höhere Verpflichtung in der Erhaltung des „Zuständlichen" sieht, selbst wenn er die riskante Möglichkeit einer verräterischen Gewaltanwendung des ihm allzu bekannten Antagonisten ernstlich in Betracht ziehen muß. Aber gerade darin bekundet sich die geistige Freiheit, seinem Gewissen und nicht den rationalen Möglichkeitskalkulationen des Freundes zu folgen, der um seiner Sicherheit willen die Würde und Integrität seines öffentlichen Amtes einzuhandeln bereit ist.

Einen wesentlich erweiterten Aspekt entwickelt E. M. Wilkinson, indem sie Goethes Absicht darin sieht, im Gegensatz der Meinungen „die zwei Pole der Wahrheit zu betrachten, sowie Egmont und Oranien die zwei Pole der Freiheit sind. Denn nach Goethe muß ‚eine geistige Form,' ja alles, was in die Erscheinung tritt, sich trennen, um zu erscheinen. [...] Aber menschlicher Gemeinsinn hat von jeher erkannt, daß in der Realität des Lebens selbst die Wahrheit immer zwei Gesichter zeigt."[66] – „Nicht weil sein Sehen irrig und vernebelt ist, ist Egmont *blind*, sondern weil die ihm eigene Art des Sehens, so klar und rein sie auch sein mag, nicht jeder Situation angemessen ist."[67]

Aber gerade diese Neigung zur Relativität sittlicher Entscheidungen wird durch Egmonts Haltung eindeutig widerlegt, der „in allem nach seinem Gewissen" handelt. Und diese innere, keinem „Gemeinsinn" verpflichtete Entschlossenheit, der Wahrheit und niemals der Vorsorge zur eigenen Sicherheit zu dienen, befreit ihn von der Annahme, daß er letzten Endes durch diesen ganz subjektiven Charakterzug seiner selbstbewußten Weltbetrachtung seinen Untergang selbst verschuldet habe. In Wirklichkeit wird die ihm eigene Sehweise weniger durch seine freie, unbesorgte, gegenwartsorientierte Lebensweise beeinflußt, als wesentlich durch das gewissenhafte, unter den gegebenen Verhältnissen allein mögliche Bestreben nach Konzilianz besimmt. Es wäre seine Pflicht, anders und entschieden tatkräftiger zu handeln, wenn die Vorraussetzung gegeben wäre, mit Oraniens kluger Ausweichstrategie etwas Positives, Notwendiges und Unvermeidliches

[66] Elizabeth M. Wilkinson: a. a. O., S. 380.
[67] Ebd., S. 381.

zu erreichen. Denn die Niederlande sind im größeren Rahmen der europäischen Staatsordnung dieser Epoche keine Nation, sondern ein Konglomerat einzelner Geschäfts- und feudaler Herrschaftsbereiche. Und Egmont ist nicht nur einer der provinziellen Adligen, sondern hinsichtlich seiner Verdienste auf den Schlachtfeldern von St. Quintin und Gravelingen auch als Statthalter und Prinz von Gaure einer der Repräsentanten des spanischen Weltreiches, selbst wenn er diesem Posten weniger Geltung zumißt, als auf die „edelsten Freiheiten", die ihm als Ritter des Goldenen Vließes gewährt wurden.

Und zu diesen realistischen Fakten gehört für Egmont vor allem auch die Einsicht, daß mit einer betont wirtschaftlich orientierten, friedliebenden, an alten Sitten hangenden, konservativen und durchaus unkriegerisch gesinnten Bürgerschaft nichts politisch Entscheidendes „anzufangen" sei. Diese biederen Leute sind nicht darauf vorbereitet, mit einer gewaltsam und plötzlich gewonnen Unabhängigkeit von allen gewachsenen Ordnungsprinzipien etwas Sinnvolles zu unternehmen, da sie für ihre ökonomische und kulturelle Wohlfahrt nichts anderes erstreben als „Sicherheit und Ruhe! Ordnung und Freiheit!" Auf diese grundsätzliche Eigenart des Volkes muß Egmonts Denken und Tun bezogen bleiben, wenn ihm seine Landsleute, mit denen er sich innerlich verbunden fühlt, in ihrer gutmütigen Zuneigung zu verstehen geben, kein unbedachtes Risiko einzugehen und sich in keine hinterlistige Politik verwickeln zu lassen, die ihrer traditionellen Eigenständigkeit nur schädlich sein kann.

Es ist daher weniger überzeugend, daß Egmonts „aufgeschlossene Vertrauensseligkeit [...] zum Fehler werden kann, wenn man sie zur unrechten Zeit zur Schau trägt. [...] Und durch unangemessenes Festhalten an der ihm gewohnten Beweglichkeit alle Beweglichkeit einbüßt und durch starres Festhalten an der ihm gewohnten Lebensweise verblendet wird."[68] Egmont mag die Folgen seiner Disputation mit Alba nicht in Betracht gezogen haben, weil er nicht gewillt war, um seiner „Sicherheit" willen natürliche Wertsetzungen einer glücklichen Lebensart einzuhandeln: „daß ich fröhlich bin, die Sachen leicht nehme, rasch lebe" (6,41), ist für ihn kein Grund, die Warnung des Freundes leichtsinnig in den Wind zu schlagen und die Möglichkeit eines böswilligen Verbrechens seines alten Antigonisten nicht ernst zu nehmen. Die wirkliche Gefahr erkennt Egmont nicht allein in der

---

[68] Ebd., S. 381.

drohenden Machtentfaltung Albas, die ihm der entmenschlichte ‚Mechanismus' eines überlegenen Söldnerheeres verbürgt, sondern in der fatalen Verwicklung friedlicher Bürger in einen Wettstreit, für den ihnen die elementaren Voraussetzungen der Wehrtüchtigkeit fehlen. Feudalabsolutistische Gewaltsamkeit wird erst dann unerträglich, wenn sie sich an den grundsätzlichen humanen Lebensprinzipien des Volkes willkürlich vergeht und damit jeden Anspruch verliert, als Garant einer sinnvollen Staatsordnung zu dienen. Damit werden zwar Oraniens Befürchtungen nicht entkräftet, wohl aber sucht Egmont um des nur mühsam gestillten Landfriedens willen mit der politischen Alternative der klärenden Vermittlung eine Einigung zu erzielen, die Oranien mit der Geste seiner unbotmäßigen Flucht zu einer kampfbereiten Herausforderung machen würde, wie sie Alba scharfsinnig deutet. Wo es sich um die sittliche Grundlage einer gerechten Reichsordnung handelt, ist die Verhandlungsbereitschaft des verantwortlichen Mitglieds der Regentschaft ebenso erforderlich, wie die eines patriotisch gesinnten Statthalters. Und wo nicht seine persönlichen Privilegien als Träger des Goldenen Vließes und sein zum Reichsadel erhobener Stand als Prinz von Gaure auf dem Spiel stehen, fühlt sich Egmont umso mehr verpflichtet, dem Herzog als Gleichberechtigter zur Einsicht in die wahren politischen Verhältnisse der Provinzen zu verhelfen und den drohenden Anzeichen einer gewaltsamen und ungerechten Strafaktion entgegenzuwirken, von der schon Machiavell überzeugt war, daß sie „die Gemüter noch mehr erbittern" und „den Krieg unvermeidlich an allen Enden anblasen" (6,19) würde.

Egmonts Gewißheit, nur im Bewußtsein einer unlösbaren seelischen Verbundenheit mit seinen Landsleuten den Einsatz seiner Existenz und das „blutige Los" für den „ganzen freien Wert des Lebens" werfen zu können, gibt ihm die ethische Verspflichtung, auch das scheinbar so unvernünftige Wagnis auf sich zu nehmen. Treffend faßt K. O. Konrady die wesentliche Entschiedenheit von Egmonts Haltung zusammen: Er, „der seine ‚ungemessene Lebenslust' ausleben will und dabei zugleich für Rechte und Freiheit des Volkes eintritt, sie repräsentiert und in seiner Person beispielhaft vorlebt: so tritt er auf, so wird er gesehen. Aber Egmont ist kein Feiheitskämpfer im Sinne eines Vorkämpfers für Recht und Freiheiten, die allen Menschen in gleichem Maße zu gewähren seien. Er hat anderes im Sinne: die Erhaltung der althergebrachten Rechte und Freiheiten, wie sie im vorabsolutistischen feudalen Standesstaat jedem Stand (samt seinen Privilegien) eingeräumt waren. [...] Freiheit in Egmonts Sinn bedeutet die Bewahrung des

Alten, in langer Tradition Gewordenen und die Abwehr des Fremden, die ihm widerspricht."[69]

Wesentlich verschieden ist dagegen die These R. Whitingers, der eine feinsinnige Anspielung auf eine kunstvolle Doppeldeutigkeit in Egmonts konzilianter Vermittlerrolle zu entdecken meint, insofern „many instances in which artistic activity accompanies and punctuates the events of the drama, in which its figures discuss, cite, and imitate art works, all combine to give the drama a degree of ironic selfreflection," and „as they portray legendary title heroes cought up in their tragic struggle, also reflect on limits of the hero's grasp and control of events and on the artful nature of his triumph."[70]

Wenn Egmont schließlich von dem Mitempfinden Oraniens tief bewegt wird und der Gedanke einer ihm niemals glaubwürdigen Niedrigkeit des Königs sich mit der ehrlichen Sorglichkeit des Freundes nur als mögliche Wahrheit ungewollt auf ihn überträgt, wendet er sich instinktiv und emphatisch gegen diesen „fremden Tropfen" (6,49) in seinem Blut. Denn für ihn wäre der Zweifel an der wahren Erkenntnis der realen Umstände gleichbedeutend mit der Fragwürdigkeit seiner gewissenhaften Verhältnisse zu all denen, mit den er sich innerlich verbunden fühlt, und die auf seine Liebe, seine freundschaftliche Anteilnahme und großmütige Hingabe angewiesen sind. Das „freundlich Mittel," dieses seiner sanguinen Natur Unangemessene auszuscheiden und „von meiner Stirne die sinnenden Runzeln wegzubaden," findet er nicht allein in der Nähe Klärchens, sondern auch in der erneuten Gewißheit seiner ihm schicksalhaft zugefallenen Berufung.

2.5 Zwischen Pflicht und Neigung

Egmonts lebensfrohes, spontanes Empfinden für alle natürlichen Gegebenheiten der unmittelbaren Wirklichkeit macht es ihm leichter, Privates und Berufliches enger miteinander zu verbinden, als es der Regentin gelingt, die sich stets einer leidigen Disharmonie zwischen ihren persönlichen Herrschaftsprinzipien und den abstrakten Erwar-

---

[69] Karl Otto Conrady: *Goethe. Leben und Werk.* Königstein 1962, Bd. 1, S. 478 f.

[70] Raleigh Whitinger: „The Ironic ,Tick' of Goethe's *Egmont.* Potentials and Limits of the Modern Heroic and Poetic Ideal." In: *Goethe Yearbook* 14 (2007), p. 129.

tungen ihres königlichen Bruders ausgesetzt fühlt. „Wenn man in Mühe und Arbeit vor sich hinlebt," sucht sie sich in einem kurzen Monolog am Anfang des 3. Aufzugs zu rechtfertigen, „denkt man immer, man tue das Möglichste; und der von weitem zusieht und befiehlt, glaubt, er verlange nur das Mögliche" (6,50). Sie findet es „so schön zu herrschen", aber nicht um ihres Machtbewußtseins willen, sondern weil ihr weibliches Einfühlungsvermögen die friedliche Gesinnung der Untergebenen zu beeinflussen wußte, wie es Egmont erkannte, „die Gärung, die ein Volk ergreift, der Sturm, den Nebenbuhler gegeneinander erregen, sich durch *ein* freundlich Wort beilegen ließe, und die widrigsten Elemente sich zu ihren Füßen in sanfter Eintracht vereinigten" (6,44). Und das war nicht nur ihre gutwillige Absicht, sondern die weitgehende Beruhigung der Aufstände noch vor der Ankunft Albas und des Heeres war der fraglose Erfolg ihrer Regentschaft. Jetzt aber wird sie zu einer Abdankung gezwungen, die alles zu zerstören droht, was sie mit Mühe und innerer Zuneigung zu erreichen bestrebt war. Sie ist zutiefst betroffen und gekränkt über die kalte Unpersönlichkeit Philipps, der „nur von weitem zusieht und befiehlt," und ohne Rücksicht auf ihre Gemütsverfassung sieht sie sich mit verlogenen Phrasen und heuchlerisch übertriebenen Lobreden eines vom Staatssekretär verfaßten, aber für einen Bruder „viel zu schön geschriebenen" Briefes unvermittelt ihres Amtes enthoben, das sie mit so viel Hingabe zu erfüllen suchte. Sie konnte das Wesentliche zwischen den Zeilen dieser „rednerischen Figur" leicht entziffern, „daß ein tüchtiger General, so einer, der gar keine Raison annimmt, gar bald mit Volk und Adel, Bürgern und Bauern fertig werden könne," was ihrer weiblichen Überredungsmethode offenbar nicht gelungen ist „– und schickt deswegen mit einem starken Heere – den Herzog Alba" (6,51).

Margarete spürt in dieser unaufrichtigen, doppelzüngigen und verlogenen Weise ihrer Behandlung nicht allein die entwürdigende Willkür der absolutistischen Herrschaftsmanier, sondern auch den Einfluß einer groben, rücksichtslosen Machtgier. Sie kennt die allzu wankelmütige Unschlüssigkeit des königlichen Staatsrates: „Sie möchten's gern gesäubert und gekehrt haben; und weil sie selbst nicht zugreifen, so findet ein jeder Vertrauen, der mit dem Besen in der Hand kommt" (6,51). Die Lösung politischer Probleme wird wesentlich vereinfacht, wenn sie der tatkräftigen Gewalt eines brutalen Handlungseifrigen anvertraut werden kann. Margarete weiß, daß auch „gute Menschen" diesem „Conseil" angehören: „Der ehrliche Rodrich, der so erfahren und mäßig ist, nicht zu hoch will, und doch nichts fallen läßt, der gerade Alonzo, der fleißige Freneda, der feste Las Vargas, und noch einige die mitgehen, wenn die gute Partie mächtig wird." Aber all diese vertrauten Berater haben in der Atmosphäre der orthodoxen Rechtsansprüche nicht den Mut, die wahren Verhältnisse unvoreingenommen zu beurteilen und daraus eine sinnvolle Taktik vorzuschlagen, der sich auch jene anderen anschießen würden, die sich zu keiner Entscheidung befähigt fühlen. Auf diesem bedauerlichen Vakuum gewichtiger Einsichten, nicht aber auf gültigen Erkenntnissen beruht der Wechsel der Strategie des Königs, und die chauvinistischen Scherze des zynischen und ambitiösen Herzogs geben der Wahl der kriegerischen Unterdrückung den Ausschlag. „Da sitzt aber der hohläugige Toledaner mit der ehernen Stirne und dem tiefen Feuerblick, murmelt zwischen den Zähnen von Weibergüte und daß Frauen wohl von zugerittenen Pferden sich tragen lassen, selbst aber schlechte Stallmeister sind [...]. Jeder ist bei ihm gleich ein Gotteslästerer, ein Majestätsschänder: denn aus diesem Kapitel kann man sie alle sogleich rädern, pfählen, vierteilen und verbrennen" (6,51 f.).

So sehr es Margarete dem Bruder verübelt, sie mit den leeren Phrasen und ohne triftige Gründe ihres Amtes zu entsetzen, ihre wahre Mißbilligung richtet sich gegen die hinterlistigen und selbstsüchtigen Motive des machtgierigen Herzogs, dem sie allein die rücksichtslose Unterdrückung der bereits beruhigten Niederländer zutraut, um einem nur befürchteten Bürgerkrieg vorzubeugen. Philipp mag ihm die Wahl der militärischen Mittel freigestellt haben, ob er ihm aber die majestätische Rechtsgewalt übertragen hatte, die im Ancien régime an keine politische Staatsraison, sondern nur an die gottbegnadete Person des Königs gebunden sein kann, ist höchst fragwürdig. Hier geht es nicht um das Recht des Handelns, sondern um die zweifelhaften Charaktereigenschaften des Bevollmächtigten, der sich ungerecht und unter falschen Beweggründen diese Bestallung ergattert hatte.

Goethe scheint es für notwendig erachtet zu haben, in dieser Szene nicht allein die Enttäuschung und den berechtigten Ärger der Regentin über die unpersönliche und zweideutige Weise, jemand aus dem Amt zu verdrängen, „ohne ihm seine Bestallung zu nehmen," eindringlich zu verdeutlichen. Sie beschuldigt hier nicht nur die unweise Entscheidung des Königs, sondern weit stärker die hinterlistige und verlogene Art Albas, seine kriegerische Mission dringender erscheinen zu lassen, als es die wahre Situation verlangt. „Da hängt er sich an jeden Mutwillen, der vorbei ist; und es wird dem König vor den Augen so voll Meuterei, Aufruhr und Tollkühnheit, daß er sich vorstellt, sie fräßen sich hier einander auf, wenn eine flüchtig vorübergehende Ungezogenheit eines rohen Volkes bei uns lange vergessen ist. Da faßt er einen recht herzlichen Haß auf die armen Leute; sie kommen ihm abscheulich, ja wie Tiere und Unheuer vor; er sieht sich nach Feuer und Schwert um, und wähnt, so bändige man Menschen" (6,52). Es ist die absichtliche und selbstsüchtige Zerstörung des für die Einheit des Reiches so grundlegenden Landfriedens, die sie als verdammliche Unehrlichkeit und intrigante Böswilligkeit betrachtet: „Was ich mit unsäglicher Geduld beruhigte, wird er durch Härte und Grausamkeiten wieder aufhetzen; ich werde vor meinen Augen mein Werk verloren sehen, und überdies noch die Schuld zu tragen haben" (6,53). Margarete empfindet es schmerzlich, keine andere Wahl zu haben, als „stille zu sein" und „ihm mit der besten Art Platz zu machen," obgleich ihr dies nicht nur um der eigenen Würde willen äußerst schwer wird. „Wer zu herrschen gewohnt ist, wer's hergebracht hat, daß jeden Tag das Schicksal von Tausenden in seiner Hand liegt, steigt vom Throne wie ins Grab. Aber besser so, als einem Gespenste gleich unter den Lebenden bleiben" (6,53).

Darin wird erneut deutlich, daß Goethes poetische Darstellung nicht in der krassen Gegensätzlichkeit widersprüchlicher Geisteshaltungen kulminiert, sondern in weit vielfältiger und komplexer Weise individuelle Charaktereigenschaften ins Spiel setzt, die dem Drama eine innere Dynamik vermitteln und eine unaufhaltsame Wandelbarkeit zeitlicher Verhältnisse spürbar machen, der auch der Einzelne schicksalhaft unterworfen ist. Obgleich Margarete sich mit der herzlosen Unpersönlichkeit ihres zelotisch beschränkten Bruders verstimmt abzufinden bereit ist, liegt ihrer zornigen Ablehnung des „hohläugigen Toledaners" die desmaskierende Anklage einer selbstsüchtigen Machtgier zugrunde, die grundsätzlich jedes sinnvolle Herrschaftsprinzip zu untergraben droht und durch Unfrieden und gerechten Widerstand der Sicherheit und Einheit des Reiches gefährdet. Vor allem aber beschuldigt sie Alba, den König mit lügenhaften und übertrieben unheilvoll gehaltenen Darstellungen der wahren Zustände beeinflußt zu haben, welche den militanten Eingriff in die bereits beruhigten Verhältnisse notwendig machen und ihm unbeschränkte Vollmachten willkürlichen Handelns verschaffen sollte. Margaretes Charakterisierung des Herzogs läßt keinen Zweifel darüber, daß der verhängnisvolle Wechsel der spanischen Politik von den Berechnungen eines rücksichtslosen, egoistischen und opportunistischen Glücksspielers bewirkt wurde.

Mit der Mahnung von Klärchens Mutter in der folgenden Szene, daß auch „die Jugend und die schöne Liebe" mit der Zeit ihrem unvermeidlichen Ende entgegengehen müsse und es daher ratsam wäre, den getreuen Brackenburg „in Ehren zu halten", der sie „noch einmal glücklich machen kann" (6,54), wird die fatale Relativierung sittlicher Grundsätze erneut in den Vordergrund gerückt. Allein der Gedanke, eine Wahl wie diese treffen zu können, löst nach einem nachdenklichen Augenblick in Klärchen einen höchst emotionalen Widerspruch gegen die Vorstellung aus, von zeit-ichen Umständen dazu gezwungen zu sein, ihrer Liebe untreu zu werden, die das einzige Glück ihrer Seele ausmacht: „Mutter, laßt die Zeit kommen wie den Tod. Daran vorzudenken ist schreckhaft! – Und wenn er kommt! Wenn wir müssen – dann – wollen wir uns gebärden, wie wir können – Egmont, ich dich entbehren! – *In Tränen.* Nein, es ist nicht möglich, nicht möglich" (6,54).

Und doch wissen wir, wie es auch die Zuschauer des Dramas ahnen, daß diese Trennung in absehbarer Zeit unvermeidlich bevorsteht. Die Bewältigung des Schicksals, die „uns allen aufgelegt ist," wie es in *Dichtung und Wahrheit* heißt, stellt uns oft wenig vor die Wahl der Möglichkeiten, sondern läßt uns, wie Klärchen, angesichts der „allmächtigen Zeit" schaudernd empfindet, unvermeidlich der Entscheidung zwischen Leben und Tod überantwortet zu sein. Denn liegt nicht hier die absolute Begrenzung der uns eingeborenen individuellen Freiheit? Und welcher Begründung bedarf der engagierte Zuschauer, von der durch keinen vernünftigen Vorbehalt zu erschütternde Liebe Klärchens überzeugt zu sein?

Was den „fremden Tropfen" des Zweifels aus dem Blut Egmonts auszuwerfen vermag, ist nicht diese Versicherung, daß die Überwindung aller verwickelnden politischen Probleme eine Welt der Erfüllung individueller Hoffnungen und Bestrebungen bedarf, sondern daß diese Liebe, die ihm in dieser unbedingten und selbstlosen Weise entgegengebracht wird, eine sinnvolle Erwiderung verlangt, daß sie sich auch in ihm stärker und wirksamer erweist als alle nur spontan und rein subjektiv aufwallenden Gefühle. Ginge es um nichts Wichtigeres als um eine Sphäre der Unabhängigkeit und idyllischen Geborgenheit von allen Anfechtungen eines dämonisch durchsetzten Daseins, so wäre die Flucht zu Klärchens Wohnung der einzig mögliche Ort, die von Oranien so überzeugend gemachte, vorsorgende Ausweichstrategie mit einem ihm weit gefälligeren ‚Schachzug' zu ersetzen. Müßte nicht aus reinen Vernunftgründen das recht ungewiß artikulierte Ideal eines

„ganzen freien Werts des Lebens" dem elementaren Selbsterhaltungstrieb der menschlichen Natur untergeordnet werden?

Goethe beantwortet diese Frage mit einer plastischen Darstellung, die keinen Zweifel darüber läßt, daß Egmont eine gänzlich freie Entscheidung gefällt hat, die dem Entschluß Klärchens nicht nachsteht, eher den Tod zu erleiden, als ihrer Liebe untreu zu werden. Denn Egmonts überraschender Auftritt im Staatsgewand eines spanischen Grande mag zunächst als launenhafter Einfall eines sorglos-leichtlebigen Aristokraten erscheinen, dessen früheres Bekenntnis, „zu der spanischen Lebensart nicht einen Blutstropfen in meinen Adern" zu haben nicht ganz ernst gemeint sein konnte. Oder ist es nur die schützende Verschanzung hinter der Würde einer fürstlichen Autorität in vorsorgender Postierung gegen den intriganten Ezfeind, von der er wußte, „daß der schon tot ist, der um seiner Sicherheit willen lebt" (6,41)? – Es gilt vielmehr in dieser intimen Begegnung nichts Wesentlicheres erneut zur Erscheinung zu bringen, als seine wahre, innere Haltung nicht allein seiner bürgerlichen Geliebten gegenüber, sondern all denen, die auf sein Denken und Tun existentiell angewiesen sind. Goethe hatte sicherlich nicht die Absicht, Egmont mit einem trivialen Einfall seiner Eitelkeit das arme Bürgermädchen beeindrucken zu wollen. Was hier zum symbolischen Ausdruck gelangt, ist die erhoffte Vergewisserung, daß es ihm nur als Gleichberechtigter der spanischen Adels gelingen könne, eine erfolgreiche und authentische Repräsentanz der Provinzen zu leisten, ohne als Vertreter rein nationalistischer und ketzerischer Unabhängigkeitstendenzen verdächtigt zu werden und damit seine beabsichtige konziliante Ausgleichspolitik als rebellische Unbotmäßigkeit erscheinen zu lassen.

Für seinen tapferen und selbstlosen Einsatz für die unabdingliche Erhaltung der rechtmäßigen Zusammengehörigkeit der Provinzen mit dem spanischen Königreich hatte ihm Philipp II. die Auszeichnung der Standeserhöhung zum Prinzen von Gaure und zum Ritter des Goldenen Vließes zuerkannt. Diese Ehrungen werden zwar von Klärchen „als Zeichen alles Großen und Kostbaren" (6,56) entsprechend bewundert, aber es bleibt dem sensiblen Gemüt Klärchens vorbehalten, ganz gewiß zu sein, daß wahre Liebe niemals mit dem vergleichbar ist, was man „mit Müh und Fleiß erworben" hat, sondern ausschließlich auf der Freiheit der schenkenden Hingabe beruht, um die man sich nicht bewerben kann, „und die Leute erhalten sie auch meist allein, die nicht darnach jagen" (6,56). Aus dieser Empfindung schicksalhafter Begnadigung entspringt auch ihre Frage nach dem bestimmenden Grund seines innersten Wesens: „Hast du das von dir abgenommen. Hast du diese stolze Anmerkung über dich selbst gemacht? du, den alles Volk liebt?" (6,56) Und in der anspruchslosen Erkenntnis, seine psychische Verpflichtung dieser freien Zuneigung seiner Landsleute gegenüber nicht wirksam genug erfüllt zu haben, erwidert Egmont: „Hätt ich nur etwas für sie getan! könnt ich etwas für sie tun! Es ist ihr guter Wille, mich zu lieben" (6,56).

Und da von Liebe die Rede ist, sucht sich Klärchen auch über Egmonts Verhältnis zur Regentin zu informieren, von der sie ahnt, daß sie in ihrem „männlichen Geist" so ganz anders als „wir Nähterinnen und Köchinnen [...] eine majestätische Frau [...] groß, herzhaft, entschlossen" (6,57) sein müsse und einen weit tieferen Eindruck auf Egmont machen könnte, als sie als einfaches Bürgermädchen, dem es nicht ansteht, ihre Augen vor ihr aufschlagen zu dürfen. Nur die Versicherung seiner unwandelbaren Zuneigung ermutigt sie zu dem Bekenntnis: „Laß mich schweigen! Laß mich dich halten. Laß mich dir in die Augen sehen; alles darin finden, Trost, Hoffnung und Freude und Kummer. *Sie umarmt ihn und sieht ihn an.* Sag mir! Sage! ich begreife nicht! bist du Egmont? der Graf Egmont? der große Egmont, der so viel Aufsehen macht, von dem in Zeitungen steht, an dem die Provinzen hängen?" (6,58)

Mit einer so glorreichen Belobigung kann sich Egmont jedoch nicht identifizieren, da sein Amt eine weit realistischere Handlungsweise von ihm fordert: „Jener Egmont ist ein verdrießlicher, steifer, kalter Egmont, der an sich halten, bald dieses, bald jenes Gesicht machen muß; geplagt, verkannt, verwickelt, wenn ihn die Leute für froh und fröhlich halten" (6,58). Dies bezieht sich nur auf seinen Ruf und die äußere Erscheinung. Wesentlicher aber ist seine eigene Beurteilung derer, die sich freiwillig seiner Führung des von den „Sonnenpferden der Zeit" voran getriebenen „leichten Wagens" unseres Schicksals anvertraut haben. Er fühlt sich „geehrt und in die Höhe getragen von einer Menge, mit der nichts anzufangen ist," weil in der undefinierbaren Vielfalt der Bevölkerung sittliche Begriffe ebenso wie individuelle Eigenschaften sich zu relativieren neigen. Wo unbeschränkte Handlungsfreiheit besteht, läuft der Einzelne Gefahr, wie der Ziegendieb des prometheischen Ur-Volkes, durch die Eigenwilligkeit seines Tuns am sittlichen Empfinden der Gemeinschaft schuldig zu werden.

Schmerzlicher noch scheint er die Isolierung und den Mangel an Gemeinsamkeit zu empfinden, wenn er meint, „umgeben von Freunden (zu sein), denen er sich nicht überlassen darf; beobachtet von Menschen, die ihm auf alle Weise beikommen möchten; arbeitend und sich bemühend, oft ohne Zweck, meist ohne Lohn" (6,58). Darin klingt ein Echo von dem an, wie deprimierend der Regentin bei der Bewertung ihrer humanen Regierungsweise zu Mute war: „Ich weiß wohl, daß Politik selten Treu und Glauben halten kann, daß sie Offenheit, Gutherzigkeit, Nachgiebigkeit aus unserem Herzen ausschließt" (6,19). So scheint auch Egmont in seinem idealsten Streben, sich unter dem Schutz der ihm gewährten „edelsten Freiheiten" der Verwirklichung des „ganzen freien Werts des Lebens" zu widmen. Dennoch ist er von der fatalen Ambivalenz eines harten Müssens nicht verschont geblieben, die seine gesamte Lebensweise in ein fragwürdiges Licht rücken würde, gäbe es nicht diesen ‚anderen Egmont': „Aber dieser, Klärchen, der ist ruhig, offen, glücklich, geliebt und gekannt, von dem besten Herzen, das auch er ganz kennt und mit voller Liebe und Zutrauen an das seine drückt. *Er umarmt sie.* Das ist *dein* Egmont!" (6,58). In diesem Bekenntnis bekundet sich keine absolute Freiheit des auf selbstbewußte Eigenheit gerichteten Individuums, sondern die Erfüllung einer seelischen Verbundenheit, die über die unmittelbare Nähe der Geliebten hinausreicht und alle diejenigen umschließt, die auf die freiwillige und opferbereite Hingabe seines ganzen Wesens angewiesen sind.

2.6 Politik und Schicksal

Goethe war sicher kein Gegner der Politik, wenn er aber in seinem 70. Jahre zu Eckermann erwähnt: „Wir Neueren sagen jetzt besser mit Napoleon: Die Politik ist das Schicksal" (24,508 f.), so werden wir in dem ‚Jetzt' des „eisernen Zeitalters" nicht den skeptisch-ironischen Ton dieser Bekenntnis überhören. Denn im gleichen Zusammenhang zählt er es zu seinem „politischen Glaubensbekenntnis jener Zeit," daß er kein „Freund herrischer Willkür" und daher „vollkommen überzeugt" war, „daß irgendeine große Revolution nie Schuld des Volkes ist, sondern der Regierung. Revolutionen sind ganz unmöglich, sobald die Regierungen fortwährend gerecht und fortwährend wach sind, so daß sie ihnen durch zeitgemäße Verbesserungen entgegenkommen und sich nicht so lange sträuben, bis das Notwendige von unten her erzwungen wird" (24,550). Niemals war er bereit, sich dem Zeitgeist anzupassen. „In religiösen Dingen, in wissenschaftlichen und politischen, überall machte es mir zu schaffen, daß ich nicht heuchelte und daß ich den Mut hatte mich auszusprechen, wie ich empfand" (24,547 f.).

In seinem politischen Drama *Die Aufgeregten* deutet er auf die „durchaus respektable Gesinnung" der Gräfin, die sich in Paris überzeugt hatte, „daß das Volk wohl zu drücken, nicht aber zu unterdrücken ist und daß die revolutionären Aufstände der unteren Klassen eine Folge der Ungerechtigkeiten der Großen sind," worauf Eckermann erwidert: „Man braucht nur den Egmont zu lesen, [...] um zu erfahren, wie Sie denken. Ich kenne kein deutsches Stück, wo der Freiheit des Volkes mehr das Wort geredet würde als in diesem" (24,549).

Bemerkenswert aber ist, daß Goethe im gleichen Drama den Versuch einer Revolution nach französischem Muster im kleinbürgerlichen Bereich einer deutschen Provinzstadt unter der intriganten Aufwiegelung eines dünkelhaften, selbstgefälligen und prahlerischen Chirurgus Breme von Bremerfeld, in ironisch-komödiantischer Weise scheitern läßt, weil sich seine Tochter in einen Baron und Vertreter dieser verhaßten aristokratischen Klasse verliebt hatte und zudem entdeckt wurde, daß der von der Gräfin bereits unterzeichnete „Rezeß" von einem arglistischen, liberalistischen Amtmann unterschlagen wurde, der den Landleuten die knechtischen Frondienste erließ, um derentwegen die gesamte politische Aufregung erfolgte, die eine radikale Umkehrung der bestehenden Gesellschaftsordnung bewirken sollte.

Was in diesem Zusammenhang Goethe als die eigentliche Politik zur Darstellung bringt, ist keine sprichwörtliche Macht- oder Real-Politik einer brutalen, rücksichtslosen Despotie, sondern die einer verantwortlichen, gewissenhaften Gutsbesitzerin, die aufgrund persönlicher Erfahrungen im Revolutions-Chaos von Paris zu der Einsicht gelangt war, daß „sich Unbilligkeit von Geschlecht zu Geschlecht so leicht aufhäuft, wie großmütige Handlungen meistenteils nur persönlich sind und der Eigennutz allein gleichsam erblich wird, [...] daß die menschliche Natur auf einen unglaublichen Grad gedrückt und erniedrigt, aber nicht unterdrückt und vernichtet werden kann: so habe ich mir fest vorgenommen, jede einzelne Handlung, die mir unbillig scheint, streng zu vermeiden und unter den Meinigen, in Gesellschaft, bei Hof, in der Stadt über solche Handlungen meine Meinung laut zu sagen. Zu keiner Ungerechtigkeit will ich mehr schweigen, keine Kleinheit unter einem großen Scheine ertragen, und wenn ich auch unter dem verhaßten Namen einer Demokratin verschrien werden sollte" (6, 271).

Wo also von Politik die Rede ist, die von Menschen gemacht wird, kann für Goethe auch die erleuchtete Geisteshaltung eines genialen Feldherrn nicht mit der Schicksalsmacht einer höheren Weltordnung verwechselt werden. Napoleons Ambitionen einer absoluten und rücksichtslosen Entfaltung und Erweiterung rein subjektiver Macht ist weder dem antiken Fatum, noch der Wohlfahrt einer stadt-staatlichen *Polis* verpflichtet. An der Hilflosigkeit angsterfüllter Gemüter sowie friedlicher und zu keiner nationalen Unabhängigkeit neigenden Bürger macht Goethe keine schicksalhafte Unvermeidlichkeit, sondern die unmoralische Verletzung natürlicher Menschenrechte erlebbar.

Weniger bedrohlich wird das Erscheinen des spanischen Heeres empfunden, als die unvergleichlich arglistigen und feindseligen Verordnungen Albas, grundsätzliche Rechte und soziale Gewohnheiten als Hochverrat zu erklären und standgerichtlich zu bestrafen. Noch gewalttätiger und unsittlicher ist die Aufforderung, daß „Väter, Mütter, Kinder, Verwandte, Dienstboten eingeladen (werden), was im Innersten des Hauses vorgeht, bei dem besonderen niedergesetzten Gerichte zu offenbaren", um jegliche politische Regung im Keim zu ersticken. Und es wird gerade hier deutlich, daß es nicht dem gemeinen Untertanen zukommt, an erster Stelle dieser Vergewaltigung eines loyalen Teils des Reiches rebellisch entgegen zu wirken. Mit Recht erhebt Zimmermann die Anklage: „Gott verzeih's dem Adel, daß er uns diese Geißel über den Hals gelassen hat. Sie hätten es abwenden können. Unsere Privilegien sind hin" (6,60). Selbst wenn man auf keinen wirksamen Einfluß des Adels rechnen würde, die Tatsache, daß die Regentin und Oranien sich jeder Verantwortung dieser zersetzenden Gefahr despotischer Gewalt gegenüber entzogen zu haben scheinen, verschlimmert die verzweifelte Lage der Bürger. Nur die Gewißheit, daß Egmont noch da ist, läßt den unbeherzten Schneider hoffen: „Stärken ihn alle Heiligen, daß er sein Bestes tut; der ist allein was vermögend" (6,61).

Mit dem Auftritt Vansens wird erneut das prekäre Verhältnis von Macht und Sittlichkeit, individueller Rechtlichkeit und dominierender Staatsraison zum Gegenstand der Dialoge gemacht, die der Wirklichkeit der politischen Lage einen tieferen Einblick bieten. Es fällt dem „verwegenen Taugenichts" Vansen nicht schwer, die vom Erscheinen Albas und des spanischen Heeres verängstigten Handwerksleute mit spottendem Sarkasmus an ihre Wehrlosigkeit zu erinnern. Er sieht sich in der verächtlichen Einsicht bestätigt, daß ihre friedliche und unterwürfige Lebensweise sie aus eigener Schuld in diese schamvolle Lage versetzt und sich ihr Vertrauen in die Redlichkeit ihrer Vorgesetzten als

Selbstbetrug erwiesen hat. Er verhöhnt sie in ihrer deutlichen Hilflosigkeit, der erniedrigenden Gewalt nichts entgegensetzen zu können wie „armselige Mäuse, die gleich verzweifeln, wenn der Hausherr eine neue Katze anschafft!" (6,61). Und Vansen ist sich auch hochmütig bewußt, daß diese unsoldatischen, bürgerlich beschränkten Gemüter seinen schlau berechnenden, demagogischen Argumenten nichts Überzeugendes zu erwidern haben. Denn die absolute, von allen höheren und allgemein verbindlichen Gesetzmäßigkeiten entbundene Handlungsweise kennt nur die skrupellose Erweiterung und Erhaltung ihrer unbeschränkten Willensautonomie. Ihre Berechtigung dokumentiert die scheinbar so feige und selbstsüchtige Unwilligkeit eines zu unterwürfigem Pazifismus verdorbenen Geschlechts, sich tapfer und selbstbewußt dem barbarischen Existenzkampf auf Leben und Tod zu stellen. Das läßt den sich hochmütig und überlegen gebärdenden demagogischen Aufwiegler triumphieren, der selbst nicht geneigt ist, sich zu den rebellischen, bilderstürmischen Aufständigen der protestantischen Brüder in Flandern zu gesellen. Und er sieht sich bestätigt, wenn der biedere Zimmermeister seine herausfordernde Frage nicht zu beantworten vermag, ob er es ändern könne, wenn dem allseitig geliebten und vertrauten Egmont nach seinem Leben getrachtet wird. „Willst du einen Aufruhr erregen, wenn sie ihn gefangen nehmen?" (6,62).

Vansen genießt gleichsam seine dekadente Rechthaberei, wenn er Albas Wesen mit dem Prototyp einer der gefährlichsten Kreuzspinnen vergleicht, „so einer langfüßigen, schmalleibigen, die von Fraße nicht feist wird und recht dünne Fäden zieht, aber desto zähere" (6,64), meint aber, da er vorgibt, die Statthalter zu kennen, daß auch er mit der Zeit seine bösartigen Manieren ablegen würde. Für Egmont fürchtet er nur die korrupten, bösartigen Winkelzüge der inquisitorischen Verhöre. Dagegen erinnert der Schneider Jetter an die einzig rettende Standeshöhe ihres allseitig verehrten Grafen: „Egmont ist Ritter des Goldenen Vließes; wer darf Hand an ihn legen? Nur von seines Gleichen kann er gerichtet werden, nur vom gesamten Orden" (6,64).

Goethe bringt diese Gespräche nicht zu einem vermittelnden Ausgleich zwischen den furchtsamen und äußerst besorgten Brüsseler Bürgern und dem zu Aufruhr und Umsturz hetzenden Schreiber, der sich brüstet, alles Wesentliche dieser komplexen Situation durchschaut und alles Verhängnisvolle vorausgesehen zu haben. Ihn erfüllt die Genugtuung, den historisch wenig gebildeten Geschäftsleuten „wie auch Egmont an politischer Einsicht weit überlegen" zu sein und ihnen das einzig Ratsame suggerieren zu müssen, sich im gewaltsamen Umsturz von jeder Übermacht zu befreien. Dem stimmt auch H. Reiss zu: „Egmont, too, (like some burghers), deprecates the agitation formented by Vansen. Yet, Vansen's political judgement is sound, whereas that of Egmont and the burghers is not. Egmont's easy ways and the burghers sobriety make them insensitive to the changing political wind and therefore blind to danger. Events prove Vansen right at the end."[71] Goethe läßt jedoch keinen Zweifel darüber, daß Vansens großspurige Redeweisen kaum der belehrenden Aufklärung der realistisch denkenden und sittlich empfindenden Bürger dienen, sondern weit mehr seiner Selbstverherrlichung und sozialen Selbstbehauptung aufzuhelfen gemeint sind, die ihm der Ruf eines „verwegenen Taugenichts" und „Branntweinzapfs" streitig gemacht hatte. Damals wurde er für seine unlauteren Absichten mit Faustschlägen verabschiedet, weil man die Unredlichkeit seiner Freiheits-Proklamtionen durchschaute, die nur zur Zerstörung der bestehenden Ordnung führen kann. Jetzt erregt er den Ärger der Mitbürger, weil er versucht, in den Wahrheitsgehalt der vergangenen und abgelebten Begebenheiten das lügnerische „Gespinst" seiner aufhetzenden Reden zu mischen. Unter den gegenwärtigen Umständen können diese Umtriebe nichts Schlimmeres heraufbeschwören, als einen verheerenden Bürgerkrieg, der nicht die ersehnte Freiheit und Sicherheit, sondern nur die brutale Vernichtung ihrer mühsam erstrebten sozialen Verhältnisse zur Folge haben würde. Und allein auf die Erhaltung dieses grundsätzlichen „ganzen freien Werts des Lebens," ist auch Egmonts innere Berufung gerichtet.

2.7 Macht und Recht

Nirgends wie in der einleitenden Szene des dritten Aufzugs hat Goethe deutlicher zum Ausdruck gebracht, „wie sich aus der Gesprächssituation eine vielfältige Dramatik entwickelt, die den Sinn von Freiheit und Gesetz auf wechselnde Weise umspielt."[72] Denn es handelt sich hier nicht allein um die berechtigte Klage der Regentin, von ihrem Bruder auf so ungerechte und unpersönliche Weise von ihrem Postens verdrängt zu werden, den sie mit so viel Gewissenhaftigkeit und Mitempfinden auszufüllen bemüht war. Weit mehr besorgte sie sich das

---

[71] Hans Reiss: „Goethe, Möser and the Aufklärung: The Holy Roman Empire in *Götz von Berlichingen* and *Egmont.*" In: *Dt. Vjschr.* 60 (1986), S. 627.
[72] Paul Böckmann, a. a. O., S. 154.

Schicksal der Provinzen, da sie Philipps Entscheidung nur der übertriebenen und verlogenen Darstellung der wahren Verhältnisse zuschreiben konnte, wodurch sich Alba als „tüchtiger General [...], der gar keine Raison annimmt, gar bald mit Volk und Adel, Gürgern unf Bauern fertig werden könne" (6,51) auf ungerechte Weise zu einer kaum begrenzten Machtposition gelangt war, deren negative Auswirkungen „den Krieg," wie es Machiavell voraussah „unvermeidlich an allen Enden anblasen wird" (6,19). Margarete war überzeut, daß die „schrecklichen Begebenheiten" in Flandern nicht auf die leicht zu behebenden Unzufriedenheiten der Niederländer mit den hergebrachten Verwaltungsprinzipien absolutistischer Staatraison zurückzuführen sind, sondern auf die aufwiegelnden Lehren fremder Reformatoren. Was Margarete ihren sonst so friedlichen und besonnenen Untertanen als „Ungezogenheit" vorwirft, kann der natürliche Neigung des niederländischen Volkes angesehen werden, sich zu äußeren Einflüssen einer Welt, in der sich „um uns alles ändert" offener und rezeptiver zu verhalten, als es der spanischen Lebensweise angemessen schien.

Margaretes Beurteilung der politischen Situation des Reiches deutet auf die fatale Ambivalenz in Philipps Entscheidung, die reformatorischen Bewegungen mit allen verfügbaren Mitteln bekämpfen zu müssen, die der Zeitgeist über Europa und nun auch über einen Teil seines Reiches verhängt hat. Er hatte allen Grund, in den unverkennbaren Anzeichen prinzipieller Wandlungen der europäischen Geschichte, die von der Reformation und den aufklärerischen Tendenzen eines reiferen Bürgertums vorangetrieben wurde, eine wesentliche Bedrohung der dynastisch-absolutistischen Autonomie zu fürchten. Dies und sein starrer Glaubenseifer, „daß er Ruhe und Einigkeit auf Kosten der Religion nicht hergestellt wissen will" (6,19), treibt ihn zu dem unbesonnenen Entschluß, die Provinzen mit der Gewalt des Heeres unter Albas Initiative nicht nur zur Ruhe zu zwingen, sondern sie der willkürlichen Unterdrückung des gewissenlosen Usurpators der Staatsgewalt auszuliefern. Selbst wenn die Regentin nur allzu deutlich bewußt ist, „daß Politik selten Treu und Glauben halten kann, daß sie Offenheit, Gutherzigkeit, Nachgiebigkeit aus unseren Herzen ausschließt" (6,19), betrachtet sie die intrigante Bewerbung Albas um die Regentschaft der Provinzen als eine ganz ungewöhnlich böswillge Tücke, sich auf diese unehrliche Weise seine Machtposition im Reiche zu sichern.

Sehr fraglich aber bleibt es, ob mit der Erlaubnis des freien Handelns im militärischen Bereich zugleich die Übertragung des majestätischen Vorrechts der Rechtssprechung verbunden wäre. Das hatte Oranien vermutet, weil er nach seinen Vorstellungen zu errechnen glaubte, daß der stark bedrängte, zum zelotischen Glaubenseifer neigende Philipp keine andere Wahl in Betracht ziehen würde. Hier aber gibt Goethe dem Standpunkt der Regentin, die mit den Vorgängen am königlichen Rat vertraut ist, in der Beurteilung des eigenwilligen und feindseligen Charakters Albas mehr Gewicht, ohne jedoch auf die Möglichkeit anzuspielen, daß Philipp fähig wäre, mit Alba einen geheimen meuchelmörderischen Komplott gegen prominente Adlige zu schmieden. Sie kennt ihren Bruder als herzlosen, der unteilbaren Reichseinheit und Glaubensgemeinschaft dienenden, eigenwilligen Machthaber, nicht jedoch als gewissenlosen Tyrannen, der mit einem so haßerfüllten und böswilligen Charakter vorbeugende, verbrecherische Untaten gegen verdienstvolle und keiner Schuld angeklagten Adligen des Reiches zu begehen geneigt wäre. Es ging Philipp nach Margaretes Meinung nur um eine weniger einfühlende, und sympathische Behandlung vorübergehender Unbotmäßigkeiten, um der Gesamtheit von „Volk und Adel, Bürger und Bauern" wissen zu lassen, daß er jederzeit entschlossen sei, jegliche revolutionäre Bewegung entschieden zu unterbinden. Seine betont christliche Haltung macht es ihr unwahrscheinlich, daß er um der majestätischen Autorität willen tyrannische Gewaltmaßnahmen zu befürworten geneigt sei und es Alba frei gestellt hätte, jegliche als rebellisch erscheinende Regung einzelner Provinzler gnadenlos mit „Feuer und Schwert" als revolutionäre Häresie zu verfolgen.

Jedoch läßt die Darstellung der Vorgänge im Culenburgischen Palast, der Wohnung Albas, keinen Zweifel darüber, daß sich hier etwas abspielt, was unter allen Umständen im Geheimen vollzogen und selbst dem Verständnis der unmittelbar Beteiligten ebenso wie der gesamten Öffentlichkeit undurchaubar bleiben sollte. Selbst der vertrauteste Dienstmann Silva kann dem verwunderten Kollegen Gomez keine triftige Antwort auf dessen Frage nach der Ursache der Befehle geben, die anscheinend alle betreffen, jedoch „keiner weiß von dem andern; jeder glaubt, der Befehl gehe ihn allein an, und in einem Augenblick kann alsdann der Kordon gezogen werden, und alle Zugänge zum Palast können besetzt sein" (6,64).

Das ist sicher keine militärische Maßnahme, die weder einer Verteidigung noch einem Angriff nützen würde, zumal es dem praktischen Dienstmann unschwer erkennbar ist, daß dem Heer eine bereits beruhigte Provinz der eigenen Reichseinheit, aber keine feindliche Macht gegenüber steht. Silva muß sich daher zu einer halb ausweichenden, halb zurechtweisenden Erwiderung entschließen, daß er gewohnt sei, „blindlings zu gehorchen. Und wem gehorcht sich's leichter als dem Herzog? da bald der Ausgang beweist, daß er recht befohlen hat" (6,64 f.). Gomez, der „den leichteren italienischen Dienst gewohnt" war, findet diese spanische Art des Dienstes äußerst befremdend, sich verschlossen und einsilbig ganz dem Willen des Gewaltigen zu unterwerfen. „Ihr schweigt alle und laßt es euch nie wohl sein. Der Herzog gleicht mir einem ehrnen Turm, ohne Pforte, wozu die Besatzung Flügel hätte." Weit deutlicher noch weist seine zusätzliche Bemerkung auf Margaretes „gelbbraun, gallenschwarz" getönte Charakter-Skizzierung Albas zurück: „Neulich hört ich ihn bei Tafel von einem frohen freundlichen Menschen sagen: er sei wie eine schlechte Schenke mit einem ausgesteckten Branntweinzeichen, um Müßiggänger, Bettler und Diebe herein zu locken" (6,65).

Selbst wenn es Silva gelingt, diese unsittliche Überheblichkeit mit dem Hinweis auf die Klugheit seiner erfolgreichen Führung der Armee und die Tatsache der völligen Beruhigung der Provinzen aufzuwiegen, die weitere Frage, ob dies alles zur Vorbereitung für das Kommen des Königs dienen sollte, führt zu der vieldeutigen Erwiderung, darüber wenigstens nicht zu reden: „Denn wenn des Königs Absicht ja nicht sein sollte zu kommen, so ist's doch wenigstens gewiß, daß man es glauben soll" (6,66). Damit aber weist die Geheimhaltung von Albas intrigantem Plan umso deutlicher auf eine sorgfältig ausgeklügelte Ungerechtigkeit, die keinem staatspolitischen Konsens des königlichen Conseil entsprechen würde, sondern trägt die anspruchsvolle Signatur des selbstgerechen und gewissenlosen „hohläugigen Toledaners". Alba braucht den Glauben der Niederländer, um seinen unbegründeten und willkürlichen Unterdrückungsmethoden den falschen Schein einer königlichen Legitimation zu vermitteln.

In dem folgenden Gespräch mit dem blindlings gehorchenden Silva wird deutlich, daß es nicht um rechtliche Vorgänge geht, sondern um strategisch vorsorgliche Winkelzüge gegen vermeintlich verräterische Widersacher, zu denen nicht nur der selbstbewußte und populäre Egmont gehört, dessen tägliches Betragen sich um nichts verändert hat, sondern auch die angstvollen, beunruhigten und zu keinem Widerstand geneigten Bürger. Sie erweisen sich als leicht zu erjagende Opfer der von Alba geschätzten Tugenden Silvas: „Mut, Entschlossenheit, unaufhaltsames Ausführen" (6,66) inhumaner Handlungsweisen: „Ich stelle sie," versichert Silva seine unlautere Dienstbereitschaft seinem Herrn.

„Auf deinen Befehl überhäufen wir sie mit dienstfertigen Ehren. Ihnen graut's; politisch geben sie uns einen ängstlichen Dank, fühlen, das rätlichste sei zu entfliehen. Keiner wagt einen Schritt, sie zaudern, können sich nicht vereinigen; und einzeln etwas Kühnes zu tun, hält sie der Gemeingeist ab. Sie möchten sich gern jedem Verdacht entziehen, und machen sich immer verdächtiger. Schon seh ich mit Freuden deinen ganzen Anschlag ausgeführt" (6,67).

Hier wird die grundsätzliche Methode einer gänzlich unpolitischen Gewaltanwendung demonstriert, die hinterlistig verängstigte, schuldlose Bürger zum Opfer eines bösartigen Anschlags macht, der sie zur lähmenden Untätigkeit zwingt und ihrer elementarsten Menschenrechte beraubt. Um die Unsittlichkeit dieses Vorgangs noch deutlicher zu machen, fügt Alba hinzu, daß bei solch gesetzwidrigen Angriffen gegen unbewehrte Zivilisten noch etwas Bedeutendes auf dem Spiel stehen könne: „Das Glück ist eigensinnig, oft das Gemeine, das Nichtswürdige zu adeln und wohlüberlegte Taten mit einem gemeinen Ausgang zu entehren" (6,67). Von Politik kann dabei insofern nicht die Rede sein, als es sich hier lediglich um rechtlose Unterdrückungsmaßnahmen, nicht um synthetisch ausgleichende und kompromißbereite Verhandlungen gleichberechtigter Interessengemeinschaften handelt. Eindringlicher kann die subjektive Zweckdienlichkeit von Albas machtgierigem Geltungsbedürfnis kaum zum Ausdruck gebracht werden.

Alles deutet auf eine frevelhafte, despotische Ungerechtigkeit nicht allein der spanischen Herrschaft, sondern eines eigenmächtigen und gewissenlosen Despoten, der sich mit dem usurpierten Vorrecht eines legitimen Landesherrn als unbezwingbarer Meister schicksalhafter Begebenheiten aufspielt. Und wenn er Ferdinand verständlich zu machen sucht, „zu welchem Werke" er gesandt wurde, so zögert er, dem seelisch empfindsamen und freundschaftlich offenen Gemüt seines *natürlichen* Sohnes „das Größte, das Geheimste" mit wenigen Worten zu erklären. Er hält ihn für zu feinfühlig, zu wenig hartherzig und kaltblütig, um sich gewissenlos durchsetzen zu können. „Du bist noch immer zu schnell und wenig behutsam; immer erkenn ich in dir den Leichtsinn deiner Mutter, der mir sie unbedingt in die Arme lieferte. Zu mancher gefährlichen Verbindung lud dich der Anschein voreilig ein" (6,68). Dies wiederum deutet auf das „leichtsinnige Wohlwollen", das Ferdinand in spontanem Empfinden dem großmütigen Egmont entgegenbringt, den Alba in Kürze nach einem von ihm selbst im Geheimen entworfenen Plan zu verhaften entschlossen ist. Was Alba als „das Größte und Geheimste" betrachtet, womit er seinen Sohn „mit dem

Besten, was ich habe, auszustatten" sucht, ist „nicht die Gewohnheit zu gehorchen allein," vor allem aber nicht jenen blinden Gehorsam, der nur einem unterwürfigen Dienstmann zukommt, sondern „auch den Sinn, auszudrücken, zu befehlen, auszuführen, wünscht ich in dir fortzupflanzen" (6,69). Indem Alba hier seine eigenes Vorgehen selbstgerecht als das „Beste und Größte" der vorbildlichen Handlungsweise des „brauchbarsten Dieners" des Königs darstellt, ohne jedoch dem verwunderten Ferdinand auch nur andeutend verständlich zu machen, nach welchen höheren Maximen und zu welchem grundlegenden Zweck dieser ungewöhnliche Anschlag notwendig sei, wird das „Geheimste" des Herzogs als rechtloses Intrigenspiel alles dessen durchschaubar, was sein innerstes Wesen nach der Charakterisierung Margaretes am besten zu demaskieren vermag. Wenn ihn schon „der Haß auf die armen Leute" dazu veranlaßte, zum Zweck des eigenen machtgierigen Geltungsdrangs aus einer „vorübergehenden Ungezogenheit eines rohen Volkes" „Meuterei, Aufruhr und Tollkühnheit" zu machen, wie sollte man erwarten, daß er das freie und fröhliche Verhalten seines Erzfeindes Egmonts anders als mit heimtückischer Anklage und grausamem Meuchelmord zu verfolgen strebt.

Bemerkenswert ist hierbei, daß Albas Anweisungen, wie Ferdinand seine Erwartungen erfüllen und sich Zustimmung und Lob des Vaters erwerben könne, durchaus mit dem übereinstimmt, was er an seinem Dienstmann Silva „von jeher" geschätzt hatte, nämlich „Mut, Entschlossenheit, unaufhaltsames Ausführen," das aber zu nichts anderem geführt hat, als friedfertige und unschuldige Bürger in eine gänzlich verunsicherte Lage zu versetzen, um sie um so sicherer und scheinbar gerechtfertigter mit roher Gewaltsamkeit unterdrücken zu können. Wer treue Gefolgschaft und allgemein verbindliche Staatraison mit einer egozentrischen und gewissenlosen Tatbereitschaft ohne höhere Bevollmächtigung zu ersetzen wagt, wird sich auch im Bewußtsein unbegrenzter Handlungsfreiheit bereit finden, ein „Urteil vor der Untersuchung" auszuführen, was eine verbrecherische Ungerechtigkeit ist, „der sich Philipp nie schuldig machen wird; und eine Torheit" (wäre), wie es Egmont betonte, „die ich ihm und seinen Räten nicht zutraue" (6,46).

Da es sich aber für Alba lediglich um eine überraschende, militärische Strategie handelt, wo jegliche moralische Verbindung zwischen Schuld und Sühne fehlt, muß diese Untat nicht nur unter dem Deckmantel einer von der königlichen Majestät ausgehenden Initiative erfolgen, sondern auch von Alba selbst als riskantes Glücksspiel betrachtet werden. Einen willigen und gewissen willkommenen Gegenspieler findet er dabei in Oranien, dem es freisteht, einer möglichen Bedrohung seiner Existenz mit Hilfe der listigen Vernunft vorzubeugen, der sich aber nur dadurch der Gefangennahme entziehen kann, daß er als rebellischer Widersacher dem verderblichen Plan Albas unwillentlich Vorschub leistet. Denn selbst wenn diese einzelne Unbotmäßigkeit Oraniens Albas Plan durchkreuzt, die einfache Tatsache, daß „diesmal wider Vermuten der Kluge klug genug (war), nicht klug zu sein," da sich darin seine feindliche Haltung verrät, gibt dem verwegenen Intriganten die falsche moralische Ausflucht, daß seine geplante Untat dem unwiderstehlichen Einwirken höherer Mächte zugeschrieben werden müsse: „Längst hatt ich alles reiflich abgewogen, und mir auch diesen Fall gedacht, mir festgesetzt, was auch in diesem Fall zu tun sei; und jetzt, da es zu tun ist, wehr ich mir kaum, daß nicht das *Für* und *Wider* mir aufs neue durch die Seele schwankt" (6,70). Er würde vielleicht, wie es Oranien voraussah, seinen Plan nicht durchführen, indem „der Drache nichts zu fangen glaubt, wenn er uns nicht beide auf *einmal* verschlingt" (6,49).

Aber auf eine günstigere Gelegenheit zu warten, kann sich Alba nicht leisten: „Ist es rätlich, die andern zu fangen wenn *er* entgeht? – Schieb ich es auf, und laß Egmont mit den Seinigen, mit so vielen entschlüpfen, die nun, vielleicht nur heute noch, in meinen Händen sind?" Deutlicher kann seine wahre Absicht nicht zum Ausdruck gebracht werden, daß nicht allein Ehrgeiz und Machtgier den hinterlistigen Bestrebungen zugrunde liegt, sondern vor allem sein kleinlicher Haß und leidenschaftliche Eifersucht auf den glücklicheren, höher ausgezeichneten und allseitig verehrten und bewunderten Antagonisten.

Aber auch jetzt sucht er seine wahren Absichten hinter einer falschen, dämonischen Triebkraft anonymer Begebenheiten schamlos zu verbergen: „So zwingt dich das Geschick denn auch, du Unbezwinglicher? Wie lang gedacht! Wie wohl bereitet! Wie groß, wie schön der Plan! Wie nah die Hoffnung ihrem Ziele! Und nun im Augenblick des Entscheidens bist du zwischen zwei Übel gestellt; wie in einem Lostopf greifst du in die dunkle Zukunft; was du fassest, ist noch zugerollt, dir unbewußt, sei's Treffer oder Fehler!" (6,70 f.). Was aber in Wirklichkeit zum Ausdruck gelangt, ist die lügenhafte Verschlagenheit seines verdorbenen Wesens, sich mit großen, schönen und hoffnungsvollen Plänen zum Schmied seines eigenen Geschicks und zum unumschränkten Meister unabdinglicher Wirklichkeiten zu machen. Denn der beabsichtigte Meuchelmord an den Statthaltern war niemals der wahre Grund, Ruhe, Friede und Unterwürfigkeit unter den rebellischen Niederländern wieder herzustellen, sondern sich selbst durch die Vernichtung aller Widersacher sich die Möglichkeit unbeschränkter Ermächtigung zu sichern. Seine wahre Absicht ist die Ausschaltung des erfolgreichsten und einflußreichsten Erzfeindes, von dem er überzeugt war, daß er ihm seine machtgierigen Intentionen, der rücksichtslosen Unterdrückung des niederländischen Volkes, sowie seinen Rang unter den spanischen Granden am wirksamsten streitig machen konnte. Erst unter diesen Voraussetzungen hat Goethe den eigentlichen Sinn der von Egmont vertretenen und verkörperten Freiheit zur Darstellung gebracht. Denn „wo das Wort nicht mehr ernst genommen wird und nach Gründen nicht mehr gefragt wird, wo nur Gewalt gilt, sieht sich jede ‚edle Seele' ihrer Lebensmöglichkeit beraubt."[73]

Nicht das politisch Angemessene, sondern das menschlich Notwendige und Unabdingliche steht auf dem Spiel, da es weniger von einer absolutistischen Staatsraison bedroht wird, als von der „strengen gut berechneten Despotie" eines macht- und blutgierigen autokratischen Usurpators, der „gar keine Raison annimmt" und noch weniger zu friedlichen Kompromissen bereit ist. Nur wenn man annimmt, daß sich Egmonts wahre Berufung im Wettkampf um herrscherliche Automomie zu bewähren habe, ist das Urteil sinnvoll: „Egmont ignores the cardinal rule of all politics, viz. the right alone is not enough. It needs to be supported by might. [...] If Emont is the protagonist of the drama, Alba is the antagonist, and one to be taken seriously, not merely because of his military might at his command, but because of his vigorous defense of a well established intellectual position. [...] He is made to speak with a respectable *Aufklärung* voice."[74] Machiavells Einsicht, daß es nicht hilft, „auf seinen Gedanken (zu) beharren, wenn sich um uns alles ändert," (6,19), wird hier als Goethes vermeintliche Anspielung auf den Untergang der Habsburgischen Monarchie verstanden, deren „festgegründeten Zustände" der „gut berechneten Despotie" einer aufgeklärten Ideologie, wie die Friedrich II vertrat, nicht standzuhalten vermag.

---

[73] Paul Böckmann, a. a. O., S. 157.
[74] Hans Reiss, a. a. O., S. 628.

2.8 Egmonts humanistische Sendung

Bereits in der jugendlichen Prometheus-Dichtung bildet die Anerkennung des allgewaltigen Schicksals die unvermeidliche Begrenzung der individuellen Freiheit, insofern dieser überpersönlichen Macht die Entscheidung zwischen Sein und Nichtsein urphänomenal zugemessen ist. Egmont sucht diesem Schicksal gerecht zu werden, indem er die Dinge nicht auf ‚dämonische,' eigenwillige und schicksalsbeherrschende Weise zu seinen Gunsten zu beeinflussen und manipulieren sucht, sondern sich der historischen Notwendigkeit seiner Volksgemeinschaft unterwirft, die über alle ideale Daseinsprinzipien wie „Sicherheit und Ruhe! Ordnung und Freiheit!" den Frieden stellt, dem wahren Ziel alles rechtmäßigen und gewissenhaften Kampfes und Strebens, das allein durch die Aussöhnung natürlich entstandener Widersprüche den allgemein anerkannten Weg der Entwicklung in eine sinnvolle Zukunft ermöglicht.

Und um der Herstellung eines von Ruhe und Frieden beherrschten Zustands der politischen Verhältnisse der Provinzen willen, war Egmont entschlossen, sich der pflichtgemäßen Beratung mit Alba zu stellen. Auch „stimmt er der Begegnung mit Alba deswegen zu," wie R. Saviane hervorhebt, „weil es sich nicht auf die Seite des Unrechts stellen, nicht durch seinen Ungehorsam eine offene Volksrebellion auslösen will, die nicht nur seinen legitimistischen Auffassungen, sondern vor allem seiner tief verwurzelten pazifistischen Überzeugung zuwider laufen würde."[75] Das Risiko, das er dabei einging, war ihm weniger durch die sorgfältig kalkulierten Hypothesen Oraniens bewußt, als durch dessen überzeugende, mitleidige Gemütsbewegung, die mehr als alle kluge Überredung „seine Sorglichkeit" auf ihn überträgt. Daß aber Egmont kein eigenwilliges Festhalten an vorgefaßten, leichtsinnigen oder rein subjektiven Auffassungsweisen zu dieser Entscheidung getrieben hat, wird aus der Substanz seiner Argumente deutlich, die Alba mit weitgehend unzutreffenden Behauptungen oder Andeutungen absolutistischer Autonomie-Ansprüche zu widerlegen sucht. Denn es geht ihm im Grunde nicht um die Klärung staatspolitischer Methoden, sondern um den möglichst sich ganz im geheimen abspielenden, tödlichen Anschlag auf den selbstbewußten Widersacher, der allein ihm die unbeschränkte Herrschaft der Provinzen streitig machen könnte.

---

[75] Renato Saviane, a. a. O., S. 84.

Daß er an nichts anderem interessiert war, als an der mörderischen Ausschaltung aller konkurrierenden Einflüsse des bewunderten und gefeierten Fürsten des niederländischen Volkes, hatte er selbst in seinem Monolog am Fenster des Palastes zum Ausdruck gebracht: „Egmont! Trug dich dein Pferd so leicht herein, und scheute vor dem Blutgeruche nicht, und vor dem Geiste mit dem blanken Schwert, der an der Pforte dich empfängt? – Steig ab! – So bist du mit dem einen Fuß im Grab! und so mit beiden!" (6,71).

Ginge dem Urteil eine rechtmäßige Untersuchung der strafbaren Handlungen der Statthalter voraus, so wäre Alba berechtigt, eine Einberufung der Angeklagten im Namen des Königs zu erlassen, die sich gerade dann als berechtigt erweisen würde, wenn die vermeintlichen Verschwörer sich der majestätischen Willen durch die Flucht zu entziehen suchten. Hier aber rechnet Alba mit dem Glauben der eingeschüchterten Provinzler, daß seine „kraft besonderer von Seiner Majestät uns übertragenen Gewalt" (6,91) ihm das Recht geben würde, ein Urteil über Leben und Tod zu fällen. Da aber auch der König in seiner absolutistischen Erhabenheit und Würde „nicht allein" richten und verdammen kann, wie es Egmont hervorhebt, fällt auf Albas autoritäre Ansprüche das ironische Licht einer intriganten und betrügerischen Usurpation.

Welche Glaubwürdigkeit des Herzogs könnte Goethe dem Zuschauer oder Leser zumuten nach all dem, was über seinen Charakter und seine Absichten in den vorangegangenen Szenen enthüllt wurde? Nicht mehr als ein listiger Hinterhalt, um Egmonts innersten Überzeugungen auf die Spur zu kommen, ist die Aufforderung: „Euren Rat, Eure Meinung wünscht der König, wie diese Staaten wieder zu befriedigen. Ja er hofft, Ihr werdet kräftig mitwirken, diese Unruhen zu stillen und die Ordnung der Provinzen völlig und dauerhaft zu gründen" (6,71). Wenn ihn aber Egmont daran erinnert, daß „alles genug beruhigt ist, ja noch mehr beruhigt war, eh die Erscheinung der neuen Soldaten wieder mit Furcht und Sorge die Gemüter bewegte," (6,71 f.) erwiderte Alba mit der provozierenden Bemerkung: „Ihr scheint andeuten zu wollen, das rätlichste sei gewesen, wenn der König mich gar nicht in den Fall gesetzt hätte Euch zu fragen." Aber diese versteckte Anschuldigung kann Egmont leicht zurückweisen, indem er erneut auf die fragwürdige Autorität des Herzogs anspielt: „Ob der König das Heer hätte schicken sollen, ob nicht vielmehr die Macht seiner majestätischen Gegenwart allein stärker gewirkt hätte, ist meine Sache nicht zu beurteilen. Das Heer ist da, *er* nicht." Und diese kritische Bemerkung wird durch den Hinweis auf die Verdienste Margaretes bekräftigt: „Wir aber müßten sehr undankbar, sehr vergessen sein, wenn wir uns nicht erinnerten, was wir der Regentin schuldig sind. Bekennen wir! Sie brachte durch ihr so kluges als tapferes Betragen die Aufrührer mit Gewalt und Ansehen, mit Überredung und List zur Ruhe, und führte zum Erstaunen der Welt ein rebellisches Volk in wenigen Monaten zu seiner Pflicht zurück" (6,72).

Da aber Alba dieser Verminderung seiner Mission nichts Sinnvolles entgegnen kann, wirft er eine spekulative Möglichkeit in die Debatte: „Aber hängt es nicht von eines jeden Willkür ab," die Grenzen des Gehorsams zu verlassen? „Wer will ein Volk hindern, loszubrechen? Wo ist die Macht, sie abzuhalten? Wer bürgt uns, daß sie sich ferner treu und untertänig zeigen werden? Ihr guter Wille ist alles Pfand, das wir haben" (6,72). Das aber ist kein triftiger Grund, ein friedvolles Volk mit der Gewalt einer feindseligen Kriegsmacht zu bedrohen. Was Alba als die einzige Sicherung gegen aufrührerische Bewegungen in der Konfrontierung von Macht gegen Macht zu sehen meint, bezeichnet Egmont als das „sicherste und edelste Pfand" der „gute Wille eines Volkes", der nur aus einem kollektiven Gemeinschaftsgeist hervorgehen kann, wo „sie alle für *einen, einer* für alle stehn, [...] Der König schreibe einen Generalpardon aus, er beruhige die Gemüter; und bald wird man sehen, wie Treue und Liebe mit dem Zutrauen wieder zurückkehrt" (6,72).

Wiederum sieht sich Alba gezwungen, seine Autorität damit zu rechtfertigen, daß er geschickt sei, „ungeheure Verbrechen" wie die Schändung der Majestät des Königs und des Heiligtums der Religion zu bestrafen. Und wenn ihn Egmont an die Gewohnheit eines wahrhaft majestätischen Herrschers erinnert, der „eben deswegen Gott gleich gehalten (werde), der viel zu groß ist, als daß an ihn jede Lästerung reichen sollte," behauptet er, für nichts Höheres zu streiten, als „für das Ansehen des Königs. [...] Was der Obere abzulehnen verschmäht, ist unsere Pflicht zu rächen. Ungestraft soll, wenn ich rate, kein Schuldiger sich freuen" (6,73). Diese Bemerkung verrät wiederum recht unzweideutig, daß es ihm auch hier nicht um die löbliche „Gewohnheit zu gehorchen" zu tun ist, sondern um seinen dünkelhaften „Sinn, auszudrücken, zu befehlen, auszuführen," was nur seinem machtgierigen Geltungsdrange und seinem dominierenden Einfluß am Hofe dient, dessen negative Wirkung bereits von der Regentin als Neigung zu unlauteren Bewertungen wahrer Verhältnisse angeprangert wurde. In all dem hat uns Goethe mit solchen wiederholten Andeutungen von

Albas im Geheimen ausgeklügelten Handlungsfreiheiten vor der Versuchung bewahrt, Politik mit Verbrechen zu verwechseln.

Eine gewisse Tarnung seiner hinterlistigen und egozentrischen Tendenzen sucht Alba in der herausfordernden Anschuldigung zu bewirken, Egmont selbst auf indirekte Weise einer hochverräterischen Unbotmäßigkeit zu beschuldigen, indem er ihn als einer vor denen zu entlarven sucht, die „einem großen Übel zusehen, sich mit der Hoffnung schmeicheln, der Zeit vertrauen, etwa einmal drein schlagen wie im Fastnachtsspiel, daß es klatscht und man doch etwas zu tun scheint, wenn man nichts tun möchte; heißt das nicht, sich verdächtig machen, als sehe man dem Aufruhr mit Vergnügen zu, den man nicht erregen, wohl aber hegen möchte?" (6,73). Da er sich aber auf eine direkte Anschuldigung nicht berufen kann, bleibt ihm offenbar keine andere Wahl, als Egmonts selbstsichere und fraglose Darlegung der wahren Zustände mit seinen spekulativen Möglichkeitsvorstellungen willkürlicher Rebellionsausbrüche des sich von jeder Staatsautorität befreit fühlenden Pöbels zu übertrumpfen.

Erst wenn der unwillig erregte Egmont stärker auf die wahren Beweggründe der politischen Konflikte weist, gibt Goethe der Debatte deutlichere Anspielungen auf überragende Zusammenhänge zeit- und entwicklungsbedingten „Staatenwandels" seiner Epoche. Denn es handelt sich nicht mehr allein um eine vernünftige Methode, den Unruhen eines friedfertigen Volkes zur vernünftigen Lösung zu verhelfen, sondern um grundsätzliche Voraussetzung einer gerechten Regierungsweise, die nicht mehr von autonomen Willensimpulsen des einzelnen Herrschers bestimmt werden, sondern von den politischen, ökonomischen und sittlichen Prinzipien eines reifen und voll entwickelten Bürgertums. Und Goethe war überzeugt, daß nur derjenige einen wahrhaft wirksamen Einfluß auf den allgemeinen Zustand seines Landes auszuüben berechtigt sei, der sich ganz zu „verleugnen" vermag; denn „herrschen lernt sich leicht, regieren schwer" (9,624).

Auf diesen Mangel an vernünftigen Konzessionen des autonomen Staatsrechts an die berechtigten Erwartungen des Volkes spielt Egmont an, wenn er betont, daß er „von allen Seiten" zu hören bekommt, „es sei des Königs Absicht weniger, die Provinzen nach einförmigen und klaren Gesetzen zu regieren, die Majestät der Religion zu sichern, und einen allgemeinen Frieden seinem Volke zu geben; als vielmehr, sie zu unterjochen, sie ihrer alten Rechte zu berauben, sich als Meister von ihren Besitztümern zu machen, die schönen Rechte des Adels einzuschränken, um derentwillen der Edle allein ihm dienen, ihm Leib und

Leben widmen mag" (6,73 f.). Damit wirft er einen Teil der Schuld an den reformatorischen Aufständen auf die Oberherrschaft der spanischen Regentschaft, die sich der Religion als einem „prächtigen Teppich" bediene, „hinter dem man jeden gefährlichen Anschlag nur desto leichter ausdenkt" (6,74).

Aber was Egmont dem „tüchtigen General, der gar keine Raison annimmt," über die eigentliche Gesinnung seiner Landsleute verständlich zu machen suchte, um ihm eine wahre Einsicht in die realen politischen Zusammenhänge zu ermöglichen, wird ihm selbst von Alba als verräterische Geisteshaltung vorgeworfen. Denn für Alba gilt nur der eine Begriff der Freiheit natürlicher Menschenrechte, der das absolutistisch-despotische Rechtmäßige der traditionellen Staatsmacht zu erfüllen habe, niemals jedoch von Seiten einer ideologischen Staatsraison als ein fundamentales Element des eigenständigen Bürgers anerkannt wird. Noch einmal wird an Albas „recht ehrlichen Haß auf die armen Leute" erinnert, wenn er dem niederländischen Volk zutraut, daß es die Freiheit mißbrauchen würde, sich selbst und anderen zu schaden. „Wenn auswärtige Feinde drängen, an die kein Bürger denkt, der mit dem Nächsten nur beschäftigt ist. und der König verlangt Beistand, dann werden sie uneins unter sich, und verschwören sich gleichsam mit ihren Feinden" (6,74). Die Siege gegen die Invasion der expansionsgierigen Franzosen unter Egmonts Führung während der Regentschaft König Philipps scheint der „tüchtige General" sichtlich nicht in Betracht ziehen zu wollen, was erneut seine hinterlistige Unaufrichtigkeit durchschauen läßt. Sein diktatorisches Bestreben ist, „sie einzuengen, daß man sie wie Kinder halten, wie Kinder zu ihrem Besten leiten kann. Glaube nur, ein Volk wird nie alt, nicht klug; ein Volk bleibt immer kindisch" (6,74).

Mit solchen vorurteilsvollen Abschätzungen eines Volkes, für das er niemals ein persönliches Verständnis gewonnen hat und dessen innere Beweggründe ebenso wie die wirklichen Ursachen ihrer Unruhen und Aufstände er nur als bösartigen Widerstand gegen die patriarchalischen Erziehungsmethoden der autonomen Autorität versteht, beweist er erneut, daß für ihn nicht rechtmäßige Macht, sondern willkürliche Gewalt über jegliches Maß an Recht und Freiheit entscheidet. Indem er sich als der zu erkennen gibt, der „gar keine Raison annimmt" und als „das Größte, das Geheimste" seinem Sohn „nicht die Gewohnheit zu gehorchen allein," einzuprägen sucht, sondern auch den durchaus eigenwilligen „Sinn auszudrücken, zu befehlen, auszuführen" (6,69), verrät er sich weniger als gewissenhafter Vertreter der herkömmlichen absolutistischen Staatsordnung, sondern als machtgieriger Repräsentant einer rein subjektiven diktatorischen Despotie. Um seinem ganz auf dem individuellen Eigenwillen beruhenden hochmütigen Geltungsbedürfnis zu entsprechen, muß er kategorisch jeden Wunsch und Willen des Volkes zu unterdrücken suchen, „lieber nach seiner Art von den Seinigen regiert (zu) werden als von Fremden, die erst im Lande sich wieder Besitztümer auf Unkosten aller zu erwerben suchen, die einen fremden Maßstab mitbringen und unfreundlich und ohne Teilnahme herrschen?" (6,20). Eine derartig selbständige Haltung traut Alba den ewig „kindisch" bleibenden Provinzlern nicht zu, sondern hält allein den Regenten für befugt, alles natürlich Gewachsene „alte Herkommen zu verändern? und sollte nicht eben dies sein schönstes Vorrecht sein?" (6.75).

Daß aber gerade diese Analyse der herrschaftlichen Ermächtigung nicht der Tradition des *Ancien régime* entspricht, sondern einer neuen, jeder Selbstverleugnung des gewissenhaften Machthabers völlig entgegengesetzten Vorstellung einer zur diktatorischen Autokratie verwandelten Weltordnung entspringt, beweist das rein spekulative Argument Albas: „Was ist bleibend auf dieser Welt? Muß nicht in einer Zeitfolge jedes Verhältnis sich verändern, und eben darum eine alte Verfassung die Ursache von tausend Übeln werden, weil sie den gegenwärtigen Zustand des Volkes nicht umfaßt? Ich fürchte, diese alten Rechte sind darum so angenehm, weil sie Schlupfwinkel bilden, in welchen der Kluge, der Mächtige, zum Schaden des Volks, zum Schaden des Ganzen, sich verbergen oder durchschleichen kann" (6,75 f.).

Hier wird das Progressive dem herkömmlich Entstandenen und Traditionellen vorgezogen, weil es der despotischen Willkür den tatkräftigen „welthistorischen" Helden im Hinblick auf die von einem universalen Weltgeist geschaffene Vernunft aller geschichtlichen Vorgänge zusteht, wie es Hegel formuliert, als „praktische, politische Menschen" mit unwiderstehlicher Gewalt, Leidenschaft, Eigenwille und Selbstbehauptung den „geheiligten Lauf der Dinge" voranzutreiben und als „denkende, die die Einsicht hatten von dem, was not und was *an der Zeit ist*" und deren Sache es war, „dies Allgemeine, die notwendig nächste Stufe ihrer Welt zu wissen, sich diese zum Zwecke zu machen und ihre Energie in dieselbe zu legen."[76] Daß aber Egmont dem geschichtlichen Vorgang in wesentlich anderer Weise gegenüber steht,

---

[76] Georg Wilhelm Friedrich Hegel, a .a. O., Bd. 12, S. 46.

geht aus H-D. Dahnkes Hinweis hervor: „Der historische Prozeß vollzieht sich mit reißender Gewalt. Es charakterisiert die Krisen- und Endzeitkonstellationen, daß die Individuen die Bewegung höchst selten zu durchschauen, nirgends aber beherrschen vermögen. Fast alle dramatischen Figuren sind gegenüber den Ereignissen in der Defensive, keiner hat sicheren Boden unter den Füßen, von dem aus er die Entwicklung steuern könnte."[77]

Dagegen betont H. Reiss, daß der Herzog ernst genommen werden müsse: „Alba, though a tyrant because he breakes the mould of tradition by force, is not a Cesare Borgia on the make, a condittiore out for his own glory. On the contrary, he is a man of principles. A loyal servant of the king, he offers coherent policy to implement the Royal intentions."[78] Und da es hierbei nicht auf das ankommt, was Egmont als das undokumentierte innere Gesetz des Gewissens bezeichnet, steht nicht die Richtigkeit der Vernunft, sondern die Gerechtigkeit einer inneren Wahrheit auf dem Spiel.

Darauf deutet Goethe in seinen *Maximen und Reflektionen,* wenn es im Hinblick auf jedes schöpferische Individuum heißt: „Im Reiche der Natur waltet Bewegung und Tat, im Reiche der Freiheit Anlage und Willen. Bewegung ist ewig und tritt bei jeder günstigen Gelegenheit unwiderstehlich in Erscheinung. Anlagen entwickeln sich zwar auch naturgemäß, müssen aber erst durch den Willen geübt und nach und nach gesteigert werden. Deswegen ist man des freiwilligen Willens so gewiß nicht als der selbständigen Tat: diese tut sich selbst, er aber wird getan; denn er muß, um vollkommen zu werden und zu wirken, sich im Sittlichen dem Gewissen, das nicht irrt, im Kunstreiche aber der Regel fügen, die nirgends ausgesprochen ist. Das Gewissen bedarf keines Ahnherrn, mit ihm ist alles gegeben; es hat nur mit der innern eigenen Welt zu tun" (9,549 f.). Und was im schöpferischen Prozeß als fraglose Wahrheit gilt, kann auch im politischen Tatbereich, dem ‚Kunstwerk' einer gerechten Regierungsweise, nicht anders bewertet werden. Denn wenn er sich Eckermann gegenüber nicht als „Freund herrischer Willkür" bezeichnet und „vollkommen überzeugt (war), daß irgendeine große Revolution nie Schuld des Volkes ist, sondern der Regierung"

---

[77] Hans-Dietrich Dahnke: Geschichtsprozeß und Individualitätsentwicklung in: Goethes ‚Egmont'. In: *Studien zur Literaturgeschichte und Literatur-Theorie,* hg. von H-G. Thalheim und U. Wertheim, Berlin 1970, S. 63.
[78] Hans Reiss, a. a. O., S. 629.

(24,556), so wird man auch die Haltung des machtgierigen Herzogs aus prinzipiell aufklärerrischen Gründen nicht zu rechtfertigen geneigt sein. „Alba claims to be on the side of progress," meint H. Reiss. „But he shows no regard for the individual's wellbeing and views, whether he posesses their affection and love is of no account to him, contrary of what von Moser had, for instance, enjoined. Hence he appears to lack humanity. Alba invokes the *raison d'état*. The primacy of politics is asserted; and politics overrides private morality."[79] Aber es ist durchaus keine nur ‚private' Moral, die es in Wirklichkeit nicht gibt, die hier der Initiative des autonomen Herrschers und der Wohlfahrt des ganzen Reiches untergeordnet werden müsse. Insofern es sich um ein weitgehend befriedigtes Land und ein zu allen Zugeständnissen bereites Bürgertum handelt, kann Egmont zu Recht den provozierenden Widerspruch geltend machen: „Und diese willkürlichen Veränderungen, diese unbeschränkten Eingriffe der höchsten Gewalt, sind sie nicht Vorboten, daß *einer* tun will, was Tausende nicht tun sollen? Er will sich allein frei machen, um jeden seiner Wünsche befriedigen, jeden seiner Gedanken ausführen zu können. Und wenn wir uns ihm, einem guten und weisen Könige, ganz vertrauen, sagt er uns für seine Nachkommen gut? daß keiner ohne Rücksicht, ohne Schonung regieren werde? Wer rettet uns alsdann von völliger Willkür, wenn er uns seine Diener, seine Nächsten sendet, die ohne Kenntnis des Landes und seiner Bedürfnisse nach Belieben schalten und walten, keinen Widerstand finden, und sich von jeder Verantwortung frei wissen" (6,76).

Damit stellt Goethe nicht allein die politische Autorität eines noch so tüchtigen Generals in Frage, sondern vor allem die bereits von Oranien gefürchtete gewissenlose Gewaltsamkeit, „ein Urteil vor der Untersuchung?" zu fällen „eine Strafe vor dem Urteil?" (6,46) zu vollziehen. Eine derartige Ungerechtigkeit hatte Egmont dem König nicht zugetraut, aber die teuflische Methode, mit der nach Albas Anweisungen Silvia den ‚freudigen Anschlag' auszuführen bereit ist, unschuldige Bürger zu verdächtigen Aufständigen zu machen, um sie jeglicher Selbstbestimmung und Eigenständigkeit zu berauben, gibt Egmonts Vermutung einer diktatorischen Verabsolutierung der traditionellen Staatsordnung unter Albas machtgierigen Bestrebungen den berechtigten Anschein einer lebensbedrohenden Wahrscheinlichkeit.

---

[79] Ebd., S. 630.

Der Gefahr einer gänzlich versklavenden und entwürdigenden Unterdrückung durch einen ambitiösen Despoten sind nicht nur die kulturell und wirtschaftlich eigenständig entwickelten Provinzen der Niederlande ausgesetzt, sondern auch jene Vielfalt kleinerer Fürstentümer Europas, die aus dem sich allmählich auflösenden Konglomerat des Heiligen Römischen Reiches deutscher Nation unter Habsburgs Regentschaft der militärischen Gewalt eines selbstgekrönten diktatorischen Feldherrn, mußte in der Gestaltung des bedeutenden Freiheitsproblems der Niederlande für Goethe eine zentrale Rolle spielen. „Ein großer dramatischer Dichter," bemerkte Goethe zu Eckermann, „wenn er zugleich produktiv ist und ihm eine mächtig edle Gesinnung beiwohnt, die alle seine Werke durchdringt, kann erreichen, daß die Seele seiner Stücke zur Seele des Volkes wird" (24,606). Man darf dennoch die Warnung H. Reinhardts nicht übersehen: „Auf eine Proklamation von Volksherrschaft (als Gegenwurf zum Absolutismus) läßt sich *Egmont* nicht bringen, soziale Thematik nach heutigem Verständnis handelt das Drama nicht ab. – Wer solches von ihm verlangt, bringt es ebenso um ihren historischen Ort, wie um seine spezifische Struktur. In ihr muß Politik freilich als integrierende Schicht wahrgenommen werden."[80]

Egmonts abschließendes Argument ist daher die Frage nach dem Wesen und der Natur der zu regierenden Volksgemeinschaft, die Alba unter dem Vorwand königlicher Entscheidungen mit Gewaltmaßnahmen nach seiner Idee nicht nur zu beherrschen, sondern auch von Grund auf zu verändern strebt. Und Egmont bleibt nichts als dieser bedauerlichen Tatsache einen klaren Ausdruck zu verleihen, dessen ironisch-kritischer Unterton nicht zu überhören ist: „So hat er (der König) denn beschlossen, was kein Fürst beschließen sollte. Die Kraft seines Volks, ihr Gemüt, den Begriff, den sie von sich selbst haben, will er schwächen, niederdrücken, zerstören, um sie bequem regieren zu können. Er will den inneren Kern ihrer Eigenheit verderben; gewiß in der Absicht, sie glücklicher zu machen. Er will sie vernichten, damit sie Etwas werden, ein ander Etwas. O wenn seine Absicht gut ist, so wird sie mißgeleitet! Nicht dem Könige widersetzt man sich; man stellt sich nur dem Könige entgegen, der, einen falschen Weg zu wandeln, die ersten unglücklichen Schritte macht" (6,77).

---

[80] Hartmut Reinhardt: „Egmont." In: *Goethes Dramen, Neue Interpretationen,* hg. von W. Hinderer, Stuttgart 1980, S. 134.

Die Voraussetzung dieses tapferen Bekenntnisses, das Egmonts Ideal des „ganzen freien Wert des Lebens" erneut vergegenwärtigt, ist Goethes Erfahrung der wachsenden Mündigkeit einer geistig, kulturell und kommerziell entwickelten, städtischen Gesellschaft, in der er selbst aufgewachsen ist, und die er in Weimar zu fördern bestrebt war. Es ging ihm dabei um kein Streben nach nationalstaatlicher Unabhängigkeit, um keine revolutionäre Veränderung aller wesentlichen Lebensbedingungen zum Zweck eines forcierten Ausgleichs natürlicher Klassenunterschiede. Er betont vielmehr, daß kriegerische Gewaltmaßnahmen, die sich gegen die Kraft und die innere Eigenart *seines* Volkes richten, die Grundlage aller politischen Verhältnisse zu zerstören drohen, die auf nichts Höherem als dem Vertrauen zwischen Volk und Regentschaft beruht. Alles andere ist tyrannische Vergewaltigung, auch wenn sie sich anmaßt, allem natürlichen, freien Wert des Lebens durch eine aufgeklärte, progressive Verbesserungs- und Beglückungstendenz überlegen zu sein. Goethes grundsätzliche Überzeugung war auf die synthetische Zusammengehörigkeit polar entgegengesetzter Daseinsprinzipien gerichtet. Ausgleich, Konzilianz und Bereitschaft zu Kompromissen sind elementare Voraussetzungen aller politischen Bestrebungen, die allgemeine Menschenrechte zu verwirklichen suchen.

Daher kann man Egmonts Haltung nicht als einen Akt individueller Ethik betrachten, der in der tapferen Bereitschaft kulminiert, sein Leben zu riskieren, wie es I. Dobson deutet, die den gesamten Dialog „as a sequel of the preceding scene of self-expression" versteht. „In every aspect, individual, private, subjective elements predominate. The impersonal, political element is conspicuously missing."[81] Indem aber Egmont in einer betont objektiven Weise sich lediglich auf die politischen Verhältnisse der Provinzen konzentrierte, und er bei aller Skepsis den hergebrachten unbedingten Machtansprüchen der absolutistischen Staatsraison gegenüber mit einer so abgründigen und diabolischen Machtgier des neu bestallten Regenten nicht zu rechnen bereit war, kann von einer leichtsinnigen und selbstverschuldeten Verblendung nicht die Rede sein.

Kurt May hat in seiner einführenden Betrachtung auf Egmonts innere Entwicklung einer hingebungsvollen und opferbereiten Geisteshaltung verwiesen, die auf der vertieften Verbundenheit mit der

---

[81] Irmgard Dobson, a. a. O., S. 266.

Gemeinschaft seines Volkes beruht: Die Einsicht, „daß keine Versöhnung möglich ist mit dem übermächtigen Gegner" scheint ihn von dem Selbstverständnis befreit zu haben, einer zu sein, „der nichts anderes als um des Lebens willen leben möchte. Aus der letzten Vereinzelung innerhalb seines Volkes hat er sich hinaus- und hinaufgehoben zum gemeinsamen Leben [...]. Denn er hat sich soeben instinktiv mehr als bewußt durch sein Verhalten zum Opfer dafür bestimmt, daß künftig die Seinigen ihrer Natur leben dürfen. [...] Er wendet sich dem Gegner zu, der schon die Waffe gegen ihn bereithält und bietet sich ihm durch seine offene Aussage zum Opfer, jedoch nicht um der Menschheit willen, nicht damit das Gesetz der Sittlichkeit sich erfülle, sondern weil er die Seinigen, so wie sie alle geworden sind, nach der ihnen gemeinsamen Art unter dem neuen Regiment nicht weiterleben können." Und indem er sich darin verwirklicht, daß er zu einer „bruchlosen Einheit von Natur und Geist" wird, vollendet er „seine Individualität in der Hingabe an den Kreis, in den er hineingehört durch seine Geburt, [...] die dämonische Gegenmacht hat Egmont hineingezwungen in eine reinere und höhere Existenz." Deshalb ist „der Konflikt zwischen Seele und Macht [...] hier nicht ausweglos, weil dieser Held nicht nur ‚Seele' ist und bleibt."[82]

Aber auch dann, wenn es Goethe nicht allein um die Verwirklichung seines Protagonisten im Bezug auf die schicksalhafte Verbundenheit mit seinen Landsleuten gegangen wäre, sondern um die übernationale Synthese natürlicher Gegensätze in allen politischen Gegebenheiten menschlicher Geschichte, ist Egmonts Verhalten symbolisch für das, was er von Anfang an und kraft seines eigenen Gewissens zu erreichen strebte: dem „ganzen freien Wert des Lebens" gerecht zu werden, nicht aber in der subjektiven Vorstellung befangen zu sein, sich von allen äußeren überpersönlichen Bedingungen und Verpflichtungen handelnd befreien zu können.

Freiheit ist in Wahrheit „ein schönes Wort," wenn sie nicht aus dem vom berechnenden Verstand geleiteten individuellen Eigenwillen zur Notwendigkeit menschlicher Erfüllung gemacht wird, noch, wie P. Michelsen meint, daß sie in Egmont als Verkörperung einer elementaren mythischen Naturkraft sein Schicksal prägt: „Mit den Wurzeln, die hinablangen in das Erdreich des Un- und Unterindividuellen, ist er tiefer und dauernder verwachsen als mit der Handlung, dem ‚Handeln'

---

[82] Kurt May: *Einführung, Gedenkausgabe*, Bd. 6, S 1144-1146.

des Dramas. Dort allein, wo die Elemente hausen – wo Erde, Wasser und Luft sich durchdringen – fühlt er sich als Mensch, in seiner *Menschheit*, die demnach keineswegs als Humanität zu verstehen ist. Erst in der vollen und reinen Entfaltung aller dem Menschen zugehörigen Triebe und Begierden ist er er selbst, gewinnt er die *Offenheit*, jenen *freien Schritt,* den Machiavell in ihm rühmt, ist er frei."[83]

Und man wird Michelsen zustimmen, daß er im Hinblick auf Goethes Hinweis auf „die Unterordnung unter einen höheren Willen, den wir nicht begreifen, eben weil er höher als unsere Vernunft und unser Verstand ist" (23,49), die eigentliche Voraussetzung der persönlichen Freiheit nicht in der Meisterung des eigenen Schicksals sah. Auch die ganz selbstbezogene Weisheit des gealterten Faust, daß „Nur der verdient sich Freiheit wie das Leben, / Der täglich sie erobern muß!" (5,509) führt in die tragische Nichtigkeit des gewissenlos Handelnden. Es ist seinem natürlichen Gefühl des Rechts und des unwandelbaren Gesetzes alles irdischen Lebens vorbehalten, nicht als selbstbewußter und eigenmächtiger Soldat oder Jäger seinem unentfliehbaren *daimon* verpflichtet zu sein, sondern dem Sinn einer Freiheit zu dienen, die aus der höheren Einsicht in die wahren Zusammenhänge des schicksalhaften Daseins erwächst, wie es zu Beginn der Festspiels *Des Epimenides Erwachen* heißt: „Den Frieden kann das Wollen nicht bereiten: / Wer alles will, will sich vor allem mächtig; / Indem er siegt, lehrt er die andern streiten, / Bedenkend macht er seinen Feind bedächtig. / So wachsen Kraft und List nach allen Seiten, / Der Weltkreis ruht von Ungeheuern trächtig, / Und der Geburten zahlenlose Plage / Droht jeden Tag als mit dem Jüngsten Tage" (6,444).

Man kann sich nicht vorstellen, daß Goethe in Egmonts Charakter einen Menschentypus verherrlichen wollte, der in Krieg und Jagd seinen höchsten Sinn des Lebens zu verwirklichen suchte. Es würde seiner und seiner Landsleute angeborenen Eigenart zuwider laufen, wenn er sie nicht mit jener „furchtbaren Freiheit" der ‚entselbstenden' und entsagenden Hingebung vertraut machen würde, wo die Verführung des ungerechten, ehrgeizigen und rachsüchtigen „Toledaners" droht, sie in einen „Weltkreis von Ungeheuern" zu stürzen. Egmont täuscht sich nicht über die Größe und Abgründigkeit der Gefahr, der rücksichtslosen Gewaltanwendung Albas wehrlos ausgesetzt zu sein, hält aber den Versuch für unabdingbar, mit seiner Darstellung der

---

[83] Peter Michelsen: a. a. O., S. 295 f.

wahren Verhältnisse die willkürliche Despotie der rücksichtslosen Unterdrückung zu vermindern, die nicht nur den Verlust der niederländischen Provinzen zur Folge hätte, sondern zugleich die Majestät des Königs und die spanische Oberherrschaft „zum Erstaunen der Welt" in ein diabolisches Verbrechen verwickeln würde, das weder vom politischen noch vom religiösen Standpunkt gerechtfertigt werden könnte.

Wenn damit Egmont sich gänzlich der Notwendigkeit widmet, für die Wahrheit einzustehen, die nicht allein das Recht des niederländischen Volkes betrifft, als vertrauenswürdige und leicht zu regierende Bürger des Reiches behandelt zu werden, sondern zugleich die militärische Machtanwendung und despotische Willkür in Frage stellt, die jeglichen sittlichen Anspruch der Regentschaft untergräbt, so erweist er sich nicht, wie es Schiller versteht, als selbstbezogener „Philantropist", der bei aller „schönen Humanität" zu keiner eigentlichen Handlung, keiner „strahlenden Tat" fähig sei, die sein „leichtsinniges Vertrauen zu sich selbst und anderen"[84] aufwiegen könnte. Goethe betonte Egmonts „menschlich ritterliche Größe, [...] die persönliche Tapferkeit, die den Helden auszeichnet, ist die Base, auf der sein ganzes Wesen beruht" (10,302 f.). Da er unter völligem Absehen seiner eigenen Sicherheit diese Wirklichkeit objektiv gegen die unlauteren Argumente Albas zu behaupten weiß, hält ihn keine individuelle Eigenheit, kein selbstbezogener Geltungstrieb befangen. Wegen eines vermeintlichen Mangels an sittlich erhabenem Willen, meint Schiller, könne er als „Opfer einer blinden, törichten Zuversicht"[85] höchstens eine humane Rührung erwecken, aber auf unsere Achtung und Bewunderung keinen Anspruch erheben.

Ähnlich zweifelt auch Th. Mann an der Möglichkeit, daß Egmont angesichts der bedrohlichen Wandelbarkeit der politischen Verhältnisse zu einem scheinbar so unbeschränkten Vertrauen zum Leben berechtigt wäre und daher als „nobel-populärer und sträflich sorgloser Grandseigneur" und „dämonisch leichtsinniger Liebling der Götter und Menschen"[86] das Gesetz des Handelns verspielt und den Auftrag einer historischen Stunde verfehlt habe. In jedem Falle wird das angenom-

---

[84] *Schillers Sämtliche Werke, Säkular-Ausgabe,* Bd. 16, S. 181.
[85] Ebd., S. 184. Vgl. dazu: Lesley Sharpe: „Schiller and Goethe's *Egmont.*" In: *Modern Language Review* 77 (1982), 639-645.
[86] Thomas Mann: „Phantasie über Goethe." In: *Neue Studien.* Stockholm 1948, S. 57.

men, was auch Alba als heuchlerischen Vorwand seiner mörderischen Absicht zu erkennen vorgibt: daß sich Egmont als Freiheitskämpfer für die Unabhängigkeit seines Landes einzusetzen bereit sei, und dies nur berechnend unter der Geste persönlicher Freiheit und Unbesorgtheit zu tarnen suche. Und das ist auch die Vorstellung mancher Interpreten, die tatkräftige Entscheidungen und wirkungsvolle Handlungen vermissen.

Wer in dieser Auseinandersetzung mit Alba den schicksalhaften „Wandel der Staatengeschichte" und die mutige Überzeugung Egmonts, sich gewissenhaft und selbstlos für die notwendigen Lebensbedingungen aller würdigen Staatsbürger einzusetzen, nicht in Betracht zieht, wird einer anderen politischen Wirklichkeit den Vorrang geben, die auf brutaler, rücksichtsloser Gewalt beruht. Wenn Egmonts idealistische Seinsgewißheit mit dem Streich eines Richtschwertes ein jähes Ende gemacht werden kann, so erweist sich nach J. D. Sammons: „Emont is a fool and the whole drama trails off into indifference. We see here the intrinsic dramaturgical problem involved in the ‚tragedy of being.' [...] Egmont, the static hero of the tragedy of being, concerned primarily with the preservation of his personality, which is characterized above all by the immensely affirmative response to life and his equally immense need to unfold his entire self freely. Egmont is an unusually vulnerable hero. Whereas most tragic heroes are subject to destruction by the crushing force of events and fate, frequently intensified by personal guilt, Egmont can be destroyed by mere restraint. Herein lies the peculiarity of Goethe's tragedy: a situation in which a full, complete, strong personality is constitutionally incapable of yielding ground or making concession to a restrictive reality."[87]

J. Ellis[88] dagegen hat recht, wenn er an die weit schwerer zu durchschauende Motivation Egmonts gemahnt, die nicht darauf angelegt ist, die rebellische Forderung der Unabhängigkeit der Provinzen von der spanischen Oberherrschaft zu stellen, wie ihn Alba fälschlich des Hochverrats beschuldigt. Er sucht vielmehr den eigentlichen Zweck alles Freiheitsstrebens zu erfüllen, indem er einen politisch wie moralisch begründeten Ausgleich, eine versöhnliche Synthese der polar entgegengesetzten Geisteshaltungen zu gewinnen strebt, die allein den Frieden verbürgt. Nur der im Voraus geplante „Anschlag" des zu keiner „Raison" geneigten „tüchtigen Generals" ist der zwingende Grund, keine konzilianten Kompromisse einzugehen, sondern sich des einzigen

---
[87] Jeffrey Sammons, a. a. O., S. 247 f.
[88] Vgl. John Ellis, a. a. O., S. 121.

Mittels zu bedienen, das Albas Ziel der absoluten Unterdrückung aller Widerstände möglich macht. Er braucht die Dienstbereitschaft für König und Reich als tarnende Maske, hinter der er „das Größte, das Geheimste" seines eigentlichen Bestrebens zu verwirklichen sucht, nämlich den gänzlich eigenwilligen „Sinn, auszudrücken, zu befehlen, auszuführen" (6,69), frei von allen äußeren und höheren Bedingungen zu walten und zu wirken, und sich eine „Pflicht zu rächen" anzumaßen, wo „der Obere abzulehnen verschmäht", um mit einer verbrecherischen Untat die willkürliche Tyrannei aufs äußerste zu treiben und, wie es Oranien befürchtete, „ein Urteil" zu fällen und „eine Strafe vor dem Urteil" (6,46) zu vollziehen.

Egmont, dessen weniger „strahlende" als aufklärende und verantwortliche Tat darin besteht, um der Wohlfahrt seiner Landsleute willen das Risiko eines demaskierenden Wahrheitsbekenntnisses einzugehen, das sich ebenso auf den Zustand der äußeren politischen und sozialen Verhältnisse der Provinzen, wie auf die böswilligen und zersetzenden Motive des gewissenlosen und machtgierigen Herzogs bezieht, gewinnt den höhern Grad der Freiheit in der Verleugnung seines Selbst, indem er den charakterlosen Glücksspieler zu dem herausfordert, was seine korrumpierte und diabolische Handlungsweise am offensichtlichsten zur Erscheinung bringt: „Fordere unsere Häupter; so ist es auf *einmal* getan. Ob sich der Nacken diesem Joch biegen, ob er sich vor dem Beile ducken soll, kann einer edlen Seele gleich sein" (6,78). Egmont zwingt damit den heuchlerischen Widersacher, sich zu dem öffentlich zu bekennen, was er um seines Rufs als treuer Diener seines Königs willen am liebsten geheim gehalten hätte: als rücksichtsloser, machtgieriger und bösartiger Zersetzer jeglichen Vertrauens zwischen Regent und Volk betrachtet zu werden. Denn er braucht die potenzielle Aufsässigkeit der argwöhnischen Niederländer, ebenso wie die offenen Bestrebungen seines erklärten Antagonisten, den „ganzen freien Wert des Lebens" jeder eigenmächtigen Staatsraison den Vorzug einzuräumen, um seine usurpierende Ermächtigung rechtfertigen zu können.

Während sich Egmont in allen seinen Argumenten auf die Wirklichkeit natürlich entstandener Verhältnisse bezieht, ohne sie von irgendeinem selbstbezogenen oder speziell nationalistischen Standpunkt aus zu idealisieren, sieht sich Alba nur auf einen Möglichkeitsbereich verwiesen, den er mit dem absoluten Willen und Ansehen des Königs auszufüllen sucht, um dem nur vorgestellten „großen Übel" vorbeugen zu wollen, der seine unbegründeten Gewaltmaßnahmen einen sinnvollen Schein vermitteln würde. Wo sich Egmont für das

Recht aller Bürger einsetzt, von „einförmigen und klaren Gesetzen" regiert zu werden, „die Majestät der Religion zu sichern, und einen allgemeinen Frieden seinem Volke zu geben" (6,73) verteidigt er keine neue politische Doktrin, die er für besser und den historischen Gegebenheiten als angemessner betrachtet, sondern begründet seine Haltung lediglich in dem, was in Wahrheit die gegenwärtige Situation ebenso wie die geistige Einstellung aller vernünftigen Staatsbürger notwendig bestimmt und jeder weiteren Entwicklung zugrunde liegen muß. Daraus erwächst ihm jener höhere und gefährlichere Grad der Freiheit, nicht allein einem traditionellen dynastisch-absolutistischen Staatssystem entgegengesetzt, sondern mehr noch, einem gewissenlosen, meuchelmörderischen Despoten gnadenlos ausgeliefert zu sein, der das Vertrauen des Königs ebenso schamlos und unverantwortlich für seine eigenen Zwecke ausnutzt, wie er sich rücksichtslos über alle grundsätzlichen zwischenmenschlichen Bindungen willkürlich hinwegsetzt.

Egmonts eigentliche Leistung besteht daher in keiner „strahlenden Tat," wie sie Schiller von einem erfolgreichen historischen Helden erwartete, sondern in der Verkörperung der lebensnotwendigen Beschaffenheit alles Menschlichen, sich den schicksalhaften Bedingungen des Daseins auf Gedeih und Verderb anzupassen, sich einer höheren Gesetzmäßigkeit auch dann zu unterwerfen, wenn es unvermeidlich scheint, daß im Konflikt artgerechter Gegensätze aller irdischen Existenz „das Liebenswürdige untergeht und das Gehaßte triumphiert." Nur ist damit nach Goethes kosmologischer Geschichtsbetrachtung nicht der Weisheit letzter Schluß erreicht, sondern die weitere „Aussicht, daß hieraus ein Drittes hervorgehe, das dem Wunsch aller Menschen entsprechen werde" (10,303).

Man wird nicht fehlgehen, dieses universal Erstrebenswürdige in den Begriffen von Frieden und Freiheit verwirklicht zu sehen, die wir jedoch in unserem gegebenen Zustand der Welt, in der „sich um uns alles ändert," niemals in ihrer absoluten und abstrakten Form erreichen können, und es daher unvermeidlich ist, das Wagnis der uns allen auferlegten Lenkung „unsers Schicksals leichten Wagens" einzugehen und „das blutige Los zu werfen [...] wenn's um den ganzen freien Wert des Lebens geht" (6,42). Es ist um die Unendlichkeit und unzerstörbare Substanz dieses Lebens willen, dessen Wertschätzung einer ritterlichen Größe, einer „ungemessenen Lebenslust, des grenzenlosen Zutrauens zu sich selbst" und der „persönlichen Tapferkeit" (10,302 f.) bedarf, um es Egmont zu ermöglichen, das freiwillig hingebungsvolle Opfer seiner Existenz zu leisten.

Die Bedeutung dieser recht ungewöhnlichen, wenn nicht gar unwahrscheinlichen Begebenheit, die zugleich den historischen „Wandel der Staatengeschichte" umfaßt, wird nicht nur an Egmonts eigenem Geschick, sondern auch an den unheroischen, gegenwartsbezogenen Bürgersleuten zur Darstellung gebracht, die ihm in Liebe, Verehrung und Bewunderung verbunden sind. Denn der Gegensatz, der in den folgenden Szenen zwischen dem opferwilligen Klärchen und den feigen, furchtsamen und unentschlossenen Bürgern zur enttäuschenden Wirksamkeit kommt, dient nicht der Rechtfertigung der arglistigen Diabolik des zu keiner Raison bereiten „hohläugigen Toledaners", die nichts anderes als brutale Macht als Voraussetzung allen Rechts anerkennt, sondern weist auf eine innere, seelische Wirklichkeit, die in diesen wandelbaren Zusammenhängen nur auf eine indirekte, sinnbildliche Weise zum Ausdruck gelangt.

2.9 Im Bann der Gewalt

Die einzige Möglichkeit, die Alba zur Verfügung steht, seinen Plan der gänzlichen Unterdrückung und lähmenden Unentschlossenheit der unzufriedenen Niederländer erfolgreich auszuführen, ist, sie zum Widerstand gegen seine überlegene Militärgewalt herauszufordern. Und um dies zu bewirken, ist der ungerechte Meuchelmord an ihrem bewunderten und geliebten Helden das beste Mittel. Denn die bloße Furcht vor Albas Methoden, sie mit hinterlistigen Winkelzügen unsicher und zu einem gemeinsamen Widerstand unfähig zu machen, hatte bereits Egmont als wirkungslos und verfehlt durchschaut, da die praktischen Gewerbsleute sich zu keinen aussichtslosen, rebellischen Aufständen verführen lassen, sondern eher der Taktik des temporären Ausweichens den Vorrang geben. Die Haltung des vernünftigen Zögerns vor jeder bedeutenden Entscheidung, und dennoch tatkräftig in den Gang der Dinge einzugreifen, entspricht der einfachen und rational eingestellten Gemütsverfassung aller praktischen Bürger.

Egmont würde mit einer persönlichen Tatbereitschaft nicht nur seiner innersten Überzeugung untreu werden, einem friedlichen Ausgleich zwischen natürlich erwachsenen Gegensätzen zu dienen, sondern auch seiner realistischen Einsicht zuwider handeln, daß sein Aufruf zum nationalistischen Freiheitskampf unvermeidlich zu einer katastrophalen Zerstörung der niederländischen Lebensweise führen würde. Er war sich wie jeder verantwortliche Politiker gewiß, daß auf diese militaristische Weise mit seinen Landsleuten „nichts anzufangen" sei, obwohl ihn der sehnliche Wunsch bewegte, „nur etwas für sie getan" zu haben oder „etwas für sie tun" (6,56) zu können.

Hatte er nur an sich gedacht, als er auf Kosten seiner Freundschaft mit dem väterlichen Freund Oliva ohne Rücksicht auf die Verwundbarkeit seiner Existenz berechtigt fühlte, „dem Könige seine Pflicht mit spottender Demut ins Gedächtnis" (6,42) zu rufen? Und welche dringende Notwendigkeit veranlaßte ihn, mit seinem „freien Schritt" und einer toleranten Verwaltung sich dem Verdacht des Königs auszusetzen, „gefährlicher als ein entschiedenes Haupt der Verschwörung" (6,22) beurteilt zu werden? (Und hatte nicht auch der gottesfürchtige israelische Schuster Ahasverus recht, Christus' Leidensweg seiner eigenen Schuld anzulasten, da er trotz seiner zahlreichen Anhänger den taktischen Fehler beging, den allgemein erwarteten und ersehnten rebellischen Freiheitskampf gegen die unmenschliche Gewalt der Römer nicht durchzuführen?)

Egmonts Verhalten wäre leicht einer vernünftigen Kritik auszusetzen, wenn man ihm nicht die Freiheit zugesteht, sich über alle determinierenden Mächte des Schicksals erheben zu können, keiner Autonomie des subjektiven Willens untergeordnet zu sein, weil die Natur des Menschlichen nach Goethes Überzeugung, bei aller Unzulänglichkeit „vom Göttlichen so durchdrungen" sein könne, wie er später im Gespräch zu Eckermann erwähnte, „daß wir nach ewigen Gesetzen leiden und uns freuen, daß wir sie ausüben und sie an uns ausgeübt werden, gleichviel ob wir sie erkennen oder nicht" (24,468).

Das mag manche zu der Vorstellung verleiten, daß es eben diese vorzüglichen Anlagen von Egmonts Charakter waren, die eine sinnvolle Entwicklung von der prometheischen Eigenwilligkeit zum politisch erfahrenen und umsichtigen Staatsmann verhindert hätten und dadurch das Schicksal friedsamer Bürger einer Gefahr ausgesetzt habe, die ein kluger, flexibler Politiker mit vernünftiger Anpassungsfähigkeit an die Realität der Umstände leicht überwunden hätte. Betrachtungen dieser Art verlangen die gar nicht so überzeugende Erkenntnis, daß der Natur des Menschen keine absolute Gewalt übergeordnet sein sollte und die Eigenständigkeit geistig-seelischer Beschaffenheit in ihrer Durchdrungenheit von göttlichen Lebensenergien von keiner Autonomie des Willens übertrumpft werden dürfte.

Wo aber Überlegungen dieser Art von Wertschätzungen dringender existentieller Natur überschattet werden, muß Klärchens Versuch, den kleinbürgerlichen Brackenburg zur couragierten Rettungsaktion anzuregen, zu einer ironischen Vergeblichkeit führen. Denn so wenig die von ihm in der Schulzeit zitierte „Brutus' Rede für die Freiheit" den biederen Musterknaben Brackenburg zu einem kühneren Verhalten verholfen hatte, um so weniger ist er jetzt geneigt, sich mit Leib und Leben für den ihm überlegenen Liebhaber seiner verehrten Klare einzusetzen. Und es ist Klärchens zur Leidenschaft gesteigerter Wunsch, dem Geliebten den notwendigen Beistand zu verhelfen, der ihr zu versichern scheint: „Jeder fühlt, ich schwöre es, in sich die brennende Begier ihn zu retten, die Gefahr von einem kostbaren Leben abzuwenden, und dem Freiesten die Freiheit wiederzugeben." Sie glaubt fest an unlösbare, seelische Bande, die das Volk mit ihrem verehrten Grafen verbunden hält, ebenso wie an das allgemeine Bewußtsein, was man ihm schuldig sei, da „sein mächtiger Arm allein von ihnen das Verderben abhält," und es daher den blinden Einsatz des Lebens verlangt, „das zu erhalten nicht der Mühe wert ist, wenn er umkommt" (6,79).

Alles dies aber ist nur der Beginn eines großen, machtvollen Aufrufs zum bewaffneten Aufstand „redlicher, wackerer Männer" gegen eine freche, mordgierige Tyrannei, den nichts Geringeres rechtfertigt, als eine lebendige Erinnerung an all das, was Egmont für seine Landsleute seit jeher war und in der Stunde der äußersten Not noch immer sein müßte. Es gibt auch keinen eigentlichen Widerspruch gegen Klärchens eindringliche und unwiderlegliche Artikulationen der wahren Bedeutung Egmonts für das Schicksal des niederländischen Volkes. Deutlich ist nur der Ausdruck einer lähmenden Furcht vor dem Unglück, mit dem vergeblichen Versuch der Verwirklichung all dieser ideellen Notwendigkeiten der unmittelbaren Gegenwart nicht nur ihr Leben, sondern ihre gesamte bürgerliche Existenzgrundlage aufs Spiel zu setzen. Und weil ihre gewohnte Lebensweise sie stärker an Gewerbe, Familie und Gesellschaft bindet, sind sie nicht geneigt, mit den realistischen Tatsachen frei zu schalten und aus abstrakten Gründen ihren handwerklich-praktischen Sinn mit politischen Handlungsprinzipien zu vertauschen.

Brackenburg versucht ihr verständlich zu machen, worin er mit dem biederen Zimmermeister und dem sorgsamen Schneider Jetter übereinstimmt: „Unglückliche! Du siehst nicht die Gewalt, die uns mit ehernen Banden gefesselt hat" (6,79). Denn die kriegerische Macht Albas und die tyrannische Despotie der spanischen Oberherrschaft ist eine unmittelbare und unüberwindliche Bedrohung der lebensnotwendigen Gegenwart, von der es für sie, die auf Frieden, Eintracht und individuelle Freiheit existentiell angewiesen sind, keine idealistische

Ausflucht gibt. Für den gewerblichen Bürger bleibt angesichts der militärischen Besetzung, die „mit Furcht und Sorge die Gemüter bewegte" (6,72), keine freie Wahl zwischen Loyalität zum Fürsten und dem Wagnis, durch unbotmäßiges Betragen als verräterischer Rebell einer standrechtlichen Bestrafung unterzogen zu werden. Klärchen ist bei aller Wahrheit und Überzeugungskraft ihrer Darstellung der Tugenden, Verdienste und seelischen Größe Egmonts für die entmutigten bürgerlichen Gemüter nicht die authentische „Stimme," die sie zur entscheidenden Tatbereitschaft vereinigen könnte.

Aus Mitleid sucht man sie wie ein Kind zum Schweigen zu bringen, was sich als unwirksam erweist, so lange sie sich inbrünstig gedrängt fühlt, mit „Mut und Verachtung der Gefahr" (6,82) den feigen Provinzlern die wahren Verhältnisse zu verdeutlichen, denen die Furcht vor der Übermacht der unmenschlichen Soldateska Albas nicht gewachsen zu sein zugleich ihre vernünftige Auffassungskraft zerstört habe, „denn ich seh's, ihr seid bestürzt und könnt euch selbst in eurem Busen nicht wiederfinden. Laßt durch die gegenwärtige Gefahr nur *einen* Blick in das Vergangene dringen, das kurz Vergangene. Wendet eure Gedanken nach der Zukunft. Könnt ihr denn leben? werdet ihr, wenn er zu Grunde geht? Mit seinem Atem flieht der letzte Hauch der Freiheit. Was war er euch? Für wen übergab er sich der dringendsten Gefahr? Seine Wunden flossen und heilten nur für *euch*. Die große Seele, die euch alle trug, beschränkt ein Kerker, und Schauer tückischen Mordes schweben um ihn her. Er denkt vielleicht an euch, er hofft auf euch, *er*, der nur zu geben, nur zu erfüllen gewohnt war" (6,81 f.).

In diesen sprachlichen Wendungen bringt Goethe das zur Erscheinung, was den wahren Wert der individuellen Freiheit ausmacht: die liebende, freiwillige Hingabe an eine Notwendigkeit des Lebens, die alles individuelle Selbstverständnis und jeden subjektiven Selbsterhaltungstrieb übersteigt. Darin liegt der Maßstab jeder höheren Leistung, daß nur mit dem Einsatz aller unserer Natur eingepflanzten Vermögen erfüllt und ursprünglich in allen gottgeschaffenen Wesen als „geprägte Form" seines *Dämons* zur schicksalhaften Entfaltung gelangen kann. Diese innere Determinierung schließt den bestimmenden Einfluß äußerer Gegebenheiten nicht aus, was nach E. M. Wilkinsons Meinung zu einer „Tragödie des Seins" führen kann, insofern „der Mensch, so viel er auch planen mag, Mächten unterworfen ist, die er weder beherrschen noch begreifen kann."[89] Es sind jedoch nicht allein mehr oder weniger identifizierbare Mächte, die diesen Vorgängen zugrunde liegen. Die Wandelbarkeit historischer Entwicklungen beruht in der kosmologischen Sicht Goethes nicht allein auf tatkräftige Handlungen, sondern ebenso auf sozialen Bewertungskategorien. Wenn man bedenkt, daß die Brüsseler Bürger im Laufe des Dramas als biedere Gewerbsleute dargestellt wurden, die zwar gewisse Unzufriedenheiten mit den spanischen Einwirkungen auf ihre gewohnten Lebensweise resolut zum Ausdruck bringen und sich über individuelle Unterschiede im Wesen ihrer Regenten zu verständigen wissen, so lassen diese Szenen kzum Zweifel darüber, daß die Provinzler zu keiner radikalen, politischen Aktion geneigt sind, daß sie den Krieg hassen und jeder militärischen Bewegung gegenüber feindlich eingestellt sind.

Der französischen Invasion waren sie dadurch überlegen, daß nicht nur die Machtgier und materielle Gewinnsucht eines fremden Staates ihrem moralischen Empfinden zuwider war, sondern daß sie auch im Zutrauen zu den gerechten Motiven ihrer Regentin und den Statt-haltern, von deren Regierungsprinzipien sie überzeugt waren, daß sie „nichts Unkluges" von ihnen verlangten, und von denen sie „Uneigen-nutz, Teilnehmung an ihrem Schicksal hoffen" (6,75) konnten, da sie einen notwendigen Beitrag zur Einheit des Reiches geleistet hatten. Ihr Sinn ist stets auf das Praktische gerichtet, und eben diese Geistes-haltung bestimmt auch ihre Denk- und Handlungsweise im Bezug auf erstrebte Zustände, die einem gerechten, wirtschaftlichen und poli-tischen Ordnungsgefüge erwachsen.

Die Verhaftung Egmonts ist für das Volk ohne die Einsicht in die abgründige Verdorbenheit des Albaschen Charakters ein ganz unerwarteter Akt despotischer Gewalt. Diese sorgsam geheim gehaltene und überraschende Tat wirkt lähmend auf die eingeschüchterten Gemüter, insofern die wahre Absicht dieser Untat, die ihnen jede Möglichkeit eines gemeinsamen Widerstands entzieht, nicht unmittelbar zur allgemeinen Einsicht gekommen ist. Klärchen hat recht, wenn sie meint, daß es „nur an der Stimme (fehle), die sie zusammenruft," aber sie täuscht sich in der Vorstellung, daß „jeder fühlt [...] in sich die brennende Begier ihn zu retten," weil sie wüßten, „daß sein mächtiger Arm allein

---

[89] Elizabeth M. Wilkinson, a. a. O., S. 373.

von ihnen das Verderben abhält." Denn es ist natürlicherweise schwer für sie, aus der Ahnung einer mörderischen Untat den Schluß zu ziehen, daß ohne die führende Kraft des ihnen großmütig und selbstlos zugeneigten Grafen ihr eigenes Leben „zu erhalten nicht der Mühe wert ist, wenn er umkommt" (6,79). Einer solchen politischen und idealistischen Denkweise entspricht die vorwiegend ökonomisch orientierte, utilitaristisch aufgeklärte Geisteshaltung der konservativen Bürger nicht. „Es ist ihr guter Wille, mich zu lieben," hatte Egmont seiner begeisterten Geliebten erklärt, aber diese Haltung des Willens ist nicht vergleichbar mit jener anderen, tieferen und persönlicheren Liebe, um die man sich nicht „mit Müh und Fleiß" zu verdienen, noch sie aus anderen Motiven zu „erjagen" sucht. Egmont fühlt sich „geliebt von einem Volke, das nicht weiß, was es will; geehrt von einer Menge, mit der nichts anzufangen ist" (6,58), da es ihnen im Grunde nicht um die Privilegien einer politisch verbürgten Verfassung geht, wie es ihnen Vansen spöttisch zum Vorwurf machte. Denn es handelt sich nicht um die Erfüllung einer bestimmten Willensentschiedenheit, sondern es dreht sich auch für die Niederländer „um den einen Punkt," den Egmont keiner politisch nachgiebigen Konzession freistellt, weil er unlösbar dem unabdingbaren „Gesetz, wonach er angetreten" (1,523) zugehört. Weder er noch eine natürlich gewachsenen Volksgemeinschaft hat die freie Wahl, mit der spontanen Entfaltung des eigenständigen Wesens zugleich „den ganzen freien Wert des Lebens" einer staatlich verordneten Art und Weise des individuellen Daseins unterzuordnen. E. Staiger betont zu Recht: „die Konsequenzen der Revolution eines ganzen Volkes zu ziehen, ging damals schon gegen seine Natur."[90]

Trotz seines allzu deutlichen Wissens um die Hilflosigkeit der Niederländer der brutalen Gewalt des spanischen Heeres gegenüber, wird Egmonts Wagnis einer vermittelnden Aussöhnung natürlicher Gegensätze zur wahren politischen Notwendigkeit, insofern seine Tatbereitschaft, „unsers Schicksals leichten Wagen [...] bald rechts bald links, vom Steine hier vom Sturze da, die Räder wegzulenken" (6,43) dem Sinn und der Struktur einer Reichsordnung dient, die dem notwendigen Gang der Geschichte entspricht. Alba versucht, sich durch den schicksalhaften Gegensatz der Völker den persönlichen Vorteil einer gewalttätigen Unbezwinglichkeit zu ergattern, die er seinem Sohn als „ein großes Erbteil" zu hinterlassen möchte. Egmont fühlt sich dagegen

---

[90] Emil Staiger: *Goethe*. Bd. I, 1749-1786. Zürich 1964, S. 297.

einer Weltordnung verpflichtet, die in dem bereits von Machiavell bezeichneten schicksalhaften Wandel der Umstände aus dem Wachstums- und Reifepotenzen vielfacher Volksstämme hervorgeht. Seine innere Haltung als „echter Niederländer," der „gar so nichts Spanisches" (6,36) an sich hat, kulminiert in der Entschlossenheit, einem katastrophalen Sturz in dem Abgrund eines verheerenden Bürgerkrieges vorzubeugen, indem er unter dem selbstlosen Einsatz seiner eigenen Sicherheit nach einem friedlichen Ausgleich strebt. H. E. Holthusen sieht darin Goethes Bemühen um „ein Gleichgewicht, dessen Spannweite die denkbar größte ist, da sie eine Summe erfahrener und verwirklichter, mit allem Lebendigen fortwachsender Wahrheit umfaßt, mit der verglichen die philosophische Bereitschaft zum Scheitern als eine Sache des zu kurzem Atems erscheinen muß."[91]

Goethe hat im Laufe des Dramas diese Notwendigkeit in verschiedenen Bürgerszenen zum Ausdruck gebracht, indem er es nicht mit Egmonts Leutseligkeit bewenden ließ, sondern sich stets bewußt war, daß er von einem Volke geliebt wurde, das nicht immer und in allen Gelegenheiten zu wissen brauchte, „was es will" (6,58). Man wünscht, ihn statt der gutwilligen und trefflichen Margaret von Parma zum Regenten zu haben, und kann sich, wie der kleinmütige Schneider Jetter, dennoch nicht der Vorahnung erwehren, Egmont einer der „verfluchten Exekutionen" überliefert zu sehen. Selbst der so biedere und selbstbewußte Zimmermeister, der den „gnädigen Herrn" gegen jede Verleumdung durch inquisitorische Intrigen verteidigt, bleibt seiner Antwort auf Vansens Frage schuldig: „Willst du einen Aufruhr erregen, wenn sie ihn gefangen nehmen?" (6,62).

Das Wesen des Bürgertums liegt in keinem machtpolitischen Bereich, sondern in der Schaffung und Sicherung einer sozialen und ökonomischen Existenzgrundlage, in dem es „fest, rührig, fähig, treu, an alten Sitten hangend" (6,76) der allgemeinen Wohlfahrt, niemals aber dem subjektiven Willen eines autonomen Herrschers zu dienen bereit ist. Daher ist auch die Verpflichtung dieser vorwiegend materialistisch denkenden Gemüter zum einheimischen Grafen nicht mit Klärchens anspornender Parole identisch: „Egmonts Freiheit oder den Tod!" (6,81). Wie der Aufruhr in Flandern und Vansens demagogische Umtriebe von den vernünftigen Werkleuten deutlich als Gefahr für ihre „gute Sache" empfunden wurde, um nicht von einer absolutistischen

---

[91] Hans Egon Holthusen: *Der unbehauste Mensch*. München 1951, S. 204.

Staatsordnung als rebellische „Aufwiegler" verfolgt zu werden, so gewinnt auch die Tatsache der Verhaftung Egmonts nicht die zwingende Bereitschaft, ihre so „festgegründeten Zustände" aufs Spiel zu setzen. Klärchens leidenschaftliche Reden befassen sich vorwiegend mit der Absicht, den treulosen Memmen ihrer bürgerlichen Gesellschaft die sittlich bindende Verpflichtung ins Gedächtnis zu rufen, die sie Egmont in Zeiten des Wohlstands und Friedens mit eindeutiger Hochachtung und Liebe seiner Großmut und Zuneigung entgegengebracht hatten, ihn aber jetzt in dringendster Not schamvoll im Stich lassen. „Da ihr laut den Helden verehrtet, ihn Freund und Schutz und Hoffnung nanntet, ihm Vivat rieft; da stand ich in meinem Winkel, schob das Fenster halb auf, verbarg mich lauschend, und das Herz schlug mir höher als euch allen. Jetzt schlägt mir's wieder höher als euch allen! Ihr verbergt euch, da es not ist, verleugnet ihn, und fühlt nicht, daß ihr untergeht, wenn er verdirbt" (6,83).

Eindringlicher kann kaum die seelische Isolierung des sich unbeschränkt und selbstlos der natürlich gewachsenen Eigenständigkeit des niederländischen Volkes großmütig zugeneigten Fürsten vergegenwärtigt werden. Aber daran schließt Goethe keine Klage des von Gott und seinen unzulänglichen Landsleuten verlassenen Adligen, der sich unzeitmäßig und ohne nötige Vorsicht opferbereit dazu hingab, um einen so esoterisch-ungewissen „Gewinst" zuliebe das „blutige Los zu werfen." Egmont verliert im Augenblick seiner Verhaftung nicht seine Fassung, obwohl er Oraniens Vorhersage bestätigt sieht, denn mit der Anspielung, daß er bezweifelt, nach dem Befehl des Königs dieser Ungerechtigkeit zum Opfer zu fallen, gewinnt er zugleich die Gewißheit, sich nicht leichtsinnig oder eigenwillig, sondern mit gutem Gewissen den notwendigen Widerstand gegen die willkürliche despotische Unterdrückungstendenz Albas geleistet zu haben. In dieser Erkenntnis einem kaum erklärlichen und dennoch unüberwindlichen Schicksal überantwortet zu sein, bestätigt sich ihm, einer höheren Wahrheit zu dienen, deren „gottähnliches" Wesen nach Goethes Überzeugung „nicht unmittelbar" erscheint und uns zwingt, es nur „aus seinen Manifestationen zu erraten" (9,580).

Zu diesen Erscheinungsformen einer bestimmenden Geisteshaltung gehört auch „das Dämonische", welches nach Goethes Meinung gerade in diesem Zusammenhang „von beiden Seiten im Spiel ist, in welchem Konflikt das Liebenswürdige untergeht und das Gehaßte triumphiert." Nur führt dieser tragische Vorgang zu keinerr gnadenlosen Vernichtung des Wahren, sondern das überlegene Gewaltsame, das „mit den notwendigen Elementen unseres Daseins willkürlich zu schalten" (10,302) scheint, kann nichts Bedeutender als die „Aussicht" enthüllen, „daß hieraus ein Drittes hervorgehe, das dem Wunsch aller Menschen entsprechen werde" (10,303). Damit kann für Goethe alles Übersinnliche, sei es göttlichen oder widergöttlichen Ursprungs, aus dem Unerforschlichen nur auf geistig schöpferische Weise gestaltlich zur Erscheinung gebracht werden. Und es gab für ihn, der die fürchterliche Verkettung von Macht und Recht nicht nur unter dem revolutionären Tendenzen seiner Zeit und der Zwangsherrschaft Napoleons erlebte, keine andere Wahl, als mit der alles Sittliche durchkreuzende Dämon despotischer Willensautonomie geistig gegen diese unheimliche Macht Recht zu behalten und damit „dem Wunsch aller Menschen" zu entsprechen oder sich hinter ein poetisch gestaltetes „Bild" idealistischer Menschlichkeit zu flüchten, in dem sich der „ganze freie Wert des Lebens" spiegelt. Dazu diente ihm die Gegenüberstellung der beiden Arten, die unüberwindliche Realität des Todes zu bewältigen.

2.10 Egmonts Opfer der Liebe

Klärchens Selbstmord ist Flucht aus einer Welt, die ihren inneren Erwartungen und Forderungen nicht entspricht, wird aber von ihrem liebevollen Gemüt nicht als absolutes Ende, als heillosen Versinken in einen bodenlosen Abgrund der Nichtigkeit empfunden. Sie fühlt sich von ihrem Willen getragen, „nach Hause" zu gehen und scheint zu wissen, wohin dieser Ausweg aus einem unendlich wandelbaren, unbeständigen und treulosen Dasein führt, wenn sie gerade an den von der kalkulierenden Vernunft beschränkten Brackenburg die Frage stellt: „Weißt du, wo meine Heimat ist?" (6,83). Hier fehlt zwar das romantische ‚Als-ob' der Eichendorffschen *Mondnacht*,[92] daß sie ihm aber in der Antwort auf diese metaphysische Frage um ein Wesentliches voraus ist, deutet auf ihre Ahnung der Rückkehr ihrer unsterblichen Seele zum Ursprung der Schöpfung, dem Urphänomen alles gottähnlich Wahren und Wirklichen, von dem Goethe überzeugt war, daß es nur aus seinen Manifestationen erraten werden könne. Der wahrhaft liebenden Seele gelingt diese Flucht nur dann, wenn sie sich von aller Schwere des Körperlich-Materiellen befreit, um ihrem innersten Gesetz

---

[92] Joseph von Eichendorff: *Werke in sechs Bänden*. Frankfurt 1958, Bd. 1, S. 322 f.

zufolge den unbeschwerten Gang „nach Hause" zu gehen, woher sie entsprang. Die Verschlingung der Bürgerszenen, in denen Klärchen vergeblich um die Beihilfe zur Rettung Egmonts wirbt, mit den Kerkerszenen, in denen Egmont mit der Bewältigung des Gedankens der absoluten Vertilgung des Menschen durch den Tod ringt, deuten auf die gleiche Frage: Welche Kräfte hat der Mensch, der unüberwindlichen Gewalt des Todes zu widerstehen und sich mit dem unabdingbaren Ende seiner individuellen Existenz abzufinden?

Ist Klärchens Selbstmord eine Kapitulierung vor dieser Gewalt, die ihr mit der Gestalt des Geliebten den gesamten Wert des Lebens entreißt und sie zwingt, ein Leben endloser Qual zu führen, „wenn er zugrunde geht?" Ihr Leiden ist nicht nur tiefer durch die Stärke ihrer eigenen Liebe, sondern auch schmerzhafter durch die Gewißheit, daß er zum Opfer einer „frechen Tyrannei" fallen mußte, deren diabolischer Mordsinn das gesamte Dasein vor eine unlösbare Entscheidung zwischen Leben und Tod stellt. Aber während Klärchen keinen anderen Ausweg kennt, als sich mit dem eigenen Tod über den Abgrund der inneren Zerrüttung hinwegzusetzen, sucht Egmont im „Kern seines Herzens" nach einer seelischen Kraft, die fähig wäre, der Erschütterung seines „festen treuen Sinns" wirksamen Widerstand zu leisten. Noch sieht er sich unbewehrt dem *furor mortis* ausgeliefert. „Ich fühl's es ist der Klang der Mordaxt, die an meiner Wurzel nascht. Noch steh ich aufrecht, und ein innerer Schauer durchfährt mich. Ja, sie überwindet, die verräterische Gewalt; sie untergräbt den festen hohen Stamm, und eh die Rinde dorrt, stürzt krachend und zerschmetternd deine Krone" (6,84).

Nicht der Tod an sich als einem elementaren Teil der Natur des irdischzeitlichen Daseins, sondern die Wirksamkeit des unerforschlichen Dämons zielloser und unbegrenzter Verwandlung, dessen Sinn sich der rationalen Erkenntnis des Menschen entzieht, gilt es zu bewältigen. Aber nicht hilflos sieht er sich der Gefahr sinnloser Vertilgung überantwortet, insofern er erkennt, daß diese abgründige „Sorge" um sein Leben nur ein Produkt subjektiver Vorstellung ist, denn noch niemals zuvor in seinem Dasein erschien ihm der Gedanke an den Tod als „fürchterlich": Er hatte mit „dessen wechselnden Bildern, wie mit den übrigen Gestalten der gewohnten Erde" gelassen gelebt. „Auch ist er's nicht, der rasche Feind, dem die gesunde Brust wetteifernd sich entgegen sehnt; der Kerker ist's, des Grabes Vorbild, dem Helden wie dem Feigen widerlich" (6.84). Was ihn sorgenvoll bedrückt, ist nicht die Vorstellung des Todes als Ende seines Lebenswillens, sondern der äußere Zwang determinierender Begrenzung der freien Entfaltung seiner natürlichen Impulse. Von äußeren, ungerechten Gewalten eingeschlossen und den schöpferischen, spontan sich entfaltenden Energien seines Wesens nicht mehr mächtig zu sein, ist der Grund seiner Todesfurcht. Ihm war von seinen jüngeren, politisch unverbindlicheren Jahren nur allzu deutlich in Erinnerung, daß diese bedrückende und erschütternde Wirkung auf seinen Lebenswillen überwunden werden konnte, wenn ihm die Möglichkeit seiner „persönlichen Tapferkeit", der „Base, auf dem sein ganzes Wesen beruht" unbegrenzt zur Verfügung stand. Damals, als er sich noch an keine Bedingungen des öffentlichen Lebens gebunden fühlte, konnte er sich der Freiheit des ganz egozentrischen Handelns überlassen: „Unleidlich ward mir's schon auf meinem gepolsterten Stuhle, wenn in stattlicher Versammlung die Fürsten, was leicht zu entscheiden war, mit wiederkehrenden Gesprächen überlegten, und zwischen düsteren Wänden eines Saals die Balken der Decke mich erdrückten. Da eilt ich fort [...] Und frisch hinaus, da wo wir hingehören! ins Feld, wo aus der Erde dampfend jede nächste Wohltat der Natur, und durch die Himmel wehend alle Segen der Gestirne uns umwittern; wo wir, dem erdgebornen Riesen gleich, von der Berührung unsrer Mutter kräftiger uns in die Höhe reißen; wo wir die Menschheit ganz und menschliche Begier in allen Adern fühlen; wo das Verlangen, vorzudringen, zu besitzen, zu erobern, durch die Seele des jungen Jägers glüht; wo der Soldat sein angebornes Recht auf alle Welt mit raschem Schritt sich anmaßt, und in fürchterlicher Freiheit wie ein Hagelwetter durch Wiese, Feld und Wald verderbend streicht, und keine Grenzen kennt, die Menschenhand gezogen" (6,84).

Dies alles sind extreme Möglichkeiten rein persönlichen Verhaltens, die den Menschen das absolute Ende seiner individuellen Existenz vergessen lassen, und ihn in einen Zustand zu versetzen, wo der Tod nicht gefährlicher zu sein scheint, als ein „Kunstgriff der Natur, viel Leben zu haben" (17,547). Hier wird auf eine ideale Form männlicher Lebenslust in Gestalt des jugendlichen Jägers und des aggressiven Soldatens zurückgewiesen, in deren entfesselnden Aktivitäten uns Goethe in symbolischer Erscheinung den reinsten Willen zum Leben darstellt, der noch von keinem verantwortungsvollen Gemeinschaftsempfinden beeinträchtigt wird. Der weit gewissenhaftere Protagonist unseres Trauerspiels jedoch wird von seinen Landsleuten wegen seiner großzügigen, freimütigen und selbstlosen Lebensweise ebenso wie seines „Uneigennutzes" und unwandelbaren „Teilnehmung" am Geschick seines Landes „auf den Händen getragen," so daß er besonders im Hinblick auf seine politischen Verpflichtungen bedauernd gestehen muß: „Hätt ich nur etwas für sie getan! könnt ich etwas für sie tun!" (6,56). Diese innere Verkettung mit dem Los seiner Landsleute ist es, die ihn die Furcht vor dem Tode überwinden läßt. Und später belehrt uns Schopenhauer, „daß ein solches beständiges Entstehen und Vergehen keineswegs an die Wurzel der Dinge greifen, sondern nur ein relatives, ja so scheinbares sein könne, von welchem das eigentliche, sich ja ohnehin überall unserem Blicke entziehende und durchweg geheimnisvolle innere Wesen jedes Dinges nicht mitbetroffen werde, vielmehr dabei ungestört fortbestehe, wenn wir gleich die Weise, wie das zugeht, weder wahrnehmen, noch begreifen können, und sie daher nur im Allgemeinen, als eine Art von ‚tour de passe-passe'" zu verstehen sei. [...] Dies ist etwas so augenscheinlich Absurdes, daß es nimmermehr die wahre Ordnung der Dinge sein kann, vielmehr bloß eine Hülle, welche diese verbirgt, richtiger, ein durch die Beschaffenheit unseres Intellekts bedingtes Phänomen. Ja, das ganze Sein und Nichtsein selbst dieser Einzelwesen, in Beziehung auf welches Tod und Leben Gegensätze sind, kann nur ein relatives sein: die Sprache der Natur, in welcher es uns als ein absolutes gegeben wird, kann also nicht der wahre und letzte Ausdruck der Beschaffenheit der Dinge und der Ordnung der Welt sein, sondern wahrlich nur ein ‚patois de pays', d.h. ein bloß relativ Wahres, ein Sogenanntes, ein *cum grano salis* zu Verstehendes, ein durch unser Intellekt Bedingtes."[93]

Egozentrische Bestrebungen spontaner Selbstbehauptung sind Entfaltungsvermögen der subjektiven Tatkraft im Grenzbereich sittlicher Möglichkeiten, die niemals über die Niederlage des Liebenswürdigen hinweg die Aussicht auf jenes „Dritte" freizulegen vermögen, „das dem Wunsch aller Menschen entsprechen würde" (10,303). Hier kommt nur die poetische Vorstellungskraft zu Wort, welche die Menschheit an den glücklichen Naturzustand erinnert, wo Heroen nur als Jäger und Soldaten gefeiert wurden, die den Tod als anregenden Gast inmitten der alles verlangenden, erobernden und besitzenden Urmenschen zu dulden gewohnt waren. Ja, es gab jene berauschenden und aufregenden Mo-

---

[93] Arthur Schopenhauer: „Über den Tod und sein Verhältnis zur Unzerstörbarkeit seines Wesens an sich." In: Ders.: *Die Welt als Wille und Vorstellung*. Lizenzausgabe, hg. von A. Ulfig. Köln 2000, S. 1050 f.

mente prometheischen Ursprungs, die „in fürchterlicher Freiheit" alles zu begehren, zu erhaschen und zu besitzen strebten. Danach aber kommt der ernüchternde Moment, in dem der reifere Egmont erkennt, daß er sich vor dem Dämon der unbeschränkten Willensentfaltung nach Goethescher Manier hinter ein „Bild" flüchten könne. „Du bist nur ein Bild, Erinnerungstraum des Glücks, das ich so lang besessen; wo hat dich das Geschick verräterisch hingeführt?" (6,85). Wer sein Dasein bloß als ein zufälliges auffaßt, was Egmont in diesem Augenblick der bedrückenden Vereinzelung nahe liegt, muß fürchten, es durch den Tod unbedingt zu verlieren. Wer es als Teil einer göttlichen Schöpfung alles Lebendigen bewertet, wird mit der Rückkehr in den Schoß alles Geschaffenen als dem Ursprung seines eigenen Lebens auch an seine Unsterblichkeit glauben. Nur ist es nicht mehr der kalkulierende Verstand, sondern die jenseits des wachen Bewußtseins und der trügerischen Vorstellungsvermögens unlösbare Gebundenheit an seine individuelle Eigenart und mit ihr an die mit visionärer Kraft begabten Seele, die allein die Freiheit besitzt, mit der Überwindung aller selbstischen Neigungen in diesen höhern und unsterblichen Lebenswillen einzugehen.

Es liegt nahe, die zutiefst schmerzhaft empfundene Ungerechtigkeit mit der gleichen Gewaltanwendung zu bekämpfen, die den charakteristischen Jäger und Soldaten auszeichnet, und zu der sich Egmont durchaus noch befähigt fühlt. Hatte uns nicht die Natur gelehrt, daß in diesem unendlichen Widerspruch zeitlicher Umstände das Gesetz des Stärkeren die Oberhand behält, daß die Natur, wie es Schopenhauer betont, die niemals lügt in allen wandelbaren Erscheinungen zwar die Erhaltung der Art, der Spezies, der Gattung, nicht aber des Individuums zum absoluten Zweck hat, so daß selbst die „alten Grundansichten" die Aussage enthalten, „daß das lebende Wesen durch den Tod keine absolute Vernichtung erleidet, sondern in und mit dem Ganzen der Natur fortbesteht."[94]

Diesen durchaus als mythisch zu verstehenden Vorgang zu veranschaulichen hatte Goethe den Tod Klärchens dem Egmonts vergleichend gegenüber gestellt. Klärchens Selbtmord ist die Flucht des verzweifelten Gemüts aus einem heillos zerbrochenen und prinzipienlosen Dasein. Ihr Wertmaßstab scheiterte an der Unfähigkeit ihrer bürgerlichen Landsleute, über ihre egoistisch-merkantile Gemütsverhärtung

---

[94] Ebd., S. 1048.

hinaus die kollektive und existentielle Bedeutung Egmonts zu erfassen. Ihre seelischen Impulse der Liebe stoßen gleichsam mit dem Verlust ihres Geliebten ins Leere und sind der tödlichen Verwundbarkeit einer Vorstellung des sinnlosen Absinkens alles individuellen Seins in eine bodenlose Nichtigkeit ausgeliefert. Wenn Brackenburg sie aus dem entfesselten Wahn ihrer egozentrischen Vorstellungswelt in die Realität der bürgerlich beschränkten Umwelt zurückzuführen sucht, wird ihr nur umso schmerzhafter bewußt, ihre psychische Heimatlosigkeit niemals überwinden zu können. Ihr wird nicht zuteil, was Egmont durch die Freundschaft und Liebe Ferdinands erfährt, daß kein wahres Opfer umsonst ist, wenn es frei von allen subjektiven Zwecken einer überpersönlichen Notwendigkeit gewidmet wird. Klärchen aber kann sich nur der leidigen Tatsache erinnern, daß die bürgerliche Mentalität die Größe und Bedeutung des Geschehens nicht erfaßt: „Ihr verbergt euch, da es not ist, verleugnet ihn, und fühlt nicht, daß ihr untergeht, wenn er verdirbt" (6,83).

Klärchens Freitod ist jedoch mit Egmont freiwilliger Opferbereitschaft insofern verwandt, als auch der Entschluß, ihr gebrochenes Herz nicht überleben zu wollen, der selbstlosen und wohltätigen Haltung Egmonts auf ihre Weise spiegelt. Denn auch für sie ist das unvermeidliche „Sollen" der Natur stärker als das erstrebte Wollen ihrer eigenen Glückserfüllung, und mit dem Verlust ihres Geliebten wird auch ihr Wille zu leben als Grundlage ihrer Existenz tödlich gebrochen.

Egmont flüchtet sich in den Bereich einer tragischen Ironie, wenn er im Hinblick auf sein persönliches Geschick, ähnlich der verführerischen Vorstellungen jugendlich unbeschränkter Handlungsfreiheiten, sich dem visionären Wunschtraum einer spontanen Befreiungsaktion hingibt, die zwar im Wissen um den guten Willen und die herzliche Anhänglichkeit seines Volkes berechtigt erscheint, sich jedoch erst im Laufe einer längeren historischen Entwicklung und aufgrund eines tieferen und gemeinsamen Erlebens verwirklichen kann, wenn die Erfahrung des ungerechten und willkürlichen Meuchelmords ihres verehrten Vorbilds den friedvoll und konservativ eingestellten Gemütern zur Gewißheit geworden ist, daß Egmonts Tod, ebenso wie sein freies, tapferes, offenes und liebevolles Wesen ihnen den Weg ihrer eigenen Zukunftsentwicklung vorgezeichnet hat. „O haltet ihr Mauern, die ihr mich einschließt, so vieler Geister wohlgemeintes Drängen nicht von mir ab; und welcher Mut von meinen Augen sonst sich über *sie* ergoß, der kehre nun aus *ihren* Herzen in meines wieder" (6.85).

Er kennt seine Landsleute auch in dieser Weise, daß ihnen sein wohltätiges Mitempfinden nicht unerkannt und unerwidert geblieben ist, daß aber seine Hoffnung, sie im Versuch vereinigt zu sehen „mit anschwellender Gewalt den alten Freund (zu) erretten" nichts anderes sein kann, als ein „glänzendes Feuerbild der Nacht," das ebenso leicht verschwindet wie der Gedanke an „die Gerechtigkeit des Königs" oder „der Regentin Freundschaft, die fast (du darfst es dir gestehn), fast Liebe war" (6,85). Nicht im Flüchtigen und Wandelbaren des Individuellen wurzelt das wahrhaft Errettende, sondern in der von höherer Instanz geschaffenen Gemeinschaft. Erst wenn er es für möglich hält, daß sie sich „zu Tausenden" rühren, gewinnt er die Aussicht, daß „sie kommen! sie stehen mir zur Seite. Ihr frommer Wunsch eilt dringend zu dem Himmel, er bittet um ein Wunder. Und steigt zu meiner Rettung nicht ein Engel nieder, so seh ich sie nach Lanz und Schwertern greifen. Die Tore spalten sich, die Gitter springen, die Mauer stürzt vor ihren Händen ein, und der Freiheit des einbrechenden Tages steigt Egmont fröhlich entgegen" (6,85).

Und dieses „Wunder" erfüllt sich eben so wenig im subjektiven Vorstellungsvermögen des exaltierten Einzelnen, als es ihm in der empirischen Erfahrung zuteil wird. Hier gewinnt die Erscheinungsform eines höheren, überpersönlichen und unerschöpflichen Willens zum Leben in Egmont visionäre Gestaltung. Sie beruht jedoch auf keiner subjektiven Idee, sondern auf der Gewißheit einer objektiven Notwendigkeit, die in der „Kraft" eines Volkes liegt, die aus Männern besteht, die „wert sind, Gottes Boden zu betreten; ein jeder rund für sich, ein kleiner König, fest, rührig, treu, an alten Sitten hangend," und darin in Frieden und Vertrauen nichts Wertvolleres zu verwirklichen trachten als das, was dem allgemein verbindlichen „Kern ihrer Eigenart" angemessen ist.

Mit Recht weist P. Böckmann auf die Wendung des Vorgangs hin, die den „inneren Kräften des Menschen" den Vorzug gibt und die Rolle der Liebe „nicht als bloße Leidenschaftlichkeit, die auf die Liebe nicht verzichten will" mißversteht oder sie als „leichtsinniges Selbstvertrauen" auslegt, wie es Schiller tat. „Die freie Äußerung des eigenen Lebens erweist sich in *Egmont* als eine Grundbedingung menschlichen Daseins und wird als eine ‚religiös und metaphysisch begründete Haltung' zu verstehen sein."[95] Aber Goethes realistische Darstellungsweise

---

[95] Paul Böckmann, a. a. O., S. 164.

verliert sich nicht im Bereich des Möglichen und dringlich Ersehnten, denn obwohl Egmont mit dem Einfluß einer göttlichen Hilfe rechnet, für den seine Landsleute die übertragenden Vermittler darstellen, bleibt dieser Gedanke nur ein „frommer Wunsch", der ihm hilft, seiner lähmenden und deprimierenden Todesfurcht Herr zu werden. Darauf entfaltet Goethe erneut die bedrückende und gnadenlos fesselnde Wirkung, welche die ungerechte Hinrichtung zu einem „fürchterlichen Schauspiel" macht und das „gewaltsam jedes Herz, das nach Freiheit ringt, auf ewig zu zerknirschen" (6,87) strebt. Wiederum erinnern Klärchens verzweifelte Fragen nach der Gerechtigkeit dieser unglaublichen Untat an die Vermutung, daß es nicht der König, sondern nur der Herzog sein kann, der Egmont ohne legitimen Gerichtsvollzug verurteilt. „Wer wäre bös genug, den Teuern anzufeinden? Wäre Bosheit mächtig genug, den allgemein Erkannten schnell zu stürzen? Doch ist es so – es ist" (6,86). Die ebenso undurchsichtige wie unerklärliche Handlungsweise bestätigt ihr, daß es nur eine diabolische Bosheit sein könne, die im geheimen und mit gewissenloser Arglist der kalkulierenden Vernunft ihr intrigantes Spiel getrieben hat. Unvergleichlich leidvoll wenden sich Klärchens Vorstellungen, angeregt von diesen Vermutungen, in abgründige Tiefen ihres Mitleids: „Nun bin ich frei! Und in der Freiheit liegt die Angst der Ohnmacht. – Mir selbst bewußt, nicht fähig, ein Glied nach seiner Hülfe zu rühren. Ach leider, auch der kleine Teil von deinem Wesen, dein Klärchen, ist wie du gefangen, und regt getrennt im Todeskrampfe nur die letzten Kräfte" (6,86).

Die folgenden Dialoge mit Brackenburg lassen erkennen, daß es für die so heillos von dem „Wankelmut" und der „Unzuverlässigkeit" der Welt Enttäuschte und Vereinsamte keine heimatliche Bindung an ihre zeitliche Existenz mehr geben kann. Gerade die mitleidigen Gesten ihres Jugendfreundes machen ihr bewußt, daß die existentielle Bedeutung ihrer Liebe von keinen sympathischen Neigungen ersetzt werden können. Brackenburg kann ihr nur zu der Überzeugung verhelfen, daß es für sie keinen anderen Ausweg gibt, als die unbedingte Flucht aus den zerstörerischen Verhältnissen dieser heillos verworrenen Welt. „Ich wandle den seligen Gefilden schon näher und näher, mir weht der Trost aus jenen Gegenden des Friedens schon herüber" (6,87).

Goethes poetische Gestaltung versetzt uns in einen übernatürlichen Bereich, in dem wir unsere realistische Daseinsgewißheit aufgeben müssen, um die Macht eines höheren Ordnungsprinzips zu erfahren, das nicht minder zu unseren seelischen Beschaffenheit in Form einer inhärenten Vollkommenheit gehört, die instinktiv jenem schwer zu definierenden „Wunsch aller Menschen" entspricht. Klärchens Klage erwächst aus einer Geisteshaltung, deren Ausdrucksweisen eine Eindringlichkeit gewinnen, die man von einem einfachen Bürgermädchen aus der Gesellschaft der „Näherinnen und Köchinnen" nicht in dieser Kraft, Herzhaftigkeit und Entschlossenheit erwarten sollte. Gerade darin aber werden die ‚entselbstenden' Impulse ihrer liebevollen Seele begreiflich, die sie nicht nur von den gnadenlos vergewaltigenden Ränken der Bosheit distanziert, sondern auch in ihrem Glauben an die Unsterblichkeit der Seele der Hoffnung Raum gibt, mit ihrem Geliebten auf ewig verbunden zu bleiben. Die Einsicht in die grauenhafte Wirklichkeit, in der man an die absolute Vernichtung alles Lebens glaubt, wird für sie zur inneren Gewißheit, daß im tragischen Vergehen der idealen Verkörperung menschlicher Vollkommenheit ein Vorgang beschlossen ist, der ihre wahre Liebe ermächtigt, über ihre begrenzte Individualität mit ihrem freien Willen hinauszugelangen, und den bodenlosen Abgrund der Verzweiflung mit der Gewißheit überbrücken und ihm in jene transzendente „Gegenden des Friedens" folgen zu können.

Ihre realistische Erkenntnis wird daher von einer höheren Einsicht übertrumpft, wenn sie sich vergewissert: „Die Tyrannei ermordet in der Nacht den Herrlichen; vor allen Agen verborgen fließt sein Blut. Ängtlich im Schlafe liegt das betäubte Volk, und träumt von Rettung, träumt ihres ohnmächtigen Wunsches Erfüllung; indes unwillig über uns sein Geist die Welt verläßt. Er ist dahin!" (6,87). Dieser Tatsache unterwirft sie ihr ganzes Selbstsein, das sie freiwillig aufzuopfern sich gedrängt fühlt. Aber dennoch führt dieser Entschluß nicht in die grenzenlose Nichtigkeit eines tödlichen Abgrunds. Brackenburgs Beschreibung der äußeren Vorbereitungen zu Egmonts „gräßlichem Opfer" bezeichnet Klärchen als bloße „Hülle", die sie schwerelos auf ihrer Seele ruhen läßt: „Verschwunden sind die Gespenster, und du, holde Nacht, leih deinen Mantel der Erde, die in sich gärt; sie trägt nicht länger die abscheuliche Last, reißt ihre tiefen Spalten grausend auf, und knirscht das Mordgerüst hinunter. Und irgendeinen Engel sendet Gott, den sie zum Zeugen ihrer Wut geschändet; vor des Boten heiliger Berührung lösen sich Siegel und Bande, und er umgibt den Freund mit mildem Schimmer; er führt ihn durch die Nacht zur Freiheit sanft und still. Und auch mein Weg geht heimlich in dieser Dunkelheit, ihm zu begegnen" (6,88).

Es mag scheinen, als wäre dieser visionäre Wunschtraum Klärchens nur die Folge der verzweifelten Ausflucht in eine illusorische Phantasmagorie, um sich vor der unüberwindlichen Gewalt des Todes in eine Utopie himmlischer Erlösung zu retten. In Wirklichkeit aber ist sie entschlossen, das gleiche Schicksal ihres Geliebten zu teilen, und in keiner Weise durch ihren Glauben an eine seelische Wiedervereinigung im Sinne einer Metempsychose der grauenhaft unvermeidlichen Zerstörung ihrer lebensnotwendigen Körperlichkeit auszuweichen. An ihrer bürgerlich einfachen Gemütsverfassung, zu der die religiöse Bindung an Konfigurationen überirdischer Mächte im Zeitlichen gehört, erweist sich jene von Goethe der Natur des Menschen zugeschriebene Durchdrungenheit vom Göttlichen, „daß wir nach ewigen Gesetzen leiden und uns freuen, daß wir sie ausüben und daß sie an uns ausgeübt werden, gleichviel ob wir sie erkennen oder nicht" (24,468).

Klärchen ist die einzige, die wie Egmont ihr Leben für den höheren Wert des Daseins einsetzt und in opferbereiter Hingabe ihre Freiheit von allen äußeren, determinierenden Bedingungen verwirklicht, die ihr zugleich den Zugang in einen weiten Ursprungsbereich des Lebens erschließt, der allein ihre persönliche Qual des Verlustes und ihres gebrochenen Herzens zu überwinden verspricht. Darum kann sie den Tod als Freund, als Bruder, als Befreier von der Last der Trauer betrachten, die nur noch wie eine „Hülle" auf ihrer Seele ruht. Denn jetzt gewinnt sie aus der Unvermeidlichkeit des Todes die Gewißheit, daß „die gärende Erde nicht länger die abscheuliche Last" tragen will und Gott einen Engel senden wird, der Egmont „durch die Nacht zur Freiheit" (6,88) führt.

Sie besteht gegen die Einwände Brackenburgs darauf, daß nur der Tod ihr „Teil" an dem Schicksal ihres Geliebten sein kann, darum „gönne mir den sanften schnellen Tod," den sie auch für Egmont vorausgesehen hat, und der ihr die Wiedervereinigung jenseits der unerforschlichen, aber nicht mehr unheimlich scheinenden Dunkelheit verbürgt. Selbst die Erwähnung des Freundes, daß „ein weißes Kreuz, das durch die Nacht wie Silber blinkte, [...] an der einen Seite hoch aufgesteckt" wurde, gewinnt in den Augen Brackenburgs eine magische Wirkung: „Ich sah, und sah die schreckliche Gewißheit immer gewisser. Noch wankten Fackeln hie und da herum; allmählich wichen sie und erloschen. Auf einmal war die scheußliche Geburt der Nacht in ihrer Mutter Schoß zurückgekehrt" (6,88). Was darin für Klärchen erhellend und einsichtig gewirkt haben mag, war die Versicherung, daß durch Egmonts wahres Opfer die Macht des Todes gebrochen wird und daß auch das Ende des vereinzelten und verlassen Repräsentanten der Wahrheit alles Lebendigen nicht seine Vernichtung sein könne, sondern eine Rückkehr des Begnadeten in den göttlichen Ursprung seines Wesens, in die Ganzheit und Unendlichkeit der ewig lebenden Seinsgegenwart der Natur. Alles Weitere ist nur eine vorausdeutende Abwandlung der eigentlichen Rettung, die sich im Opfertod der Liebe verwirklicht. Und daß diese Liebe über das individuelle Verhältnis hinausreicht, bekundet sich in der letzten Stunde von Klärchens irdischer Existenz. „Im Augenblick, da ich die dunkle Pforte öffne, aus der kein Rückweg ist, könnt ich mit dem Händedruck dir sagen: wie sehr ich dich geliebt, wie sehr ich dich bejammert. Mein Bruder starb mir jung, dich wählt ich, seine Stelle zu ersetzen. Es widersprach dein Herz, und quälte sich und mich, verlangte heiß und immer heißer, was dir nicht beschieden war. Vergib mir und leb wohl! Laß mich dich Bruder nennen! Es ist ein Name, der viel Namen in sich faßt. Nimm diese letzte schöne Blume der Scheidenden mit treuem Herzen ab – nimm diesen Kuß – Der Tod vereinigt alles, Brackenburg, uns denn auch" (6,89).

Zu diesem Akt der inneren Verwandtschaft kann es nur dann kommen, wenn die seelische Kraft der Liebe in allen Formen menschlicher Verhältnisse das einzig bindende Element darstellt. Brackenburg hat diese Liebe nicht empfinden können, da er von seinem heißeren, sinnlichen Verlangen daran verhindert wurde. Auch ihre Mutter hat von der Tiefe und Unbedingtheit dieser seelischen Zuneigung kaum etwas erfahren. In der Obhut ihres brüderlichen Liebhabers wird sie den unzeitlichen Verlust ihrer Tochter verschmerzen: „Steh meiner Mutter bei, die ohne dich in Armut sich verzehren würde. Sei ihr, was ich ihr nicht mehr sein kann, lebt zusammen und beweint mich. Beweint das Vaterland, und den, der es allein erhalten konnte." Und so sehr Backenburg sie anfleht, ihnen erhalten zu bleiben, sieht sich Klärchen bereits in eine andere Dimension des Daseins versetzt: „Lebt, ihr Armen, die Zeit noch hin, die keine Zeit mehr ist. Heut steht die Welt auf einmal still; es stockt ihr Kreislauf, und mein Puls schlägt kaum noch wenige Minuten! Leb wohl!" (6,89).

Auch das Versprechen des Freundes, ihr mit seiner und ihrer Mutter Liebe „den schönsten Trost in ihren lebendigen Armen zu bereiten," muß sie zurückweisen: „Du fühlst nicht, was du rührst. Wo Hoffnung dir erscheint, ist mir Verzweiflung. [...] Ich hab überwunden, ruf mich nicht wieder zum Streit" (6,89 f.). In diesen Äußerungen spiegelt sich die tragische Verlorenheit einer heimatlosen, vereinsamten und ganz von aller zeitlichen Entwicklung qualvoll distanzierten Selbstbefangenheit. In diesem Zustand muß Brackenburgs Flehen ihr als Verlockung zur Untreue an ihrem pathetischen Entschluß erscheinen, im freien Tod das alleinige erlösende Mittel zu einer seelischen Wiedervereinigung mit dem Geliebten zu erhoffen: „Weh! über dich Weh! Weh! Grausam zerreißt du den Vorhang vor meinem Auge. Ja, er wird grauen, der Tag! vergebens alle Nebel um sich ziehen und wider Willen grauen! Furchtsam schaut der Bürger aus seinem Fenster, die Nacht läßt einen schwarzen Flecken zurück; er schaut und furchtsam wächst im Lichte das Mordgerüst. – Neu – leidend wendet das entweihte Gottesbild sein flehend Auge zum Vater auf. Die Sonne wagt sich nicht hervor; sie will die Stunde nicht bezeichnen, in der er sterben soll. Träge gehen die Zeiger ihren Weg, und eine Stunde nach der andern schlägt. Halt! Halt! nun ist es Zeit! mich scheucht des Morgens Ahndung in das Grab" (6,90).

In diesem Vorgang weist Goethe auf ein Geschehen, das den Menschen seiner und vieler vorhergehender Epochen aus den Heiligen Schriften bekannt war und von der Begebenheit akzentuiert wurde, die gärende Erde zum erschütternden Beben zu bringen, wo die Welt auf einmal stille zu stehen schien und eine edle Seele bekannte, alles Irdische überwunden zu haben. Nur im Hinblick auf diesen Akt der Befreiung von allem physischen Leiden kann auch Klärchen behaupten, sich über alles Böse, Nichtige und Grauenhafte ihres hingebungsvollen Daseins hinwegsetzen zu können, zumal der Glaube es ihr versicherte, daß dem Tod durch das Opfer des Gottessohnes der Macht beraubt wurde, alles irdisch Geschaffene von seinem Ursprung zu trennen und die Rückkehr in der „Mutter Schoß" der Erde zu verhindern. Klärchens realistisches Scheitern, Egmont zu befreien, meint H. Reinhardt, „stiftet die sinnbildliche Verbindung mit der Freiheit, die sich in Traumerscheinung und Traumpathos vollenden wird."[96]

Das verlöschende Licht mag auf das unvermeidliche Ende ihrer vereinsamten und isolierten Existenz deuten, als Symbol des Daseins aber weist es auf die Leuchtkraft der Liebe als dem universell Verbindlichen und Unsterblichen alles Lebens, wie es nur in diesem poetischgenialen Zusammenhang in Erscheinung treten kann. Insofern Egmonts unverschuldeter Tod ihrem unbeschränkt opferwilligen Gemüt als Manifestation eines Göttlichen erscheint, überläßt sie sich vertrauensvoll dem Zug ihres Herzens, sich über alle Schwere und Unzulänglichkeit des Irdischen hinwegzusetzen.

---

[96] Hartmut Reinhardt: a. a. O., S. 125.

Die abschließende Szene konzentriert unsere Aufmerksamkeit auf den inneren Gemütszustand Egmonts, sich mit der geistigen Bewältigung der im Prinzip unbegreiflichen Wirklichkeit des vermeintlichen ‚Triumphs des Gehaßten' abfinden zu müssen. In der Einsamkeit und Isolierung des Kerkers hatte ihm zunächst seine Natur geholfen und ihm die Kraft gegeben, sich lebhaft an die jugendliche Tatkraft zu erinnern, in der spontanen Anwendung seiner geistigen und körperlichen Fähigkeiten alles Beschränkende der Umwelt leicht zu überwinden, und dies auch von all denen zu erwarten, die ihm zeit seines Lebens und Wirkens in Liebe und Verehrung zugetan waren. Daß dies aber nur ein Phantom seines Vorstellungsvermögens war, das ihm über die erschütternde Vergewisserung seiner Hilflosigkeit hinweghalf, wurde ihm mit dem plötzlichen Erwachen bewußt, in das ihn der „fürchterliche Aufzug" des standrechtlichen Kommandos unter Albas blindlings gehorchenden Dienstmann Silva versetzte, das wie ein „Schreckenstraum" in sein nächtliches Gefängnis einbricht, um seiner „halbwachen Seele" das Urteil „vorzulügen." Egmont weiß im Voraus, daß sein Urteil, das „in Nacht gebrütet und in Nacht vollführt" wurde, nur eine „freche Tat der Ungerechtigkeit" war und nach keiner „besonderen von Seiner Majestät uns übertragenen Gewalt" gefällt werden konnte, da es keinem Landesfürsten erlaubt war, die majestätische Gewalt als höchste und erhabendste Gerichtsbarkeit über Tod oder Leben auf einen Unerwählten und Untergebenen zu übertragen. Auch ist von keinem Zeugnis die Rede, wonach er vom „Großmeister des Ordens mit dem versammelten Kapitel der Ritter" des Goldenen Vließes des Hochverrats für schuldig erklärt wurde.

Mit dieser Demaskierung der gänzlichen Illegalität und dämonischen Boshaftigkeit der Albaschen Handlungsweise rückt Goethe das Geschehen aus dem Bereich der berechnenden Vernunft und logischen Folge von Ursache und Wirkung in die „schreckliche Freiheit" einer egozentrischen Willkür und gewissenloser Despotie. „Jeder ist bei ihm gleich ein Gotteslästerer und Majestätsschänder," wußte Margarete ihn zu beurteilen, „denn aus diesem Kapitel kann man sie alle sogleich rädern, pfählen, vierteilen und verbrennen" (6,52). Und Klärchen prophezeite, daß unter dem Einfluß dieser unbegrenzten Korruption der Macht „das heutige Geschlecht [...] diesen Jammer nicht loswerden" könne. (6,89). Aber nur dort, wo die Wirklichkeit des Bösen so unzweideutig und verheerend wirksam ist, konnte der kollektive Entschluß reifen, den „ganzen freien Wert des Lebens" aus dem inhärenten Wunsch und Willen einer menschlichen Gemeinschaft tatkräftig und opferbereit zu erkämpfen. Es war keine „poetische Ratlosigkeit," wie E, Staiger meint, daß Goethe nicht zu sagen wagt, „wie die politische Freiheit beschaffen sein und wie sie beschützt werden soll,"[97] sondern eher umsichtige und einfühlende Erkenntnis der realen Verhältnisse seiner Epoche. Es geht in diesem Geschehen nicht mehr um den Sieg eines heroischen Einzelnen über die in aller irdischen Wandelbarkeit verborgenen Macht, die moralische Weltordnung sinnlos und willkürlich zu durchkreuzen. Es geht auch nicht um die Gewinnung eines paradiesischen Idealzustandes, der uns über alle Unzulänglichkeit des Daseins hinwegsetzt, sondern um die liebevolle und sich selbstlos hingebende Erhaltung einer im friedlichem Wohlbefinden aller sich stets neu verwirklichende Unsterblichkeit der Gattung. Hier scheint sich etwas von der prometheischen Einsicht erhalten zu haben, das Ganze als die Synthese einer artgemäßen „Zweieinheit" von Göttlichem und Tierischem in der Natur dieser „Kinder" einer höheren Schöpfung anzuerkennen. Egmonts Mission ist keine leichte, freiheitskämpferische Überwindung des Gehaßten und Verderblichen dieser Welt, sondern beabsichtigt, die Basis einer Lebensweise zu schaffen, die nicht mehr dem Willen des machtvollen Gewalthabers, sondern „dem Wunsch aller entsprechen werde" (10, 303). An der Grenze seiner Existenz und im Gefühls, von allen verbundenen Seelen verlassen und verloren zu sein, wird ihm aus dem unerwartendsten und fremdesten Bereich des Daseins ein Beistand zuteil, der ihm über die scheinbar abgründige Tragik seines unverschuldeten Untergangs hinweghilft.

Zwar ist Goethe hier noch weit von der visionären Prophetie eines „höchsten Augenblicks" des sterbenden Fausts entfernt, auf einem von seinem Wirken gewonnenen „freiem Grund mit freiem Volke (zu) stehn", wesentlich nur um der befriedigenden Gewißheit willen, daß „die Spur von meinen Erdetagen / Nicht in Äonen untergehen" (5.509) werde. Egmont gewinnt die mitleidige Teilnahme des Sohnes seines „ersten" und „fast einzigen Feindes" (6,94) nicht allein durch die Vorbildlichkeit seines Wesens und Handelns, sondern ebenso wirksam durch das mütterliche Erbe einer als „Leichtsinn" bezeichneten liebevollen Hingabe, das Ferdinand von der gewissenlosen und herzlosen Eigenwilligkeit des sich für unbezwinglich haltenden Vaters distanziert. Es ist keine nur als unerfindliche Einwirkung eines als ‚Deus ex

---

[97] Emil Staiger, a. a. O., S. 298.

machina' verkleideten Manifestation göttlicher Vorsehung, sondern der überpersönliche in jeder liebende Seele wirkende unsterbliche Wille des Lebens als dem einzigen Beweggrund, den natürlichen Sohn von seines Vaters „ehrnen Turm ohne Pforten" abzustoßen und von dem „freundlichen, freien und offenen" (6.27) Gemüt des lebensfreudigen und selbstsicheren Grafen anzuziehen. Ferdinands Reaktion gegen den Versuch seines grausamen Vaters, seine mitleidige Gesinnung „als Erbteil einer zärtlichen Mutter" durch die Empfindung des „tiefsten Schmerzes" zu vernichten, „daß ich taub werde gegen alles Schicksal, daß ich unempfindlich werde" (6,94), weist auf die Unzerstörbarkeit der menschlichen Seele, die Egmont versichert, daß die Kräfte seines inneren Wesens keiner Gewalt individuellen Willens unterworfen sein können, da sie einem höheren Ordnungsgefüge des Lebens angehören. Dieses spontane, im Gewissn begründete ‚Mit-Wissen' (*Conscientia*) mit einer überpersönlichen Wirklichkeit, die auf keiner Basis subjektiver Intelligenz beruht, gibt ihm die Möglichkeit, die realen Zusammenhänge zu erkennen, und dem selbstbewußten Antigonisten zu verdeutlichen, daß er seine boshaften Absichten durchschaut: „Sag ihm, daß er weder mich noch die Welt belügt. Ihm, dem Ruhmsüchtigen, wird man erst hinter den Schultern leise lispeln, dann laut und lauter sagen, und wenn er einst von diesem Gipfel herabsteigt, werden tausende Stimmen es ihm entgegen rufen: Nicht das Wohl des Staats, nicht die Würde des Königs, nicht die Ruhe der Provinzen haben ihn hierher gebracht. Um seiner selbst willen hat er Krieg geraten, daß der Krieger im Kriege gelte. Er hat diese ungeheure Verwirrung erregt, damit man seiner bedürfe. Und ich falle als Opfer seines niedrigen Hasses, seines kleinlichen Neides" (6,92 f.).

Mit diesem Hinweis auf die gänzliche ungerechte und unsittliche Handlungsweise Albas rückt Goethe das Dramatische Geschehen aus dem Bereich der kausal berechnenden Vernunft, ebenso wie aus jeder politischen Vermittlungssphäre polarer Gegensätze, in die unbegrenzte Einseitigkeit der „schrecklichen Freiheit" einer egozentrischen Willkür und gewissenloser Despotie. Die Wirklichkeit des Bösen ist ebenso unzweideutig wirksam, wie die empirische Unvermeidlichkeit des Todes aller individuellen Formen und Verkörperungen des umfassenden Lebens. Diese Erfahrung erst ermöglicht die Einsicht, daß der „ganze freie Wert des Lebens" nicht aus der existenziellen Gegebenheit des Einzelnen, sondern aus dem inhärenten Wunsch und Willen allgemein menschlichen Empfindens tatkräftig und opferbereit erkämpft werden muß. Es geht nicht mehr um die subjektive Vorstellung, einen Sieg über das in aller zeitlichen Wandelbarkeit tendierende Nichtige und Ungestaltbare zu erringen, sondern um die höhere geistige Einsicht, daß in der liebevollen Hingabe an die weit umfassendere Notwendigkeit des in der frei gewachsenen Gemeinschaft des Volkes wesenden Unsterblichkeit der Gattung sich das individuelle Dasein erfüllt.

Dies ist der Gehalt der abschließenden Szenen der Tragödie, in denen Ferdinands innere Verbundenheit mit Egmonts Geschick, dem Freunde verhilft, ein höheres Bewußtsein der wahren Zusammenhänge zu gewinnen. Ferdinands schmerzliches Mitempfinden mit Egmonts offenbar unlösbarer Verkettung im Netz einer intrigant gestellten „Staatsklugheit" weist auf jenes seelische Vermögen aller Menschen hin, das vermeintlich Unverm nicht um der Selbsterhanltung willen gewaltsam zu widerstehen, sondern sich von einem höheren geistigen Standpunkt aus im Hinblick auf das notwendige Fortwirken der Idee der Freiheit dem unvermeidlichen Opfergang zu unterwerfen. Das ist kein Bruch mit der natürlichen Gegebenheit menschlichen Daseins, keine kapitulierende Ausflucht aus einer zur Apokalyse neigenden empirischen Gegenwart, sondern die unumgängliche Vorbedingung für die Intensivierung inhärenter Geistes- und Gemütskräfte, die zum gerechten und wirksamen Kampf gegen die Gewalt einer dämonisch-fürchterlichen tyrannischen Willkür erforderlich ist.

Die absoluten Wertmaßstäbe dieses Verhaltens sind im Laufe des dramatischen Geschehens gegeben: Haß und Liebe, Tod und Leben, vernichtende Gewalt und entfesselte Befreiung sind in einer unlösbaren Polarität miteinander verkettet. Albas geheime Ränke werden am Ende als willkürliche Bösartigkeit entlarvt, wenn sie sich als Machtgier und Geltungsdrang kriegerischer Strategie erweisen, unschuldige Bürger in die Furcht zu versetzen, als aufständige Rebellen verfolgt zu werden. Oder wenn seine korrumpierte Denkweise darin zum Ausdruck kommt, daß er „einen frohen freundlichen Menschen" beschuldigt, „er sei wie eine schlechte Schenke mit einem ausgesteckten Branntweinzeichen, um Müßiggänger, Bettler und Diebe herein zu locken" (6,65). Dagegen ist Egmonts Haltung der liebevoll ‚entselbstenden' Hingabe darin verdeutlicht, daß er zu allen widersprüchlichen Verhältnissen einen vermittelnden Ausgleich, den er auch in der Natur verwirklicht sieht, die in keiner Einseitigkeit verharrt. Um aber den „ganzen freien Wert es Lebens" angemessen abschätzen zu können, bedarf es eines realistischen Gegenbildes, das mit der mangelnden Reaktion auf Klärchens zur unmittelbaren Befreiungsaktion aus der ungerechten Gewalt gegeben wird, ebenso wie in Egmonts Vertrauen in die Rechtschaffenheit des Königs.

Egmonts Betragen richtet sich nach der Offenheit und objektiven Beurteilung der gegebenen Verhältnisse. Für ihn gibt es keine vorgefaßten Pläne, die „das Größte, das Geheimste" notwendigen Handeln zu verhüllen hätten. Für ihn liegen die wahren Tatsachen auf der Hand: die Provinzen sind kraft der Regentin „tapferes Betragens" beruhigt und zu ihrem natürlichen Verhalten der Treue und des Zutrauens zurückgekehrt. Alle Andeutungen weisen jedoch auf die Wahrscheinlichkeit hin, daß nicht der König, sondern der von Machtgier und Eigendünkel getriebene Herzog sich eigenwilligzu dieser kriegerischen Aktion einer strafenden Erniedrigung und rücksichtslosen Unterdrückung der selbstbewußten Niederländer entschlossen hat. Seinen despotischen Absichten widersetzt sich der natürliche „Kern ihrer Eigenart," da er vor allem ihren „guten Willen" in Frage stellt und ihr Freiheitsstreben als Zeichen der rebellischen Unbotmäßigkeit gewaltsam zu brechen sucht.

Egmont erkennt in der Unlösbarkeit dieses Konflikts seine Berufung als gewissenhafter Fürst des Reiches die vermeintlichen „Befehle des Königs" nicht blindlings auszuführen, sondern seiner erfahrener Verantwortlichkeit entsprechend auf typisch politische Weise einem unvoreingenommenen Verhandlungsprozeß freizustellen, ohne seiner eigenen Meinung eine absolute Wahrheit zuschreiben zu wollen. Seine Argumente werden daher zumeist auf der Basis vernünftiger Einsichten und unverwirklichter Möglichkeiten entfaltet, die jedoch in dem Privileg ihre Grenze finden, das allgemein Humane der hergebrachten sittlichen Lebensprinzipien keiner eigenmächtig sie verändernden Gewalt zu überlassen. Aber gerade das ist die geplante und darum so sorgsam getarnte Absicht des selbstbezogenen Usurpators. Seine Rechtfertigung willkürlicher Eingriffe absolutistischer Gewalt in natürlich entstandene Daseinsverhältnisse werden nur deshalb zu feindlichen Herausforderungen, weil sie auf reaktionäre Regentschaftsmethoden und unbedingten, gottbegnadeten Machtansprüchen beruhen, die den wahren geschichtlichen Verhältnissen nicht mehr gerecht werden.

Mit der Verkündigung des Todesurteils muß Egmont völlig klar geworden sein, daß seine Mission, das Recht des Volkes und die Würde des allgemein Menschlichen vor den zerstörerischen Einflüssen einer absoluten Gewalt zu retten, erfolglos war, und Albas Plan einer ungerechten Vergewaltigung der eigenständigen, friedfertigen und wehrlosen Provinzen des Reiches mit dem „Dämon" der Durchkreuzung aller Begriffe einer moralischen Weltordnung glückte, indem die nationalstaatliche Tendenz der Zeit im Keim erstickt wurde, und der Zweck absoluter Herrschaftsautonomie das Mittel des verräterischen Meuchelmords heiligte. Mit „Erstaunen und Entsetzen" muß Egmont erkennen, daß seine idealistische Vorstellung, „unsers Schicksals leichten Wagen" vom Sturz in den Abgrund abzuwenden, am Widerstand einer etablierten Staatsraison scheitern könne. Nur die Überzeugung, daß sich Alba auf keine rechtlich verbürgte Handlungsweise berufen kann und ihm die feindliche Gesinnung des Herzogs seit langem bekannt ist, sieht er sich gedrängt, die scheinbare Überlegenheit des verlogenen Intriganten zu brandmarken: „Sag ihm, daß ich's weiß, daß ich ihn kenne, daß die Welt jedes Siegeszeichen verachtet, die ein kleiner Geist erschleichend sich aufrichtet" (6,93).

Diese sittliche Anklage erreicht zwar niemals das Bewußtsein des Beschuldigten, wird aber für Ferdinand zum Anlaß, seiner innere Entschiedenheit unmittelbaren Ausdruck zu verleihen: „Deine Vorwürfe lasten wie Keulenschläge auf einen Helm, ich fühle die Erschütterung, aber ich bin bewaffnet. Du trifst mich, du verwundest mich nicht; fühlbar ist mir allein der Schmerz, der mir den Busen zerreißt. Wehe mir! Wehe! Zu einem solchenAnblick bin ich aufgewachsen, zu einem solchen Schauspiel bin ich gesendet! (6,93 f.). Hier wird dem von unlösbaren Sorgen Bedrückten ganz unverhofft deutlich bewußt, daß sich die vernichtende Absicht des Feindes ohne sein Wirken in ihr Gegenteil wendet: Ferdinand ist durch den heillosen Schmerz, den von Jugend an geliebten und bewunderten Freund und Vorbild „am Rande des gähnenden Grabes, in der Gewalt eines willkürlichen Todes zu sehen" (6,94), zu einem neuen, reiferen Lebensgefühl erwacht. „Sage mir ein größeres, ein ungeheueres Übel, mache mich zum Zeugen einer schrecklichern Tat; ich will dir danken, ich will sagen: es war nichts" (6,95). Denn was er jetzt an Mitleid und Verzweiflung erlebt und alles in ihm in rasender Leidenschaft zusammenbricht, ist keiner Erfahrung des Bösen im Leben vergleichbar.

Es war sein lang ersehnter Wunsch, mit dem bewunderten Ideal männlicher Vollkommenheit verbunden zu sein: „So bist du vor mir her geschritten; immer vor, und ohne Neid sah ich dich vor, und schritt dir nach, und fort und fort. [...] Dich hatt ich mir bestimmt, und wählte dich aufs neue, da ich dich sah. Nun hofft ich erst mit dir zu sein, mit dir zu leben, dich zu fassen, dich – Das ist nun alles weggeschnitten, und ich sehe dich hier!" (6,95). Aber Ferdinands Bekenntnis seiner tiefen seelischen Verbundenheit verhilft Egmont zu keiner tröstenden Gewißheit, der Verlorenheit und Einsamkeit seiner zeitlichen Existenz gnadenlos ausgeliefert zu sein. In ihm regt sich noch deutlich der unerschöpfliche Lebensdrang, sich tapfer gegen die unüberwindlich scheinende Gewalt des Todes zu wehren, die in Albas unmenschlicher Absicht Gestalt angenommen hatte, seinen Sohn einem Schmerz auszusetzen, das alle Empfindungen im Keim erstickt, die ihm als „Erbteil einer zärtlichen Mutter" zuteil wurden. Aber gerade diese letzte Hoffnung wird ihm von dem Vertreter einer fast unnatürlich erscheinenden Geisteshaltung eines ihm seither unbekannten Jünglings mit der Versicherung zunichte gemacht, daß es für ihn keine Rettung vor dem „strengen, ernsten Willen" seines Vaters gibt, ihn zu töten. Wo immer das „Dämonische" am furchtbarsten „in irgend einem Menschen überwiegend hervortritt," geht „eine ungeheure Kraft von ihnen aus," die ihnen ermöglicht, „eine unglaubliche Gewalt über alle Geschöpfe" (10,303 f.) auszuüben. Und Ferdinands bitterste Pflicht ergibt sich in der Versicherung: „Hier ist kein Ausweg, kein Rat, keine Flucht. – Das quält mich, das greift und faßt mir wie mit Klauen die Brust. Ich habe selbst das Netz zusammengezogen; ich kenne die festen Knoten; ich weiß wie jeder Kühnheit, jeder List die Wege verrennt sind; ich fühle mich mit dir und mit allen andern gefesselt" (6,96).

Und selbst wenn sich Egmont mit allen Fasern seines Wesens gegen die Notwendigkeit wehrt, von dem „süßen Leben" mit seiner „schönen freundlichen Gewohnheit des Daseins und des Wirkens [...] so gelassen scheiden" zu müssen, er spürt dennoch nicht den gleichen zerrüttenden und entgrenzten, verzweifelten Schmerz seines jungen Freundes, sondern wird sich trotz aller empirischen Erfahrungen einer Freiheit bewußt, die ihm eine unglaubliche, seelisch begründete und ‚entselbstende' Fassungsmöglichkeit offenbart, die ihm versichert: „Du nimmst keinen eiligen Abschied, verkürzest nicht den Augenblick der Trennung," sondern gibt ihm im Hinblick auf die tapfer bestandenen Erfüllungen seines vergangenen Lebens die unvermutete Chance, sein Dasein nicht in Verzweiflung und erdrückender Einsamkeit zu endigen: „Ich soll deine Hand fassen, dir noch einmal in die Augen sehen, deine Schöne, deinen Wert recht lebhaft fühlen, und dann mich entschlossen losreißen und sagen: Fahre hin!" (6,97).

Was aber dieses Sollen über alles individuelle Wollen so unbeschränkt hinaus zu erheben vermag, leisten nicht die bewußten Erfahrungen seiner klug berechenden Vernunft, sondern die Eingebungen der von der Liebe des jungen Freundes erschlossene überpersönliche und keinen subjektiven Beschränkungen unterworfenen Potenz seiner Seele. Durch sie kann er dem entmutigten und hilflos erschütternden Gemüt seines „jungen Freundes, den ich durch ein sonderbares Schicksal zugleich gewinne und verliere, der für mich die Todesschmerzen empfindet, für mich leidet" zuversichtlich versichern: „Sieh mich in diesem Augenblick an; du verlierst mich nicht. War dir mein Leben ein Spiegel, in dem du dich gerne betrachtetest, so sei es auch mein Tod. Die Menschen sind nicht nur zusammen, wenn sie beisammen sind; auch der Entfernte, der Abgeschiedne lebt uns. Ich lebe dir und habe mir genug gelebt" (6,97).

Daß Egmont diesen unwiderruflichen Abschied in so gefaßter Weise nehmen kann, dazu verhilft ihm die Liebe Ferdinands, angesichts dessen unstillbaren und fassungslosen Jammer sich in seinem jugendlichen Gemüt mit dem Gefühl eines aus ihren „Banden entfließenden Herzens" sich etwas vollzieht, was Egmont, dem Goethe „die persönliche Tapferkeit" als „Base, auf der sein ganzes Wesen beruht," (10,303) zugesprochen hatte, zunächst fremd und unfaßbar erschien. Ferdinand sieht jedoch mit Bewunderung in Egmont eine seelische Kraft zur Erscheinung gelangen, die ihm selbst zu fehlen scheint: „Du kannst dich fassen, du kannst entsagen, den schweren Schritt an der Hand der Notwendigkeit heldenmäßig gehen. Was kann ich? Was soll ich? Du überwindest dich selbst und uns; du überstehst; ich überlebe dich und mich selbst" (6,97).

Diese Einsicht bezieht sich auf einen Wertmaßstab, der im rein Geistigen begründet ist und in nichts anderem wurzelt als in der Liebe, die das subjektive Selbst in Hingabe zu opfern bereit ist. Ferdinands inneres Erlebnis, daß er sich selbst überlebe, reflektiert die Wirksamkeit seines Vorbilds, worin die Kraft der Liebe auf den anderen übertragen wird und damit der Macht des Todes ihren ‚Stachel' nimmt. Erst in diesem überirdischen Akt jener in uns allen eingeprägten Vermögen der Seele vollzieht die Natur ihren „Kunstgriff," den unerschöpflichen Willen zum Leben im empfänglichen Gemüt des Freundes fortwirken zu lassen. Und darin kommt etwas Grundsätzliches von Goethes jugendlichem Kosmologie-Entwurf zum Ausdruck, worin es der Artung des Menschlichen entspricht, im Ausgleich der luziferischen Spannung zwischen Vollkommenheit und Unvollkommenheit den Kreis der lebendigen Schöpfung erneut zu schließen.

Egmont, dem in Ferdinands heillosem Jammer seine eigenen Todesschmerzen voll bewußt werden, gewinnt die Überzeugung, daß sich nur im Akt der freien, selbstlosen Hingabe die geistige Kraft entfaltet, die nicht mehr aus der individuellen Charaktereigenschaft hervorgeht, sondern allem Menschlichen inhärent und in ihrem unermüdlichen Streben zur Manifestation einer höheren Wahrheit geworden ist, die in der Einsicht des sterbenden Fausts die Gewißheit enthält: „Es kann die Spur von meinen Erdetagen / Nicht in Äonen untergehn" (5,509). Diese „Spur" war auch für Egmont nicht das Ergebnis großartiger Taten, heldenhafter Siege und unvergleichlicher Willensäußerungen. Sie war vielmehr das Gegenteil von dem, was der ehrgeizige Toledaner durch hinterlistiges Planen, kluges Berechnen und rücksichtsloses Durchsetzen dem Schicksal abzugewinnen strebte, dessen überragender Macht wir nach Goethe „alle unterworfen sind." Schicksal ist nicht der Inbegriff eines zufällig Widersetzlichen, das den sich für „unbezwinglich" haltenden Gewalttätigen nötigen, „zwischen zwei Übel gestellt zu sein" und sich zu einer Handlungsweise entscheiden zu müssen, dessen Ausgang in einer unberechenbaren „dunklen Zukunft" zu liegen scheint. Egmonts Entschiedenheit ist dagegen kein Versuch, über das unerforschlich Verhängte Herr zu werden, sondern sich dem von höheren Instanz „Geschickten" anzuvertrauen und im Einverständnis mit dem Wunsch und Willen Gleichgesinnter, zusammen mit seinen „guten Kriegskameraden (selbst) um den kleinsten Gewinn das blutige Los zu werfen" (6,43). Das ist ein Akt der Freiheit gegenüber der überwältigenden Macht einer von höherer Instanz gesetzten Weltordnung, für die es nichts Zufälliges gibt.

Insofern sich Egmont bewußt ist, daß sein gesamtes Denken und Tun ebenso wie seine Liebe zum Leben keinem eigenen Vorteil oder egoistischer Selbstverwirklichung zugewandt war, sondern sich stets nur dem Los seines Landes und der Wohlfahrt des Volkes gewidmet hatte, sieht er sich berechtigt, das Risiko auf sich zu nehmen, selbst in einem vom „leichten Übermut des Geselligkeit und des Weines" angeregten Fastnachtsspiel „dem König seine Pflicht in spottender Demut ins Gedächtnis" (6,42) zu rufen, oder angesichts des „wie von unsichtbaren Geistern" vorangetriebenen Zeitlaufs die ungewisse Lenkung „unsers Schicksals leichten Wagens" resolut und furchtlos in die Hand zu nehmen, ohne sich von der Befürchtung beeinflussen zu lassen, durch einen „Sturmwind" oder einen „selbst verfehlten Schritt" abwärts in die Tiefe gestürzt zu werden. Alles das aber bezeugt kein leichsinniges Glücksspiel, sondern das unabdingbare Bestreben, einer allgemein verbindlichen Notwendigkeit gerecht zu werden, die unter den gegebenen Umständen den tapferen Einsatz seines ganzen Lebens verlangt. Egmonts Haltung ist von einer selbstlosen Entschiedenheit bestimmt, die der unbeschränkten Verwirklichung elementarer Daseinsbedingungen dient, in denen sich die Wahrheit einer fortwirkenden

Schöpferkraft in den spontanen Manifestationen einer höheren Gesetzmäßigkeit selbst im Kern der Eigenart der natürlich entstandenen Gemeinschaft bezeugt. Nicht zu herrschen, Gewalt auszuüben und natürliche Triebkräfte zu überwinden ist die Verpflichtung des Regenten, sondern zu führen, anzuregen und zu fördern, was dem Menschen mit der Naur eingepflanzt und sich in seiner Umwelt fruchtbar zu entfalten sucht. Und da es ihm in allen politischen Zusammenhängen stets um die notwendige Synthese natürlicher Gegensätze geht, niemals um eine ‚rechtmäßige' Überlegenheit des Stärkeren, bezieht sich das humanistische Ziel alles Strebens auf nichts Höheres als eine „geeinte Zwei-Einheit" der gegebenen Wirklichkeit.

Daher kann auch Egmont dem verzweifelten Ferdinand tröstend verständlich machen, daß es zu einem grenzenlosen Sich-selbst-Überleben nicht kommen kann, wo es nur der individuellen Vorstellung überlassen wäre zu bedauern: „bei der Freude des Mahls hab ich mein Licht, im Getümmel der Schlacht meine Fahne verloren. Schal, verworren, trüb erscheint mir die Zukunft" (6.97). Von diesem selbstbezogenen Standpunkt kann ihn Egmont mit der Versicherung befreien, daß ein geistiges Element jede echte zwischenmenschliche Bindung unlösbar verknüpft und wahre Liebe im wechselhaften Strom der Entwicklung nicht verloren gehen kann. „Die Menschen sind nicht nur zusammen, wenn sie beisammen sind; auch der Entfernte, der Abgeschiedne lebt uns" (6,97). Er vermag jedoch diese Seinswirklichkeit nur dann zu gewinnen, wenn sein Leben von Werten erfüllt war, die zum beispielhaften Spiegel einer mythisch-verbindlichen Nachahmung dienen.

Erstaunlich und bemerkenswert mag erscheinen, daß Egmont in der knappen Zusammenfassung seiner Vergangenheit nur auf die allgemein bestimmenden Lebensprinzipien weist, nicht auf seine Taten und Erfolge. Was er Ferdinand gegenüber als „genug" an Lebensentfaltung bezeichnet, ist nur das, was seinem Dasein eine sinnvolle und eigentümliche Gestaltung gegeben hatte, ohne sich im Esoterischen zu verlieren. Es war keine heroische Willenskraft, die sein Volk, das ihn liebte und verehrte, dazu angespornt hätte, sich zu einem „schrecklichen Bund" zu vereinigen, aus dem „Haß und ewige Trennung vom spanischen Namen würde sich gewaltsam erklären" (6,46), wie er Oranien gegenüber vorauszusetzen glaubte. Ebenso wenig wie man vom historischen ‚Weltgeist' eine derartig unmittelbare Reaktion erwarten kann, geht aus Egmonts Verhalten hervor, daß er sich mit „glänzenden Taten" ein unsterbliches Vermächtnis zu erwerben beabsichtigte. In der Feststellung: „Ich lebe dir und habe mir genug gelebt," fehlt der Hinweis auf eine spezifische Zielstrebigkeit: „Eines jeden Tages habe ich mich gefreut; an jedem Tage mit rascher Wirkung meine Pflicht getan, wie mein Gewissen es mir zeigte. Nun endigt sich das Leben, wie es früher, früher, schon auf dem Sande von Gravelingen hätte endigen können. Ich höre auf zu leben; aber ich habe gelebt. So leb auch du, mein Freund, gern und mit Lust, und scheue den Tod nicht" (6, 97 f.).

In dieser Darstellung fehlt jeglicher Pathos und damit jede Begründung, was ihn bewegte, sich so leicht und unbesorgt mit dem unfaßbaren Geheimnis des Todes abzufinden. Wo bleibt hier jene aufbegehrende Anschuldigung des bösartig intrigierenden Usurpators der majestätischen Macht, der ihm mit falschen Argumenten eine tödliche Falle gestellt hatte? Wohin hat sich seine Hoffnung verflüchtigt, daß „ein Volk sich sammeln" und „mit anschwellender Gewalt den alten Freund erretten" würde? „Und steigt zu meiner Rettung nicht ein Engel nieder, so seh ich sie nach Lanz und Schwertern greifen"? (6, 85). Alles das enthüllt sich als subjektive Wunschvorstellungen, von denen er durch die spontanen Liebesbezeigungen Ferdinands unverzüglich geheilt wird. Der Hinweis auf die vorherrschenden Prinzipien seines zur Genüge gelebten und reichlich genossenen Daseins haben ihm angesichts der Unvermeidlichkeit des Todes einen geistigen Ausblick auf den „ganzen freien Wert des Lebens" ermöglicht, der ihm sein psychisches Fortbestehen in der menschlichen Gattung versichert, weil er mit allen in ihm liegenden Kräften diesem Leben den Wert seiner einzigmaligen, charakteristischen Gestaltung aufgeprägt hatte. „Ich zweifle nicht an unserer Fortdauer," sagt Goethe zu Eckermann, „denn die Natur kann die Entelechie nicht entbehren. Aber wir sind nicht auf gleiche Weise unsterblich, und um sich künftig als große Entelechie zu manifestieren, muß man auch eine sein" (24,371).

Dies wird noch einmal deutlicher zum Bewußtsein gebracht, wenn ihm Ferdinand den Vorwurf macht: „Du hättest dich für uns erhalten können, erhalten sollen. Du hast dich selbst getötet" (6,98), indem er in scheinbarer ‚Verblendung' den „gefährlichen Weg" gewandelt ist, vor dem ihm weise Freunde gewarnt hatten. Das wäre berechtigt, wenn es nur um die sinnvollste Erfüllung seiner eigenen Wünsche und Ziele zu tun wäre und Egmnt leichtsinnig und im unbegrenzten Zutrauen zu sich selbst die Warnung Oraniens und die eigenen Vermutungen der bösartigen Absicht seines „fast einzigen Feindes" sorglos in den Wind geschlagen hätte. Was ihn aber in Wirklichkeit zum Opfer einer schändlichen Untat werden ließ, war keine individuelle, eigenwillige Betrachtungsweise, die von Alba als Hochverrat bezeichnet werden konnte, sondern seine unlösbare Bindung an eine universal gültige Wahrheit des von höherer Macht geschaffenen Lebens, das er selbst mit allen Vermögen seiner Natur gelebt und verwirklicht hat und nun bereit ist, mit der freien Hingabe seiner eigenen Existenz zu besiegeln.

Gewiß hätte Egmont klüglich seinem natürlichen Selbsterhaltungstrieb folgen sollen, worin auch Ferdinand keinen Widerspruch in der Heiligung der Mittel durch den höheren Zweck zu sehen meint. Und Egmont wäre sicher bereit gewesen, um der politischen Notwendigkeit der Erhaltung des Landfriedens willens gewisse konziliante Kompromisse einzugehen. Nur zur bewußten Unwahrheit über die grundsätzliche Beschaffenheit lebenswichtiger Voraussetzungen humaner Existenz und ihrer natürlichen Entwicklung war er nicht bereit. Er konnte der unsittlichen Absicht, den Kern der Eigenheit einer selbständig gewachsenen Volksgemeinschaft zu zerstören, um sie leichter regieren zu können, um keinen Preis Vorschub leisten und damit die bestimmenden Prinzipien seines eigenen Denkens und Handelns verleugnen. Ferdinand meinte, daß eine Warnung seines Freundes genügt hätte, ihn von der Anklage des Hochverrats zu retten. Er kannte alle Beschuldigungen, die sein Vater „punktweise" gegen ihn angeführt hatte, und glaubte beurteilen zu können, daß Egmonts Antworten gut genug wären, „dich zu entschuldigen, nicht triftig genug, dich von der Schuld zu befreien –" (6,98). Ferdinand scheint demnach überzeugt zu sein, daß die Argumente seines Vaters gerechtfertigt waren, und daß Egmont die Gefahr hätte erkennen sollen, in die er mit der Verteidigung der niederländischen Unruhen geraten mußte.

Aber ging es überhaupt um Meinungen, Beurteilungen und rechtliche Entscheidungen? War nicht der Ausgang des politischen Disputs bereits im voraus entschieden, und der ehrliche Versuch Egmonts, seine Landsleute nicht als feindliche Rebellen angeprangert zu sehen, konnte in der Tat nicht triftig genug wirken, weil der wahre Grund der Unruhen eben nicht von den Provinzen ausging, sondern von der ungerechten, ausbeutenden und gewaltsamen Regentschaft der spanischen Oberherrschaft. Wo die herrschende Gewalt des Staates das Recht der Freiheit des Individuums grundsätzlich in Frage stellt, ist ein friedlicher, politischer Ausgleich natürlich gewachsener Gegensätze zwischen absolutistischen Regierungsformen und den humanistischen Rechtsbegriffen einer aufgeklärten, gewerblich eigenständigen und selbstbewußten Volksgemeinschaft ausgeschlossen. Für Goethe stellt

Freiheit weder ein konstitutionell zu gewährendes Privileg dar, noch ist sie nach W. Emrichs Formlierung „keine Ideologie oder Utopie, sondern eine konkrete, personale Wirklichkeit, die unnachahmlich jedes Verhältnis zwischen Mensch und Mensch, und damit auch jedes gesellschaftliche Zueinander zwischen den Individuen durchformt."[98] In dem Sinne sucht Egmont keine patriotischen Umtriebe zu fördern, sondern die Anhänglichkeit des Volkes für ein friedliches Einverständnis zu gewinnen, das nach dem Muster Karls V. in nachbarlichem Vertrauen alle zersetzenden, volkseigenen Unterschiede zu überbrücken strebt. Er sieht in den zeitgeschichtlichen Emanzipations- und Revolutionstendenzen, wie sie Vansen in Zustimmung mancher leichtgläubiger Plebejer anzutreiben suchen, keine den Umständen gemäße Lösung, sondern sieht sich der Gefahr ausgesetzt, in der „von unsichtbaren Geistern" getriebenen Zersetzung traditioneller Daseinsverhältnisse einer sich als unbezwinglich gebärdenden, machtgierigen Despotie zum Opfer zu fallen. Dieser Bedrohung nicht ausweichen zu wollen, oder ihr unmittelbaren Widerstand zu leisten, ist dem gutwilligen Oranien ebenso wie den von Ferdinand erwähnten „klugen" ebenso „feindseligen" wie „wohlwollenden" Männern unverständlich geblieben und hat im Zweifel an der politischen Unzulänglichkeit Egmonts bis heute ihren vielfachen kritischen Niederschlag gefunden. Denn wo man über die realistische Denkweise, die Goethe bereits in seinen jugendlichen Dramenentwürfen im verhärteten Gemüt des isrealitischen Schusters Ahasversus gekennzeichnet hatte, mit keinem geistigen Vorstellungsvermögen hinausgelangt, wird man auch das Wahre in den vielen zeitlich und irdisch bedingten Manifestationen nicht „erraten" (9,580) können. Und es scheint Egmont durchaus bewußt zu sein, daß es nicht genügt, mit seiner eigenen Lebensbewältigung ein weithin erkennbares Beispiel zu setzen, und daß kein bloßer Apell an den „guten Willen" der ihm zugetanen Bürger ausreicht, um das notwendige Zusammenwirken zu erreichen, das auf keiner kalkulierenden Vernunft, sondern einem rezeptiven Gemüt beruht, dem eine inhärente Vorstellung irdischer Vollkommenheit, Rechtlichkeit und Schönheit eingepflanzt ist. Nur in Bezug auf die freiwillige Hingabe der inneren Ganzheit individueller Existenz kann Egmont dem verzweifelt mitleidigen Freund zu verstehen geben: „Es glaubt der Mensch sein Leben zu

---

[98] Wilhelm Emrich, a. a. O., S. 145.

leiten, sich selbst zu führen; und sein Innerstes wird unwiderstehlich nach seinem Schicksal gezogen" (6,98).

Von dieser Macht des Schicksals wissen wir seit Goethes prometheischer Phase seiner frühen Entwicklung, daß es sich um keine Phantasmagorie einer künstlich angeregten Einbildung handelt, sondern daß wir mit einem natürlichen ‚Mit-Wissen' mit einer höheren Gesetzmäßigkeit alles Lebendigen begabt sind, die uns befähigt, wie er zu Eckermann bemerkt, „auf einen geistigen Urquell, auf ein Göttliches zu schließen, wofür wir keine Begriffe und keinen Ausdruck haben und welches wir zu uns herabziehen und anthropomorphieren müssen, um unsere dunklen Ahnungen einigermaßen zu verkörpern und faßlich zu machen" (24,386). Nur mit dieser Geisteshaltung, die auf eine überpersönliche Wirklichkeit bezogen bleibt, kann sich Egmont von jeder beschränkenden Selbstverwirklichung frei fühlen, um sich einem höheren Geschehensprozeß anzuvertrauen, dessen Ziel ihm zwar nicht bekannt ist, von dessen lebendiger Wirkungskraft er dennoch sein gesamtes Denken und Tun bestimmt empfindet, die ihm die Teilhabe an einer universalen Notwendigkeit verbürgt.

Und im Bewußtsein dieser Freiheit seines unsterblichen Lebenswillens von den begrenzten Daseinsformen des eigenen Selbst kann er sich der Sorge um sein Land, der Wohlfahrt seines Geschlechts zuwenden, das auch hier das Recht einer „dritten Dynastie" beanspruchen kann. Es gibt für ihn keine Versicherung, daß sein Opfer die erwünschte Wirkung haben wird, aber er kann mit Zuversicht den „gefährlichen Weg" gehen, der in der poetisch gestalteten Traumvision nur die Richtung festlegt, sich jedoch erst in seiner opferwilligen Hingabe erfüllt. „Kann mein Blut für viele fließen, meinem Volk Friede bringen, so fließt es willig" (6,98). Daß es sich aber nicht so ergibt, wie es seiner subjektiven Einsicht in eine unendlich weitere und vielfältigere Entwicklung weltgeschichtlicher Bedeutung verschlossen bleibt, darüber ziemt es ihm „nicht mehr zu grübeln, wo er nicht mehr wirken soll." Was aber als ein „Wunsch aller Menschen" nur im Ganzen der politischen und sozialen Bewegung die geschichtliche Entwicklung vorangetrieben wird, ist kein rational entworfener Plan, noch dessen tatkräftige Ausführung, sondern eine aus dem menschlich Inneren erwachsene und darum nur mit geistig-seelischen Kräften zu vergegenwärtigende, existentielle Notwendigkeit. Und die Vorstellung einer zukünftigen Erfüllung des allgemein erwünschten Ziels ist Egmont nur durch die Gewißheit der Wahrheit und der fortwirkenden Kräfte seiner natürlichen Daseinsimpulse möglich, die ihm die Liebe und freundschaftliche Teilnahme Ferdinands bereitet hat: „Durch ihn bin ich der Sorgen los und der Schmerzen, der Furcht und jedes ängstlichen Gefühls" (6,99).

Ferdinands bedingungslose Hingabe an den erklärten Gegner seines Vaters, dessen freie, selbstlose und großzügige Lebensweise ihm zum ersehnten Vorbild wurde, gibt Egmont nicht nur die Versicherung, daß er das Leben mit allen Begabungen seines Wesens erfüllt hatte und es daher vom „Gipfel seines Wachstums" aus als vollkommen, beglückend und fruchtbar beurteilen kann. Ihm wird darüber hinaus zur Gewißheit, einem Ursprünglichen und Eigentümlichen des Menschen zu dienen, das sich an keinen Ideen individueller Größe und Vollkommenheit orientiert, und daher auch von keinem zersetzenden Machtwillen eines dünkelhaften Gewalttätigen vernichtet werden kann. Die voraussetzungslose Bereitschaft, seine Person einer höheren Wahrheit und unwandelbaren Gesetzlichkeit alles Geschaffenen zu unterwerfen, versetzt ihn in die Nähe eines anderen, der in der „geeinten Zweieinheit" von Menschlichem und Göttlichem die lebensspendende Kraft des Geistigen über alles irdisch und zeitlich Begrenzte manifestiert hatte.

Zu Recht hebt W. Emrich hervor: „Der Verlust der Freiheit wird metaphorisch mit Weltuntergangsvisionen verknüpft und daher auch der Tod Egmonts mit religiösen Vorstellungen, die an den Opfertod Christi erinnern. [...] Egmont wird zum „neuleidenden Gottessohn, dessen Tod einer Versöhnung der kosmischen Ordnung gleichkommt wie bei Christi Tod, als der Himmel sich verfinsterte und die Erde bebte, da mit ihm das göttliche Licht selbst erloschen war."[99] Ähnlich weist auch John Ellis auf diesen geistigen und sittlichen Zusammenhang, wenn er meint: „Ultimately, however, we must read the passivity of Egmont's death in the light of a tone which is established throughout the last act, and which brings us into the orbit (and gives it part of the meaning) of the most celebrated of all passive deaths: that of Jusus Christ. [...] The passive acceptance of martyrdom which is the inevitable outcome of an uncompromising insistence of his way of life, itself a ‚light' and inspiration to others, [...] Egmont's death, like Christ's, has sufficient moral force to resurrect after his death the ideal that he stood for, and that is the meaning of his final vision."[100]

---

[99] Wilhelm Emrich, a. a. O., S. 146 f.
[100] John M. Ellis, a. a. O., S, 127 f.

Egmonts primäres Handlungsprinzip kann daher auf keiner rein subjektiven Zielstrebigkeit beruhen, keiner heroischen Antinomie gegen das Bedrohliche einer zur Despotie neigenden, traditionellen Staatsordnung. Ihn bewegen keine Ideen revolutionärer Umwälzung, für die sein bürgerliches Volk weder ein dringendes Verlangen noch eine praktische Vorstellung hat, was Vansens zynische Demagogie eindringlich zum Ausdruck gebracht hatte. Egmonts Denken und Tun ist auf wirksames, politisches Verhandeln gerichtet, dessen Grundlage die Bereitschaft zum verantwortlichen Kompromiß darstellt, die auf einer unparteiischen Analyse der wahren Umstände basiert, da sich, wie es Machiavell richtig beurteilt, alles zeitlich Bedingte im beständigen Wandel befindet und jede absolute Gewaltherrschaft geistig überwindet, die, wie es Margarete schmerzlich erkannte, „Offenheit, Gutherzigkeit, Nachgiebigkeit aus unserem Herzen ausschließt" (6,19). Im Vordergrund alles Geschehens stehen moralische Werte, keine bloßen Meinungen, soziale Reformen oder historische Machtverschie-bungen.

Um diesem allgemein verbindlichen Phänomen eine bildliche Anschaulichkeit zu geben, bedient sich Goethe einer Traumvision, die sich von Schillers Ansicht eines „Salto mortalis in die Opernwelt" insofern wesentlich unterscheidet, als aus den grundsätzlichen geistigen Daseinsprinzipien einer realistisch und innerlich erfüllten Lebenserfahrung unmittelbar und unbeabsichtigt hervorgeht. Es ist eine allegorische Vergegenwärtigung des seelischen Zustands Egmonts, in dem jenseits seines Wollens die ihm eigenen zeitlichen Erlebnisse mit den schicksalhaften Bedingungen der überpersönlichen Gesetzmäßigkeit eine Synthese eingegangen sind, die seinen Wünschen und Hoffnungen entsprechen. Im Schlaf, wo der Lebenswille mit dem Verlöschen aller „strengen Gedanken" nur den seelischen Impulsen unbewußt ermöglicht, „alle Bilder der Freude und des Schmerzes" zu vermischen und im gelösten Kreis „innerer Harmonien" und einem Vorgang der befreienden ‚Entselbstung' sowie im Spiegel eines „gefälligen Wahnsinns" etwas zur Erscheinung bringt, was seine individuelle Vorstellung transzendiert und dennoch als ein erhofftes Zukünftiges geistig erfaßbar wird. Sein Traum vergegenwärtigt ihm kein nur phantasievoll Erwünschtes, sondern lediglich eine aus seinem vollen und frei entfalteten Lebenswillen gestaltete Möglichkeit zukünftigen Werdens. Im Klärchen sieht er die Freiheit verkörpert, das Bündel Pfeile erinnert ihn an die Wehrhaftigkeit der Bürger, der Stab mit dem Hute weist auf eine Pilgerschaft, die an keine unmittelbare Erfüllung aller Bestrebungen gebunden ist. Klärchen „heißt ihn froh sein, und indem sie ihm andeutet, daß sein Tod den Provinzen die Freiheit verschaffen werde, erkennt sie ihn als Sieger und reicht ihm einen Lorbeerkranz" (6,100). In diesem Vorgang vollzieht sich keine mit rationalen Begriffen erfaßbare Wirklichkeit, keine phantasmagorische Wahrsagung, wohl aber der poetische Versuch, Egmonts positive Wirkung auf die geschichtliche Entwicklung der Niederlande sinnbildlich zu vergegenwärtigen, und damit die unzweideutige Rechtlichkeit und notwendige Opferwilligkeit anschaulich zu dokumentieren. Er bleibt dabei seiner Überzeugung treu, Dichtung von Kunst und Wissenschaft zu unterscheiden, denn für ihn ist Poesie „Eingebung; sie war in der Seele empfangen, als sie sich zuerst regte" (9,602). „Und das ist eben die wahre Idealität," bemerkt er zu Eckermann, „die sich realer Mittel so zu bedienen weiß, daß das erscheinende Wahre eine Täuschung hervorbringt, als sei es wirklich" (24, 355). Egmonts Traumvision mag man als Allegorie verstehen, „wo das Besondere nur als Beispiel, als Exempel des Allgemeinen gilt" (9,529). Dagegen wird man Egmonts Verkörperung humaner Freiheit und idealer Daseinsverwirklichung als „wahre Symbolik" auffassen, „wo das Besondere das Allgemeine repräsentiert, nicht als Traum und Schatten, sondern als lebendig-augenblickliche Offenbarung des Unerforschlichen" (9,32).

Klärchens verfehlter Versuch, die Bürger zu den Waffen zu rufen, um Egmont aus der Gefangenschaft zu befreien, scheiterte an dem gesunden Menschenverstand kommerziell eingestellter Gemüter, die sich angesichts der spanischen Übermacht zu keinem ungewissen Risiko bereit fanden. Auch von Egmonts Traumvision ist keine unmittelbare Verwirklichung zu erhoffen, selbst wenn sie ihm die Versicherung gibt, daß sein „Blut und vieler Edeln Blut [...] nicht umsonst vergossen" wurde. Nur geht es Goethe hier nicht um eine authentische Voraussicht auf eine notwendige historische Begebenheit. In den *Maximen und Reflektionen* heißt es: „Des tragischen Dichters Aufgabe und Tun ist nichts anderes, als ein physisch-sittliches Phänomen in einem faßlichen Experiment dargestellt, in der Vergangenheit nachzuweisen" (9,632). Erst zu einem weit späteren Zeitpunkt, wenn die Dämonie der will-kürlichen Gewalt selbst die entmutigsten Geister an den Rand eines sittlichen Abgrunds getrieben hat, mag man sich an das bewunderte Vorbild Egmonts erinnern und nur im opferwilligen Einsatz der ganzen Person die gemeinsame Basis wirksamen Handelns erkennen. Denn es genügen keine idealistische Parolen, keine pathetischen Anspielungen an patriotische Verpflichtungen, um zur Wiedergewinnung des „ganzen freien Werts des Lebens" anzuspornen.

Vor allem aber ist es die schmerzliche und erschütternde Erfahrung, daß „alle vereinten sitt-lichen Kräfte" nichts gegen dieses „furchtbare Wesen" (10,302) rätsel-hafter dämonischer Einwirkungen auszurichten vermögen und daß nur dann, wenn es „den Wunsch aller" zu bewegen scheint, die Aussicht auf einen erfolgreichen Befreiungskampf gegen den „Wall der Tyran-nei" sich als die einzige Möglichkeit ergibt.

Was jedoch mit keinen rationalen Begriffen als das „Unerforschliche" zu erfassen ist und dennoch in Egmonts gesamtem Lebenslauf sinnbildlich in Erscheinung tritt, ist die schicksalhaft-existentielle Gestaltung einer höheren, aus dem innersten Ursprung seelischen Lebens erwachsene „geprägte Form," der man nicht entfliehen kann, und dem eine Kraft innewohnt, im Opfer eines exemplarischen Daseins einen Grad der Freiheit zu verwirklichen, der allem Menschlichen nach Goethes jugendlichem Kosmologie-Entwurf die Verpflichtung auferlegt ist, kraft seiner Durchdrungenheit vom Göttlichen sich im konzilianten Ausgleich aller Gegensätze über die Konflikte der unendlich wandelbaren Welt hinwegzusetzen, und die Rückkehr in den Kreis eines unbegrenzt sich entfaltenden Schöpfungsprozesses aus innerstem Antrieb frei und unbeachtet aller realistischen Widerstände zu vollziehen.

Goethe war sich der „Konsistenz" und einem höheren Wahrheitsgehalt seiner dichterischen „Eingaben" im Wandel der geschichtlichen Wirklichkeit seiner Epoche bewußt, wenn er im Gespräch mit Eckermann auf den „großen Vorteil" verweist, „in einer Zeit geboren zu sein, wo die größten Weltbegebenheiten an die Tagesordnung kamen und sich durch mein langes Leben fortsetzten, so daß ich vom Siebenjährigen Krieg, sodann von der Trennung Amerikas von England, ferner von der Französischen Revolution und endlich von der ganzen Napoleonischen Zeit bis zum Untergang des Helden und den folgenden Ereignissen lebendiger Zeuge war." Daß er aber „hierdurch zu ganz anderen Resultaten und Einsichten gekommen" war als später Geborne und gewiß auch zeitgenössischer Poeten, zu denen er auch seinen Freund Schiller zählte, davon zeugt sein Egmont-Drama, das, wie kaum eines seiner anderen Stücke, auf elementare Ursprünge menschlicher Schicksalsgestaltung zurückweist.

Er war überzeugt, mit seiner Begabung eine höhere Mission in der gegenwärtigen Welt erfüllen zu müssen, der es „nicht gegeben" war, „sich zu bescheiden, die Großen nicht, daß ein Mißbrauch der Gewalt stattfindet, und der Masse nicht, daß sie in Erwartung allmählicher Verbesserungen mit einem mäßigen Zustand sich begnüge. [...] Egoismus und Neid werden als böse Dämonen immer ihr Spiel treiben, und der Kampf der Parteien wird kein Ende haben" (24.91). Aber trotz der bedauerlichen Tatsache, daß „wir Menschen" im Grunde „vor dem großen Schicksalsgemälde der Welt mehr oder weniger alle die Rolle des Unkundigen" (24,461) spielen, kann es „ein großer dramatischer Dichter, [...] wenn er zugleich produktiv ist und ihm eine mächtige edle Gesinnung beiwohnt, die alle seine Werke durchdringt, erreichen, daß die Seele seiner Stücke zur Seele des Volkes wird. Ich dächte, das wäre etwas, das wohl der Mühe wert wäre" (24,618).

3. Literaturverzeichnis

3.1 Allgemein

Balthasar, Hans Urs von: *Prometheus. Studien zur Geschichte des deutschen Idealismus.* Heidelberg 1947.

Blumberg, Hans: *Arbeit am Mythos.* Frankfurt [4]1984.

Böckmann, Paul: „Die Humanisierung des Mythos in Goethes *Pandora*." In: Ders.: *Formensprache. Studien zur Literaturästhetik und Dichtungsinterpretation.* Hamburg 1966, 147-166.

Borchmeyer, Dieter: „Der aufgeklärte Herrscher im Spiegel von Goethes Schauspiel." In: *Aufklärung: Der Idealtyp des aufgeklärten Herschers,* hg. von G. Birtsch. Hamburg 1987, 49-74.

Borchmeyer, Dieter: *Weimarer Klassik. Portrait einer Epoche.* Weinheim 1998.

Boyle, Nicholas: *Goethe. Der Dichter in seiner Zeit.* Bd. I: 1749-1790. München 1995.

Burkhardt, Sigurd: *The Drama of Language. Essays on Goethe and Kleist.* Baltimore 1970.

Burkhardt, Sigurd: „Sprache und Gestalt in Goethes *Prometheus* und *Pandora*." In: *Euphorion* 50 (1956), 162-176.

Cassirer, Ernst: *Goethe und die geschichtliche Welt.* Berlin 1937, Neudruck: Hamburg 1995.

Conrady, Karl Otto: *Goethe. Leben und Werk.* Königstein 1982.

Cysarz, Herbert: *Goethe und das geschichtliche Weltbild.* Brünn 1932.

Danckert, Werner: *Der mystische Urgrund seiner Weltschau.* Berlin 1951.

Dieckmann, Lieselotte: *Johann Wolfgang Goethe.* New York 1974.

Diener, Gottfried: *Pandora - Zu Goethes Metaphysik.* Bad Homburg 1968.

Dilthey, Wilhelm: *Das Erlebnis und die Dichtung.* Berlin und Leipzig [12]1950.

Ellis, John M.: *The Theory of Literary Criticism: A Logical Analysis.* Berkeley & Los Angeles, 1974.

Emmel, Hildegard: *Weltklage und Bild der Welt in der Dichtung Goethes.* Weimar 1957.

Emrich: Wilhelm: „Goethes Festspiel *Pandora.*" In: *Akzente* 9 (1962), 292-304.

Emrich, Wilhelm: „Geschichte und Mythologie bei Goethe." In: *Wissen und Erfahrung. Festschrift für Hermann Meyer*. Tübingen 1976, 300-314.

Emrich, Wilhelm: „Goethes Tragödie des Genius. Von *Götz* bis zur *Natürlichen Tochter*." In: *Jahrbuch der deutschen Schillergesellschaft* 26 (1962), 144-162.

Fliedner, Wilhelm: *Goethe und das Christentum*. Gotha 1930.

Gadamer, Hans Georg: „Die Grenze des Titanischen. *Prometheus* und *Pandora*. In: Ders.: *Vom geistigen Lauf des Menschen*. Godesberg 1949, 9-27.

Gadamer, Hans Georg: „Prometheus und die Tragödie der Kultur." In; Ders.: *Kleine Schriften II,* Tübingen 1967, 64-74.

Gauss, Julia: „Die methodische Grundlage von Goethes Geschichtsforschung. In: *Jahrbuch des Freien Deutschen Hochstifts* 1933, 163-283.

Friedenthal, Richard: *Goethe. Sein Leben und seine Zeit*. München 1964.

Gockel, Heinz: *Mythos und Poesie. Zum Mythenbegriff der Aufklärung und Frühromantik*. Frankfurt 1981.

Graf, Alexander: „Goethe und die Geschichte." In: Ders.: *Jahr der Ehrfurcht. Vier Reden zum Goethe-Jahr*. Graz 1949, 105-146.

Gräf, Hans Gerhard: *Goethe über seine Dichtungen*. Darmstadt 1968.

Gray, Ronald: „Goethe and Tragedy." In: *Publications of the English Goethe Society* 56 (1987), 23-36.

Grenzmann, Wilhelm: *Der junge Goethe, Interpretationen*. Paderborn 1964.

Grützmacher, Richard: *Die Religionen in der Anschauung Goethes*. Baden-Baden 1950.

Gundolf, Friedrich: *Goethe*. Berlin 1922.

Hänsel, Ludwig: *Goethe. Chaos und Kosmos*. Wien 1949.

Heise, Wolfgang: „Der Entwicklungsgedanke als geschichtsphilosophische Programmatik." In: *Goethe-Jahrbuch* 93 (1976), 116-138.

Hinderer, Walter (Hg.): *Goethes Dramen. Interpretationen*. Stuttgart 1992.

Huber, Peter: „Polarität / Steigerung." In: *Goethe Handbuch,* Bd. 1/2, Stuttgart-Weimar 1998, 863-865.

John, David: *Images of Goethe through Schiller's ‚Egmont'*. Montreal, 1998.

Kappstein, Theodor: *Goethe. Werk und Welt*. Ulm 1948.

Keller, Werner: „Das Drama Goethes" In: *Handbuch des deutschen Dramas*, hg. von W. Hinck. Düsseldorf 1980, 133-156.

Kerényi, Karl: *Prometheus. Das griechische Mythologem von der menschlichen Existenz.* Zürich 1946.

Kohlschmidt, Werner: „Goethes *Pandora* und die Tradition. Zur Deutung des Entwurfs." In: Ders.: *Form und Innerlichkeit.* Bern 1955, 50-96.

Korff, Hermann August: *Geist der Goethezeit.* Bd. I, Leipzig ²1954.

Krippendorff, Ekkehart: ‚*Wie die Großen mit den Menschen spielen.'* *Goethes Politik.* Frankfurt 1988.

Lamport, F. J.: „The Charismatic Hero: Goethe, Schiller, and the Tragedy of Character." In: *Publications of the English Goethe Society* 58 (1989), 62-83.

Laslowski, Ernst: „Goethes Stellung zur Geschichte." In: *Historisches Jahrbuch* 53 (1933), 480-489.

Lehmann, Walter: *Goethes Geschichtsauffassung in ihren Grundlagen.* Langensalza 1930.

Ludens, Heinrich: *Gespräche mit Goethe.* Hildesheim 1932.

Luserke, Matthias: „Goethes Prometheus-Ode. Text und Kontext." In: *Goethe-Gedichte. Zweiunddreißig Interpretationen,* hg. von G. Sander. München-Wien 1996, 45-57.

Luserke, Matthias: *Der junge Goethe.* Göttingen 1999.

Lütgert, Wilhem: *Die Religion des deutschen Idealismus und ihr Ende.* 3 Bde. Gütersloh 1923-1926.

Mandelkow, Karl Robert: „Natur und Geschichte bei Goethe im Spiegel seiner Rezeption im 19. und 20. Jahrhundert." In: *Geschichtlichkeit und Aktualität. Festschrift für Hans Joachim Mähl,* hg. von K.-D. Müller et al., Tübingen 1988, 69-96.

Mayer, Hans: *Goethe. Ein Versuch über den Erfolg.* Frankfurt 1973.

Mazur, Gerhard: „Goethe und die geschichtliche Welt." In: *Philosophia* 3 (1978), 155-178.

Meinecke, Friedrich: *Goethes Mißvergnügen an der Geschichte.* Berlin 1933.

Meinecke, Friedrich: *Goethe und die Geschichte.* München 1949.

Meinecke, Friedrich: *Die Entstehung des Historismus.* München ³1959.

Meinhold, Peter: *Goethe zur Geschichte des Christentums.* Freiburg & München 1958.

Menzer, Paul: *Goethes Ästhetik.* Köln 1957.

Meyer, Eva Alexander: *Politische Symbolik bei Goethe.* Heidelberg 1949.

Miller, R. D.: *The Drama of Goethe.* Harrogate, 1966.
Mommsen, Wilhelm: *Die politischen Anschauungen Goethes.* Stuttgart 1948.
Möser: Justus: *Patriotische Phantasien. Ausgewählte Schriften.* Leipzig 1986.
Muschg, Walter: *Tragische Literaturgeschichte.* Bern 1953.
Müller-Seidel, Walter: *Die Geschichtlichkeit der deutschen Klassik. Literatur und Denkformen um 1800.* Stuttgart 1983.
Obenauer, Karl Justus: *Goethe in seinem Verhältnis zur Religion.* Jena ²1933.
Peacock, Ronald: „Goethe's Version of Poetic Drama." In: *Publications of the English Goethe Society* 16 (1947), 29-53.
Peacock, Ronald: *Goethe's Major Plays.* Manchester, 1959.
Raabe, August: *Das Erlebnis des Dämonischen in Goethes Denken und Schaffen.* Berlin 1942.
Reinhardt, Hartmut: „Prometheus und die Folgen." In: *Goethe-Jahrbuch* 108 (1991), 137-168.
Reinhardt, Hartmut: „Prometheus." In: Ders.: *Tradition und Geist. Gesammelte Essays zur Dichtung.* Göttingen 1960, 191-226.
Richter, Julius: „Zur Deutung der Goetheschen Prometheusdichtungen." In: *Jahrbuch des Freien Deutschen Hochstifts* 1928, 65-104.
Rintelen, Fritz-Joachim von: *Der Rang des Geistes. Goethes Weltverständnis.* Tübingen 1955.
Rotermund, Hans-Martin: „Zur Kosmogonie des jungen Goethe." In: *Dt. Vjschr.* 28 (1945), 472-486.
Saran, Franz: *Goethes ‚Mahomet' und ‚Prometheus'.* Halle 1914.
Saviane, Renato: *Goethezeit.* Napoli 1987.
Schaeder, Grete: *Gott und Welt. Drei Kapitel Goethescher Weltanschauung.* Hameln 1947.
Schaum, Konrad: „Goethe und das Problem des Tragischen." In: *Monatshefte* 53 (1961), 123-130.
Schaum, Konrad: „Der historische Aspekt in Goethes *Iphigenie*." In: *Versuche zu Goethe* Festschrift für Erich Heller zum 65. Geburtstag, hg. von Volker Dürr und Géza von Molnar. Heildelberg 1976, 248-268.
Schrimpf, Hans Joachim: *Das Weltbild des späten Goethe. Überlieferung und Bewahrung in Goethes Alterswerk.* Stuttgart 1956.

Schröder, Jürgen: „Individualität und Geschichte im Drama des jungen Goethe." In: *Sturm und Drang,* hg. von W. Hinck. Königsberg ²1989, 192-212.

Schubert, Hans von: *Goethes religiöse Jugendentwicklung.* Leipzig 1925.

Sengle, Friedrich: „Goethes Verhältnis zum Drama." In: *Neue Deutsche Forschungen* 116 (1937), 83-86.

Sengle, Friedrich: *Neues zu Goethe. Essays und Vorträge.* Stuttgart 1989.

Sethur, Fredrick S.: „Goethe und die Politik." In: *PMLA* 51 (1936), 1007-1055.

Siebeck, Hermann: *Goethe als Denker.* Stuttgart ⁴1922.

Spranger, Edward: *Goethes Weltanschauung. Reden und Aufsätze.* Wiesbaden 1946.

Staiger, Emil: *Goethe, 1749-1786.* Zürich ²1957.

Stammen, Theo: *Goethe und die Französische Revolution.* München 1966.

Stephenson, R. H.: „The Coherence of Goethe's Political Outlook." In: *Tradition and Creation. Essays in honour of Elizabeth Mary Wilkinson,* ed. by C.P. Magill, B. A. Rowley and C. J. Smith. Leeds, 1978, 77-88.

Storch, Wolfgang & Dameran, Burghard (Hg.): *Mythos Prometheus. Texte von Hesiod bis René Char.* Leipzig ²1998.

Streller, Siegfried: „Der gegenwärtige Prometheus." In: *Goethe-Jahrbuch* 101 (1984), 24-41.

Strohschneider-Kohrs, Ingrid: *Literarische Struktur und geschichtlicher Wandel.* München 1971.

Swales, Martin & Erika: *Reading Goethe: A Critical Introduction to the Literary Work.* Rochester 2001.

Tillich, Paul: *Das Dämonische, ein Beitrag zur Sinndeutung der Geschichte.* Tübingen 1926.

Tümmler, Hans: *Goethe in Staat und Politik.* Köln 1964.

Viëtor, Karl: *Goethe.* Bern 1949.

Viëtor, Karl: *Der junge Goethe. Neue Ausgabe.* Bern 1950

Voser: Hans Ulrich: *Individualität und Tragik in Goethes Dramen.* Zürich 1949.

Wachsmuth, Bruno A.: „Bildung und Wirkung. Die Polarität in Goethes Lebenskunst." In: *Jahrbuch Goethe* 10 (1947), 3-30.

Wachsmuth, Bruno A.: „'Sich verselbsten' und ,Entselbsten' – Goethes Altersformel für die rechte Lebensführung." In: *Jahrbuch Goethe* 11 (1949), 263-292.

Walzel, Oskar: „Das ästhetische Glaubensbekenntnis von Goethes und Schillers Hochklassizismus." In: *Jahrbuch der Goethe-Gesellschaft* 16 (1930), 263-292.

Walzel, Oskar: *Das Prometheussymbol von Shaftesbury zu Goethe.* München ²1932.

Weinhandl, Ferdinand: *Die Metaphysik Goethes.* Berlin 1932.

Wiese, Benno von: *Das Dämonische in Goethes Weltbild und Dichtung.* Münster 1949.

Wolff, Hans M.: *Goethes Weg zur Humanität.* München 1951.

Wruck, Peter: „Die gottverlassene Welt des Prometheus." In: *Zeitschrift für Germanistik* 8 (1987), 517-531.

Ziegler, Klaus: „Zu Goethes Deutung der Geschichte." In: *Dt. Vjschr.* 30 (1956), 232-267.

Zimmermann, Rolf Christian: *Das Weltbild des jungen Goethe, Bd. I: Studien zur hermetischen Tradition des deutschen 18.Jahrhunderts.* München 1969. *Bd. II: Interpretation und Dokumentation.* München 1979.

3.2 Literatur zu *Egmont*

Batley, Eduard M.: „Reflections of Italy in the Equine Imagery of Goethe's *Egmont.*" In: *German Life and Letters* 53 (1989), 1-17.

Baranowski, Anne-Marie: „Entre Histoire et Destin: Le Personage d'Egmont." In: *Lectures d'une oeuvre: Egmont de Johann Wolfgang Goethe*, ed. J.-L. Bandet, Paris 1998, 17-46.

Bennett, Benjamin: „Goethe's *Egmon*t as a Politician." In: *Eighteenth Century Studies* 10 (1977), 351-366.

Blondean, Denise: „Egmont, un Théatre Pictural." In: *La Volonté de Comprehendre*, ed. M. Codé et M. Grunewald. Berlin 2005, 91-107.

Böckmann, Paul: „Goethe - *Egmont.*" In: *Das deutsche Drama* I, hg. von B. von Wiese. Düsseldorf 1964, 148-169.

Böckmann, Paul: „Die Freiheit des Wortes in Goethes *Egmont.*" In: Ders.: *Formensprache.* Hamburg 1966, 126-146.

Böhm, Hans: „Goethes *Egmont.*" In: *Zeitschrift für deutsche Bildung* 17 (1941), 175-182.

Braemer, Edith: *Goethes ‚Prometheus' und die Grundpositionen des Sturm und Drang.* Weimar 1959.

Braemer, Edith: „Goethes *Egmont* und die Konzeption des Dämonischen." In: *Weimarer Beiträge* 6 (1960), 1011-1028.

Braunbehrens, Volkmar: „*Egmont,* das lang vertrödelte Stück." In: *Text und Kritik* 1982, 84-100.

Braunbehrens, Volkmar: „Egmont zwischen Großen und Kleinen: zweite Lektüre über einen Helden Goethes." In: *Psychoanalyse, Traum und Heldentum.* Berlin 1980, 15-36.

Brück, Max von (Hg.): *Johann Wolfgang von Goethe: ‚Egmont'. Deutung und Dokumentation.* Frankfurt 1969.

Burckhardt, Sigurd: „*Egmont* and *Prinz von Homburg:* Expostulation and Reply." In: *German Quarterly* 36 (1963), 113-119.

Busch, Ernst: „*Egmont.*" In: *Deutschunterricht* 7 (1948-49), 18-36.

Calhoun, Martha: „Music as Subversive Text: Beethoven, Goethe and the Ouverture of *Egmont.*" In: *Mosaic* 20 (1987), 43-56.

Clairmont, Heinrich: „Die Figur des Machiavell in Goethes *Egmont:* Prolegomena zu einer Interpretation." In: *Poetica* 15 (1983), 289-313.

Dahnke, Hans Dietrich: „Geschichtsprozess und Individualitätsverwirklichung in Goethes *Egmont.*" In: *Studien zur Literaturgeschichte und Literaturtheorie,* hg. von H.G. Thalheim et al. Berlin 1970, 58-100; 340-344.

Davies, Steffan: „Schiller's *Egmont* and the Beginning of Weimar Clasicism." In: *Schiller: National Poet - Poet of Nations,* ed. by N. Martin. Amsterdam 200, 123-138.

Dijk, Arjan van: „Das Dämonische als moderne Rezeptionkategorie, dargestellt an Goethes *Egmont* und *Torquato Tasso.*" In: *Neophilologus* 83 (1999), 427-443.

Ellis, John M.: „The Vexed Question of Egmont's Political Judgement." In: *Tradition and Creation: Essays in honour of Elizabeth Mary Wilkinson.* ed. by C. P. Magill, B. A. Rowley and C. J. Smith. Leeds, 1978, 116-130.

Ellis, John M.: „Once again, Egmont's Political Judgement: A Reply." In: *German Life and Letters* 34 (1981), 344-349.

Fink, Gouthier-Louis: „Bild und Bedeutung des Volks in Goethes *Egmont.*" In: *Das Subjekt der Dichtung. Festschrift für Gerhard Kaiser.* Würzburg 1990, 223-242.

Fuchs, Albert: „*Egmont.*" In: Ders.: *Goethe-Sudien.* Berlin 1968, 16-25.

Graham, Ilse: „Egmonts kunstlose Kunst." In: Dies.: *Goethe. Schauen und Glauben.* Berlin 1988, 477-492.

Grenzmann, Wilhelm: *„Egmont"* In: Ders.: *Der junge Goethe.* Paderborn 1964, 70-83.

Große, Wilhelm: *Überwindung der Geschichte: Johann Wolfgang von Goethe: ‚Egmont', Friedrich Schiller: ‚Don Carlos'.* Stuttgart 1987.

Haile, Harry: „Goethe's Political Thinking and *Egmont.*" In: *The Germanic Review* 42 (1967), 96-107.

Hartmann, Horst: *Egmont. Geschichte und Dichtung.* Berlin 1972.

Heimerl, Joachim: „Egmont und Ferdinand – Träger des Goetheschen Prometheussymbols." In: *Weimarer Beiträge* 48 (2002), 202-225.

Henel, Heinrich: „Goethe's *Egmont.* Original and Revised." In: *The Germanic Review* 38 (1963), 7-26.

Henel, Heinrich: „Auf den Spuren des Uregmonts." In: Ders.: *Goethezeit. Ausgewählte Aufsätze.* Frankfurt 1980, 102-129.

Hobson, Irmgard: „Oranien and Alba: The two Political Dialogues in *Egmont.*" In: *The Germanic Review* 50 (1975), 260-274.

Hof, Walter: „Über Goethes *Egmont.*" In: *Wirkendes Wort* 1 (1950/51), 91-98.

Ibel, Rudolf: *Egmont: Grundlagen und Gedanken zum Verständnis des Dramas.* 1981.

Ittner, Robert T.: „Klärchen in Goethe's *Egmont.*" In: *Journal of English and Germanic Philology* 62)1963), 252-261.

John, David G.: „Margarete von Parma in Goethe's *Egmont*: Text and Performance." In: *Queering the Canon: Defying Sights in German Literature and Culture.* Columbia, SC 24 (1998), 126-141.

Kayser, Wolfgang: „Nachwort zu *Egmont.*" In: *Hamburger Ausgabe* [4]1981, 585-611.

Keferstein, Georg: „Die Tragödie des Unpolitischen. Zum politischen Sinn des *Egmont.*" In: *Dt. Vjschr.* 15 (1937), 331-361.

Kleiber, Ludwig: „Studien zu Goethes *Egmont.*" In: *Goethe-Jahrbuch* 33 (1912), 67-72.

Larkin, Edward T.: „Goethe's *Egmont*: Political Revolution and Personal Transformation." In: *Michigan Germanic Studies* 17 (1991), 28-50.

Linden, Walter: *„Egmont* und seine römische Vollendung." In: *Zeitschrift für Deutschkunde* 40 (1926), 182-195.

Martus, Steffen: „Sinn und Form in Goethes *Egmont.*" In: *Goethe-Jahrbuch* 115 (1998), 45-61.

Meyer, Heinrich: „*Faust* und *Egmont.*" In: Ders.: *Goethe. Das Leben im Werk.* Stuttgart o. J., 187-200.

Mehring, Franz: „Goethes *Egmont.*" In: Ders.: *Aufsätze zur deutschen Literatur von Klopstock bis Weerth.* Berlin 1961, 62-69.

Michelsen, Peter: „Egmonts Freiheit," In: *Euphorion* 65 (1971), 274-297.

Minor, Jakob: „Entstehungsgeschichte und Stil des *Egmont,*" In: *Die Grenzboten* 42 (1883), 361-370.

Muschg, Walter: *Goethes Glaube an das Dämonische.* Stuttgart 1958.

Nägele, Rainer: „Ach ich: Egmonts Wirken – Goethes Schreiben." In: *Goethe-Yearbook* 11 (2002), 213-227.

Naumann, Hans: „Goethes Egmontmythos." In: *Zeitschrift für deutsche Philologie* 51 (1951), 277-291.

Nicholls, Roger A.: „Egmont and the Vision of Freedom." In: *The German Quarterly* 43 (1970), 188-198.

Paley, Elizabeth: „Zwischenreden für Zwischenakte: Egmont and the Melodramatic Supplement." In: *South Atlantic Quarterly* 104 (2005), 79-97.

Rehder, Helmut: „*Egmont* and *Faust.*" In: *Monatshefte* 55 (1963), 203-215.

Reinhardt, Hartmut: „*Egmont*" In: *Goethes Dramen. Neue Interpretationen,* hg. von W. Hinderer, Stuttgart 1980, 122-143.

Reinhardt, Hartmut: „,,Jene tiefere, echt romantische Tendenz': Goethes *Egmont* und seine Rezeption bei den Romantikeren." In: *Schnittpunkt Romantik: Text und Quellenstudien zur Literatur des 19.Jahrhunderts. Festschrift für Sibylle von Steinsdorff,* hg. von W. Buwel et al., Tübingen 1997, 1-22.

Reiss, Hans: „Goethe, Möser and the *Aufklärung*. The Holy Roman Empire in *Götz von Berlichingen* and *Egmont.*" In: *Dt. Vjschr.* 60 (1986), 609-644.

Sammons, Jeffrey L.: „On the Structure of Goethe's *Egmont.*" In: *Journal of English and Germanic Philology* 62 (1963), 241-251.

Saviane, Renato: „Egmont, ein politischer Held." In: *Goethe-Jahrbuch* 104 (1987), 47-71.

Schanze, Helmut: „*Egmont*: Die Geschichte und das kleine Leben." In: Ders.: *Goethes Dramatik: Theater der Erinnerung.* Tübingen 1989, 79- 92.

Schaum, Konrad: „Dämonie und Schicksal in Goethes *Egmont,*" In: *GRMt* 10 (1960), 139-157.

Schings, Hans-Jürgen: „Freiheit in der Geschichte: Egmont und Marquis Posa im Vergleich." In: *Goethe-Jahrbuch* 110 (1993), 61-76.
Schulz, Georg-Michael: „*Egmont*" In: *Goethe-Handbuch II,* hg. von T. Buck. Stuttgart & Weimar 1997, 154-172.
Schröder, Jürgen: „Poetische Erlösung der Geschichte: Goethes *Egmont.*" In: *Geschichte als Schauspiel: Deutsche Geschichtsdramen: Interpretationen,* hg. von W. Hinck, Frankfurt 1981, 101-115.
Schwan, Werner: „Egmonts Glücksphantasien und Verblendung." In: *Jahrbuch des Freien Deutschen Hochstifts* 1986, 67-80.
Schweitzer, Christoph E.: „Wallensteins Verrat, Egmont, Phèdre und die Pferde." In: *Goethe-Yearbook* 6 (1992), 193-205.
Sengle, Friedich: „*Egmont, Iphigenie, Tasso:* Goethes klassizistische Dramen in Ronald Peacocks Sicht." In: *Patterns of Change: German Drama and European Tradition.* Ed. by D. James and S. Ranawake. New York, 1990, 73-85.
Sharpe, Lesley: „Schiller and Goethe's *Egmont.*" In: *The Modern Language Review* 77 (1982), 629-645.
Siedhoff, Sigrid: *Der Dramaturg Schiller, ‚Egmont': Goethes Text - Schiller's Bearbeitung.* Bonn 1983.
Swales, Martin W.: „A Questionable Politician. A Discussion of the Ending of Goethe's *Egmont.*" In: *Modern Language Review* 16 (1971), 832-840.
Wagner, Hans (Hg.): *Johann Wolfgang Goethe: ‚Egmont'. Erläuterungen und Dokumente.* Stuttgart 1974.
Waldeck, Marie-Luise: „Klärchen: An Examination of her Role of Women in Goethe's *Egmont.*" In: *Publications of the English Goethe Society* 35 (1965), 68-91.
Walter, Harold A.: *Kritische Deutung der Stellungnahme Schillers zu Goethes ‚Egmont'.* Düsseldorf 1959.
Wells, George A.: „Egmont and ‚Das Dämonische'." In: *German Life and Letters* 24 (1970-71), 53-67.
Wells, George A.: „Critical Issues Concerning Goethe's *Egmont.*" In: *German Life and Letters* 32 (1979), 301-307.
Wells, George A.: „Criticism and the Quest for Analogies: Some Recent Discussions of Goethe's *Egmont.*" In: *New German Studies* 15 (1988/89), 1-15.

Wilkinson, Elizabeth M.: „The Relation of Form and Meaning in Goethe's *Egmont*." In: *Publications of the English Goethe Society* 18 (1949), 149-182.

Wilkinson, Elizabeth M.: „Sprachliche Feinstruktur in Goethes *Egmont*." In: *Begriffsbestimmung der Klassik und des Klassischen*, hg. von H.-O. Burger. Darmstadt 1972, 353-390.

Whitinger, Raleigh: „The Ironic ‚Tick' in Goethe's *Egmont:* The Potentials and Limits of the Modern Heroic and Poetic Ideal." In: *Goethe-Yearbook* 14 (2007), 129-146.

Willoughby, Leonard D.: „The Image of the Horse and Charioteer in Goethe's Poetry." In: *Publications of the English Goethe Society* 15 (1945), 47-70.

Zimmermann, Ernst: *Goethes ‚Egmont'*. Halle 1909.

Ziegler, Klaus: „Goethes *Egmont* als politisches Drama." In: *Verstehen und Vertrauen. Otto Friedrich Bollnow zum 65. Geburtstag*. In Verbindung mit M. Landmann und W. Loch, hg. von J. Schwartländer. Stuttgart / Berlin / Köln / Mainz 1968, 272-292.